알기쉬운!

보이스피싱
예방과 대처법

편저 : 이 창 범

- 보이스피싱
피싱 / 스미싱 / 파밍 / 메모리해킹

전자금융범죄!
미리 막을 수 있습니다!

법문 북스

알기쉬운!

보이스피싱
예방과 대처법

편저 : 이 창 범

- 보이스피싱
피싱 / 스미싱 / 파밍 / 메모리해킹

전자금융범죄!
미리 막을 수 있습니다!

 법문북스

머리말

인간이 생활하는 곳에는 항상 다양한 범죄가 발생하고 있습니다. 생활환경이 급속하게 발전하면서 최근에는 인터넷, 휴대폰 등 전기통신 수단을 이용하여 피싱, 스미싱, 파밍, 메모리해킹 등과 같은 전자금융을 통한 사기범죄가 빈번하게 발생하고 있으며, 그 수법 또한 점점 지능화되고 있습니다.

피싱(phishing)은 개인정보(Private data)와 낚는다(Fishing)의 합성어로, 피해자를 기망 또는 협박하여 개인정보 및 금융거래정보를 요구하거나 피해자의 금전을 이체하도록 하는 수법을 말합니다. 처음에는 국세청 등 공공기관을 사칭하여 세금을 환급한다는 빌미로 피해자를 현금지급기(ATM) 앞으로 유도하는 방식이었으나, 이 같은 수법이 널리 알려진 뒤에는 피해자가 신뢰할 수 있도록 하기 위하여 사전에 입수한 개인정보를 활용하는 등 다양한 수법들이 등장하였습니다.

이와 같은 금융사기의 피해자가 소송절차를 거치지 않고 피해금을 신속히 돌려받을 수 있도록 채권 소멸절차와 피해금 환급절차 등을 마련하여 피해자를 구제하려고 정부에서는 「전기통신금융사기 피해 방지 및 피해금 환급에 관한 특별법」을 2011년 11월부터 제정·시행하고 있으며, 「전자금융거래법」과 「형법」을 적용하여 전자금융범죄에 대해 처벌하고 있습니다.

이 책에서는 여러 가지로 다양해지고 있는 금융사기의 피해를 사전에 예방하기 위해 피해사례 및 대처방법과 피해자를 신속하게 구제받을 수 있는 절차, 피해금을 환급받을 수 있는 방법, 금융사기 범죄자의 처벌에 이르기까지 상세한 내용을 상담사례와 관련판례 및 서식을 함께 수록하여 누구나 쉽게 이해할 수 있도록 편성하였습니다.

이러한 자료들은 대법원의 최신 판결례와 법제처의 생활법령, 대한법률구조공단의 상담사례 및 서식, 금융감독원 보이스피싱 지킴이 사이트에 신고된 피해사례 및 피해예방법, 사이버 경찰청의 사례 등을 참고하였으며, 이를 종합적으로 정리, 분석하여 일목요연하게 편집하였습니다.

이 책이 억울하게 보이스피싱의 피해자가 되어 이를 해결하려고 고민하시는 분들과 이들에게 조언을 하고자 하는 실무자에게 큰 도움이 되리라 믿으며, 열악한 출판시장임에도 불구하고 흔쾌히 출간에 응해 주신 법문북스 김현호 대표에게 감사를 드립니다.

2018. 8.
편저자 드림

목 차

제1장 전자금융범죄란 무엇입니까?

제2장 전자금융범죄발생시 대처방법은?

제3장 전자금융범죄의 처벌은?

제4장 전자금융범죄 피해금 회복은?

제5장 징계 및 벌칙

부 록

제1장
전자금융범죄란 무엇입니까?

제1장 전자금융범죄란 무엇입니까?

1. 전자금융범죄의 의미

1-1. 전자금융범죄의 증가

① 최근 인터넷, 휴대폰 등 전기통신 수단을 이용하여 피싱, 스미싱, 파밍, 메모리해킹 등과 같은 전자금융을 통한 사기범죄가 빈번하게 발생하고 있으며, 그 수법 또한 점점 지능화되고 있는 실정입니다.

② 이와 같은 금융사기의 피해자가 소송절차를 거치지 않고 피해금을 신속히 돌려받을 수 있도록 「전기통신금융사기 피해 방지 및 피해금 환급에 관한 특별법」을 제정·시행하고 있으며, 「전자금융거래법」과 「형법」을 적용하여 전자금융범죄에 대해 처벌하고 있습니다.

1-2. 전자금융범죄 관련 용어

① 「전기통신금융사기 피해 방지 및 피해금 환급에 관한 특별법」에 따른 전기통신금융사기

「전기통신금융사기 피해 방지 및 피해금 환급에 관한 특별법」에 따르면 전기통신을 이용하여 타인을 기망(欺罔)·공갈(恐喝)함으로써 재산상의 이익을 취하거나 제3자에게 재산상의 이익을 취하게 하는 다음의 행위를 "전기통신금융사기"로 지칭하고 있습니다(제2조제2호)

1. 자금을 송금·이체하도록 하는 행위
2. 개인정보를 알아내어 자금을 송금·이체하는 행위

> ※ "전기통신"이란 유선·무선·광선 및 그 밖의 전자적 방식에 의하여 부호·문언·음향 또는 영상을 송신하거나 수신하는 것을 말합니다 (전기통신기본법 제2조제1호).

② 「전기통신금융사기 피해금 환급에 관한 특별법」에 따른 전자금융거래

「전기통신금융사기 피해금 환급에 관한 특별법」에 따르면 금융회사가

전자적 장치를 통하여 금융상품 및 서비스를 제공하고, 이용자가 금융회사의 종사자와 직접 대면하거나 의사소통을 하지 않고 자동화된 방식으로 이를 이용하는 거래를 "전자금융거래"라고 정의하고 있습니다(제2조제2의2호).

1-3. 전자금융범죄 용어의 사용

피싱, 스미싱 등과 같은 금융사기에 대해 법령에서 관련 용어를 명시적으로 규정하고 있지는 않으나, 일반적으로 기존 금융범죄와 차별화하기 위하여 "신종금융범죄(사기)"또는 "신·변종 전자금융범죄(사기)", "전기통신금융사기" 또는 "보이스피싱"등의 용어를 사용하고 있습니다.

1-4. 이 책에서 용어의 사용

① 우리가 흔히 알고 있는 보이스피싱 등의 피싱사기가 바로 전기통신금융사기에 해당합니다.

② 하지만 「전기통신금융사기 피해 방지 및 피해금 환급에 관한 특별법」에 따른 "전기통신금융사기"는 대출 사기나 스미싱 등과 같이 휴대폰 소액결제를 통한 사기범죄 등에는 적용이 제외되므로, 이 책에서 다루게 될 신·변종 전자금융범죄(사기) 등의 내용을 포괄하는 용어로 사용하는데 한계가 있습니다.

③ 또한, 이 책에서는 「전자금융거래법」에서 규정하고 있듯이 '금융회사 또는 전자금융업자가 전자적 장치를 통하여 제공하는 상품 및 서비스를 매개로 하는 전자금융거래' 시에 발생하는 범죄를 주된 내용으로 다루게 될 예정입니다.

④ 따라서 이 책에서는 위의 내용을 참조하여 수요자의 가독성을 높이기 위한 방법으로 근거법령에 상관없이 컴퓨터 또는 휴대전화 등 전기통신기술을 통해 일어나는 금융범죄에 대해 "전자금융범죄"로 통일하여 지칭하고자 합니다.

1-5. 전자금융범죄의 정의 및 내용

① 피싱(Phishing)

개인정보(Private data)와 낚는다(Fishing)의 합성어로, 피해자를 기망 또는 협박하여 개인정보 및 금융거래정보를 요구하거나 피해자의 금전을 이체하도록 하는 수법을 말합니다.

② 스미싱(Smishing)

문자메시지(SMS)와 피싱(Phishing)의 합성어로, 문자메시지를 이용하여 소액결제를 유도하거나, 스마트폰에 악성프로그램을 유포하여 개인정보 및 금융거래정보를 편취하는 수법을 말합니다.

③ 파밍(Pharming)

피싱(Phishing)과 조작하다(Farming)의 합성어로, 피해자 PC를 악성프로그램에 감염시켜 정상적인 사이트 주소를 입력하더라도 가짜 사이트로 접속되도록 조작한 후 금융거래정보를 빼내 금전을 부당하게 인출하는 수법을 말합니다.

④ 메모리해킹

피해자 PC 메모리에 상주한 악성프로그램으로 인하여 정상 사이트에 접속하더라도 거래오류를 발생시키거나 팝업창을 띄워 금융거래정보를 입력하게 한 후 금전을 부당하게 인출하는 수법을 말합니다.

2. 전자금융범죄의 당사자 및 특징

2-1. 전자금융범죄의 당사자

① 전자금융범죄에는 전자금융범죄의 가해자와 피해자, 그리고 전자금융 범죄에 이용된 통장 계좌의 명의인, 전자금융거래와 관련된 금융회사 및 전자금융업자 등 다양한 이해관계인이 연관되어 있습니다.

② 따라서 전자금융범죄의 유형별, 사건 당사자별로 법적 책임의 범위와 처벌 규정이 다르게 적용되며, 정확한 처벌 내용은 검찰 및 법원에 의해 결정됩니다.

2-2. 전자금융범죄의 특징

① 전자금융범죄는 피해자가 모르는 사이에 범행이 이루어집니다.

② 검찰, 경찰, 금융감독원 등 공공기관 및 금융회사를 사칭합니다.

③ 개인정보노출, 범죄연루, 자녀납치 등으로 피해자의 심리를 압박합니다.

④ 공공기관 및 금융회사의 전화번호가 발신번호창에 나타나도록 발신번호를 조작하여 피해자를 혼란스럽게 만듭니다.

⑤ 피싱사이트 등에 금융거래정보(계좌번호, 이체비밀번호, 보완카드번호, 인터넷뱅킹 정보 등)를 입력하도록 유인하고 있습니다.

⑥ 대출이나 취업 등을 미끼로 획득한 예금통장을 사기에 이용하고 있습니다.

■ **스마트폰에 이상한 앱(app)이 설치가 되어 있는 경우, 이 앱을 사용해도 괜찮을까요?**

Q. 택배가 도착했다는 문자를 받고 메시지에 있는 인터넷 주소를 클릭했는데, 제 스마트폰에 이상한 앱(app)이 설치가 되어 있을 경우, 이 앱을 사용해도 괜찮을까요?

A. 이런 경우 스미싱 사기 피해를 당할 수 있으니 조심해야 합니다. 요즘은 피싱, 스미싱, 파밍, 메모리해킹 등과 같은 신종 금융범죄가 빈번하게 발생하여 그 피해가 점점 심각해지고 있습니다. 특히, 문자메시지에 포함된 인터넷 주소를 클릭했다가 금융사기를 당하는 경우가 많으므로 확인되지 않은 인터넷 주소는 클릭하지 않는 것이 좋습니다.

◇ 전자금융범죄의 주요 유형

요즘 피싱(Phishing), 스미싱(Smishing), 파밍(Pharming), 메모리해킹 등과 같은 신종 금융범죄가 빈번하게 발생하고 있습니다.

① 피싱(Phishing)은 개인정보(Private data)와 낚는(Fishing)의 합성

어로 피해자를 기망 또는 협박하여 개인정보 및 금융거래정보를 요구하거나 피해자의 금전을 이체하도록 하는 수법을 말합니다.

② 스미싱(Smishing)은 문자메시지(SMS)와 피싱(Phishing)의 합성어로, 문자메시지를 이용하여 소액결제를 유도하거나, 스마트폰에 악성프로그램을 유포하여 개인정보 및 금융거래정보를 편취하는 수법을 말합니다.

③ 파밍(Pharming)은 피싱(Phishing)과 조작하다(Farming)의 합성어로 피해자 PC를 악성프로그램에 감염시켜 정상적인 사이트 주소를 입력하더라도 가짜 사이트로 접속되도록 조작한 후 금융거래정보를 빼내 금전을 부당하게 인출하는 수법을 말합니다.

④ 메모리해킹은 피해자 PC 메모리에 상주한 악성프로그램으로 인하여 정상 사이트에 접속하더라도 거래오류를 발생시키거나 팝업창을 띄워 금융거래정보를 입력하게 한 후 금전을 부당하게 인출하는 수법을 말합니다.

제2장
전자금융범죄발생시 대처방법은?

제2장 전자금융범죄발생시 대처방법은?

1.피싱(Phishing) 피해사례 및 대처방법

1-1. 피싱(Phishing)의 개념

'개인정보(Private data)를 낚는다(Fishing)'라는 의미의 합성어로, 전화·문자·메신저·가짜사이트 등 전기통신수단을 이용하여 피해자를 기망·공갈함으로써 이용자의 개인정보나 금융정보를 빼낸 후, 금품을 갈취하는 사기 수법을 말합니다.

1-2. 피싱(Phishing)의 유형

피싱 사기는 전화뿐만 아니라 문자, 메신저, 인터넷 사이트 등 다양한 전기통신수단을 통해 이루어지고 있습니다.

① 보이스피싱

유선전화 발신번호를 수사기관 등으로 조작하여 해당기관을 사칭하면서 자금을 편취하거나 자녀납치, 사고빙자 등 이용자 환경의 약점을 노려 자금을 편취하는 수법

② 문자피싱

스마트폰 환경에서 신뢰도가 높은 공공기관 및 금융회사의 전화번호를 도용하면서 정상 홈페이지와 유사한 URL로 접속토록 유도하여 개인정보나 금융정보를 편취하는 수법

③ 메신저피싱

SNS, 모바일(또는 PC) 기반 메신저 등 신규인터넷 서비스의 친구추가 기능을 악용하여 친구나 지인의 계정으로 접속한 후 금전 차용 등을 요구 하는 수법

④ 피싱사이트

불특정 다수에게 문자, 이메일 등을 보내 정상 홈페이지와 유사한 가짜 홈페이지로 접속을 유도하여 개인정보 및 금융정보를 편취하는 수법

1-3. 피싱(Phishing) 주요 피해사례

① 정상계좌를 이용하여 상품권 등을 구입한 피싱 사례

피해자는 인터넷뱅킹을 이용하기 위해 본인이 거래하는 은행 사이트를 포털사이트검색을 통해 접속하였으나 PC가 악성프로그램에 감염되어 피싱사이트로 접속되었고 금융거래정보를 입력하였음. 사기범은 피해자로부터 편취한 개인정보를 이용하여 상품권 판매처에서 140만원 상당의 상품권을 구매한 후 상품권을 수령 및 현금화했으며, 상품권 구매대금은 피해자가 피싱사이트에 입력한 정보를 통해 사기범이 인터넷뱅킹으로 지급한 사례.

② 통신사를 사칭한 피싱 사례

피해자는 "전화요금이 미납되어 사용 정지되니 상담을 원하시면 0번을 누르라"는 전화를 받고 상담원에게 개인정보 등을 알려줬고, 그런 후 수사기관을 사칭하는 전화가 걸려 와서 "피해자의 명의로 대포폰이 개설되었고 대포폰의 미납요금이 피해자의 계좌에서 인출되니, 빨리 다른 곳으로 예금을 이체시켜라"고 하여 피해자는 사기범이 시키는 대로 하였고, 결국 자신의 계좌에 있던 예금이 사기범의 계좌로 송금되어 피해를 입은 사례.

1-4. 피싱(Phishing) 대처방법

〈 지급정지 요청 흐름 〉

1-4-1. 지급정지 및 피해금 환급 신청

피싱사기로 인해 금전적인 피해가 발생한 피해자는 「전기통신금융사기 피해 방지 및 피해금 환급에 관한 특별법」 제3조에 따라, ① 신속히 경찰서나 금융회사 콜센터를 통해 지급정지 요청을 한 후, ② 해당 은행에 경찰이 발급한 '사건사고 사실확인원'을 제출하여 피해금 환급 신청을 합니다.

> ※ 지급정지·피해신고
>   경찰청 국번없이 ☎112
>   금융회사 콜센터
> ※ 피해상담 및 환급금 환급안내
>   금융감독원 국번없이 ☎1332

1-4-2. 피싱사이트 신고하기

금융거래정보를 빼내기 위해 은행 등의 홈페이지를 모방하여 만든 가짜 홈페이지 즉, 피싱사이트로 의심되거나 확인된 경우에는 해당 사이트를 신고하여 추가적인 피해를 예방해야 합니다.

> ※ 피싱사이트 신고방법
> ① 한국인터넷진흥원 인터넷침해대응센터(www.krcert.or.kr)의 <신고센터118>를 통해 신고하기
> ② 한국인터넷진흥원 상담센터 국번없이 ☎118

■ 제 명의로 대포폰이 개설되어 미납요금이 계좌에서 인출되니 빨리 다른 계좌로 예금을 이체시키라는 전화를 받아 예금을 이체했는데, 제 예금은 안전하겠죠?

Q. 제 명의로 대포폰이 개설되었고 대포폰의 미납요금이 계좌에서 인출되니 빨리 본인이 알려주는 계좌로 예금을 이체시키라는 전화를 받았어요. 그래서 바로 그 계좌로 모든 예금을 이체했는데, 제 예금은 안전하겠죠?

A. 보이스피싱을 당한 것 같군요. 보이스피싱과 같은 신종 전자금융범죄는 '대포폰', '미납요금' '자녀납치' 등과 같은 말로 피해자의 심리를 압박하는 것이 특징인데요. 이런 경우에는 그 당시 언급된 은행이나 기관 등 관련된 곳에 다시 전화를 하여 실제 상황인지 확인하는 것이 좋습니다.

◇ 피싱(Phishing)이란?
① '개인정보(Private data)를 낚는다(Fishing)'라는 의미의 합성어로, 전화·문자·메신저·가짜사이트 등 전기통신수단을 이용하여 피해자를 기망·공갈함으로써 이용자의 개인정보나 금융정보를 빼낸 후, 금품을 갈취하는 사기 수법을 말합니다.
② 피싱 사기는 전화 뿐만 아니라 문자, 메신저, 인터넷 사이트 등 다양한 전기통신수단을 통해 이루어지고 있습니다.

◇ 피싱(Phishing) 대처방법
① 지급정지 및 피해금 환급 신청
   피싱사기로 인해 금전적인 피해가 발생한 피해자는 신속히 경찰서나 금융회사 콜센터를 통해 지급정지 요청을 한 후, 해당 은행에 경찰이 발급한 '사건사고 사실확인원'을 제출하여 피해금 환급 신청을 합니다.
② 피싱사이트 신고하기
   금융거래정보를 빼내기 위해 은행 등의 홈페이지를 모방하여 만든 가

짜 홈페이지 즉, 피싱사이트로 의심되거나 확인된 경우에는 해당 사이트를 신고하여 추가적인 피해를 예방해야 합니다.

2. 스미싱(Smishing) 피해사례 및 대처방법

2-1. 스미싱(Smishing)의 개념

문자메시지(SMS)와 피싱(Phishing)의 합성어로,'무료쿠폰 제공', '돌잔치 초대장', '모바일청첩장' 등을 내용으로 하는 문자메시지에 포함된 인터넷 주소를 클릭하면 악성프로그램이 스마트폰에 설치되어 피해자가 모르는 사이에 소액결제가 이루어지거나, 최근에는 피해자 스마트폰에 저장된 주소록 연락처, 사진(주민등록증·보안카드 사본), 공인인증서, 개인정보 등까지 탈취하여 더 큰 금융범죄로 이어지고 있습니다.

2-2. 스미싱(Smishing) 주요 피해사례

① 대출금리비교 앱을 사칭하여 돈을 송금하도록 한 사례
피해자는 캐피탈을 사칭한 자로부터 '스마트폰에 특정 앱(App)을 설치하면 본인의 신원 확인 및 대출이 가능하다'는 내용의 전화를 받은 뒤 해당 프로그램을 설치하였고, 앱을 실행하자 여러 금융기관의 전화번호 목록이 확인되었으며, 피해자가 대출을 이용 중인 대부업체에 상환방법을 문의하고자 전화통화를 시도(앱상 통화연결기능)하였으나, 피해자가 설치한 앱은 통화연결 시 자동으로 특정번호(사기범)에게 전화가 연결되었고 사기범이 알려준 상환계좌로 돈을 송금하여 피해를 입은 사례.
② 돌잔치 초대문자를 사칭하여 휴대폰에 입력된 개인정보를 유출한 사례
동료로부터 '돌잔치에 초대한다'는 내용이 담긴 문자메세지 한통을 받고 문자메세지에 링크된 주소를 무심코 눌렀는데, 본인도 모르게 전화번호부에 등록된 지인 전체에 돌잔치 초대문자가 발송된 사례
③ 모바일 메신저 계정을 도용해 지인들에게 돈을 송금해달라고 속여

금품을 가로챈 사례

동생으로부터 모바일 메신저를 통해 "친구가 급하게 80만원을 보내달라고 한다. 송금해주면 내일 바로 입금하겠다"는 메시지를 받고 동생에게 전화를 걸었으나, 이미 해당 스마트폰에는 악성프로그램이 설치되어 전화 수신이 차단된 상태였고 동생과 통화가 되지 않아 걱정이 됐던 피해자는 돈을 송금하여 사기피해를 입은 사례

2-3. 스미싱(Smishing) 대처방법

2-3-1. 통신과금서비스 이용의 정정 요구

① 통신과금서비스이용자는 통신과금서비스가 자신의 의사에 반하여 제공되었음을 안 때에는 통신과금서비스제공자에게 이에 대한 정정을 요구할 수 있으며(통신과금서비스이용자의 고의 또는 중과실이 있는 경우는 제외함), 통신과금서비스제공자는 이용자의 정정요구가 이유 있을 경우 판매자에 대한 이용 대금의 지급을 유보하고 그 정정 요구를 받은 날부터 2주 이내에 처리 결과를 알려 주어야 합니다(정보통신망 이용촉진 및 정보보호 등에 관한 법률 제58조제3항).

② 위반 시 제재

이를 위반하여 통신과금서비스이용자로부터 받은 통신과금에 대한 정정 요구가 이유 있음에도 결제대금의 지급을 유보하지 않거나 통신과금서비스이용자의 요청에 대한 처리 결과를 통신과금서비스이용자에게 알려 주지 않거나 통신과금서비스에 관한 기록을 보존하지 않은 경우에는 1천만원 이하의 과태료가 부과됩니다(정보통신망 이용촉진 및 정보보호 등에 관한 법률 제76조제3항제19호 및 제20호).

③ "통신과금서비스"란 정보통신서비스로서 다음의 업무를 말합니다(정보통신망 이용촉진 및 정보보호 등에 관한 법률 제2조제1항제10호).

　1. 타인이 판매·제공하는 재화 또는 용역(이하 "재화 등"이라함)의 대가를 자신이 제공하는 전기통신역무의 요금과 함께 청구·징수하는 업무

2. 타인이 판매·제공하는 재화 등의 대가가 위의 업무를 제공하는 자
  의 전기통신역무의 요금과 함께 청구·징수되도록 거래정보를 전자적
  으로 송수신하는 것 또는 그 대가의 정산을 대행하거나 매개하는
  업무

④ "통신과금서비스제공자"란 통신과금서비스제공자로 등록을 하고 통신
과금서비스를 제공하는 자를 말합니다(정보통신망 이용촉진 및 정보보호
등에 관한 법률 제2조제1항제11호).

⑤ "통신과금서비스이용자"란 통신과금서비스제공자로부터 통신과금서비
스를 이용하여 재화 등을 구입·이용하는 자를 말합니다(정보통신망 이용
촉진 및 정보보호 등에 관한 법률 제2조제1항제12호).

2-3-2. 휴대폰 소액결제 피해 구제 방법

① 스미싱으로 의심되는 문자를 받았다면?

경찰청 사이버안전국(http://cyberbureau.police.go.kr, ☎182)로 신고
하고, 해당 이동통신사의 고객센터(☎114)에 소액결제서비스 차단을 신
청하여 본인도 모르게 소액결제가 되지 않도록 해야 합니다.

② 소액결제 피해가 발생했다면?

 1. 피해사실 신고하기

    경찰서에서 발급받은 '사건사고 사실확인원'을 이동통신사, 게임사,
    결제대행사 등 관련 사업자에게 제출하고 피해사실을 신고해야 합
    니다.

 2. 피해금 환불받기

    해당 결제대행사의 고객센터, 과학기술정보통신부 CS센터
    (www.epeople.go.kr / ☎1335) 또는 휴대전화/ARS결제 중재센터
    (www.spayment.org / ☎1644-2367) 등에 결제취소·환불 등을 적
    극적으로 요구해야 합니다.

3. 악성파일 삭제하기
   - 스마트폰 내 '다운로드' 앱을 실행하여 ㉠ 문자를 클릭한 시점 이후에 확장자명이 'apk'인 파일 저장여부를 확인하고, ㉡ 해당 'apk' 파일을 삭제합니다.
   - 악성파일이 삭제되지 않는 경우에는 ㉠ 휴대전화 서비스센터에 방문하거나, ㉡ 스마트폰을 초기화해야 합니다.

■ 문자메시지로 '돌잔치 초대장'을 받고, 이 메시지에 포함된 인터넷 주소를 클릭했더니 제 전화번호부에 있던 지인들에게도 똑같은 초대장이 발송되었는데, 어떻게 된 일이죠?

Q. 문자메시지로 '돌잔치 초대장'을 받고, 해당 문자메시지에 포함된 인터넷 주소를 클릭했더니 제 전화번호부에 있던 지인들에게도 똑같은 초대장이 발송되었더라고요. 이게 어떻게 된 일이죠?

A. 스미싱 피해를 당한 것 같네요. 이처럼 '돌잔치 초대장', '모바일 청첩장' 등의 내용이 담긴 문자메시지를 보내서 이를 클릭하면 피해자가 모르는 사이에 소액결제가 이루어지거나, 피해자 스마트폰에 저장된 개인정보 등을 탈취하는 스미싱 피해가 발생하고 있습니다.

◇ 스미싱(Smishing)이란?
   문자메시지(SMS)와 피싱(Phishing)의 합성어로, '무료쿠폰 제공', '돌잔치 초대장', '모바일청첩장' 등을 내용으로 하는 문자메시지에 포함된 인터넷 주소를 클릭하면 악성프로그램이 스마트폰에 설치되어 피해자가 모르는 사이에 소액결제가 이루어지거나, 최근에는 피해자 스마트폰에 저장된 주소록 연락처, 사진(주민등록증·보안카드 사본), 공인인증서, 개인정보까지 탈취하여 더 큰 금융범죄로 이어지고 있습니다.

◇ 스미싱(Smishing) 대처방법

① 스미싱 등으로 의심되는 허위 문자를 받았다면 경찰청 사이버테러대 응센터(☎182)로 신고하고, 해당 이동통신사의 고객센터에 소액결제 서비스 차단을 신청하여 본인도 모르는 사이에 소액결제가 되지 않도 록 해야 합니다.

② 휴대폰 소액결제로 인해 피해를 입은 이용자는 해당 결제대행사의 고 객센터, 과학기술정보통신부 CS센터(☎1355) 또는 휴대전화/ARS결 제 중재센터(☎1644-2367) 등에 결제취소·환불 등을 적극적으로 요 구해야 합니다.

■ **소액결재 사기를 당했을 경우, 어떻게 해야 하나요?**

Q. 제가 어쩌다가 T월드에 들어가서 실시간 요금을 보다가 소액결재내 역을 들어가서 확인을 하였는데 제가 사용하지 않은 금액이 소액결 제가 되어 나와 있더라구요 이상해서 sk플래닛에 고객센터에 전화 를 해서 물어 봤더니 햄버거 등등 여러가지 음식관련 기프티콘이 결제 되어 있는 겁니다. 어떻게 해야 하나요?

A. 현재 휴대폰전화결제 경우 인터넷상에서 휴대폰 명의자의 결제정보를 입력한 후 해당 휴대폰으로 전송된 승인번호를 3~4분 이내 결제 창에 입력해야 결제가 가능합니다.

만약, 본인의 과실없이 누군가 자신의 휴대폰번호와 결제정보 등을 도 용하여 해당이용요금이 결제되었다면 제3자타인에 의한 결제도용 여부 는 수사관한이 있는 관할 경찰서 사이버수사대 방문하여 별도 수사의뢰 해보셔야 상세 확인이 가능할 것으로 사료됩니다.

만약 해당 요금이 악성코드를 은닉한 문자메시지를 수신하여 악성 앱 (어플)을 다운받아 설치하면서 발생된 피해요금이라면 관련하여 판단 및 사실확인을 할 수 있는 기관은 수사에 대한 권한을 갖고 있는 수사 기관만이 가능하므로 관할 경찰서 방문하여 사이버수사대로 수사의뢰하시고 청구요금 관련해서는 스미싱(SMS피싱)피해자임을 증거 할 수 있는 경찰서의 "사건사고사실 확인원" 발급받아 해당되는 통신사(SKT)로 제출하시면 관계사업자 (결제대행사/인터넷컨텐츠제공사업자)들의 검토과정을 거쳐 발생요금 취소 또는 환불가능여부 결정하여 최종 답변받으실 수 있습니다.

그간 휴대폰 소액결제가 통신서비스 가입시 자동 가입되는 기본 서비스로 제공됨에 따라, 이용자가 이용가능 여부나 한도를 인지하지 못한 채 피해를 입는 사례가 발생함에 따라 내려진 조치로 과학기술정보통신부는 이동통신 신규가입자가 명시적으로 동의한 경우에만 휴대폰 소액결제서비스가 제공됩니다.

각종 콘텐츠 제공 및 이용에 따른 여러 가지 피해에 대해서는 과학기술정보통신부와 각급 기관을 통하여 지속적인 모니터링이 이루어지고 있으며, 그에 따라 이용자보호를 위한 각종 대책을 마련시행하고 있습니다. 특히, 유료 디지털 컨텐츠 거래구매 시 요금부과와 관련된 내용을 결제창이나 홈페이지 등에 정확히 고지하고 이를 인지하기 쉽도록 할 것을 "사업자 가이드라인"으로 규정하여 위반 내용에 대해서는 수정권고 뿐만 아니라, 위반사항이 적발될 경우 결제중단, 과금차단, 계약해지 등의 조치를 취하여 보다 효율적으로 피해를 예방하고자 노력하고 있습니다.

또한, 2012년 8월 소비자들을 기만하여 결제를 유도하는 행위를 원천적으로 금지시키기 위해 개정시행된 「전자상거래 등에서의 소비자보호에 관한 법률」에 의거하여 "표준전자결제창" 도입을 의무화 하였습니다. 이는 휴대폰 결제과정에 있어 결제 표시기준(재화 등의 내용 및 종류, 가격, 제공기간 등)을 강화하고, 거래 안전을 위한 시스템을 구축하여 보다 안전한 결제를 위한 제도적인 장치를 마련한 것입니다.

이 외에도 결제가 이루어지는 경우 즉각적인 문자메시지(SMS) 안내로 결제된 내용을 통보하여 사용자가 인지하지 못하는 결제가 없도록 하는 등 서비스 보완을 통해 보다 나은 전화결제 환경을 조성하고자 노력하고 있습니다.

3. 파밍(Pharming) 피해사례 및 대처방법

3-1. 파밍(Pharming)의 개념

3-1-1. 파밍(Pharming)이란?

파밍(Pharming)은 피싱(Phishing)과 조작(Farming)의 합성어로, 악성프로그램에 감염된 PC를 조작하여 정상 사이트에 접속하더라도 가짜 사이트로 접속을 유도하여 금융거래정보를 빼낸 후 금전적인 피해를 입히는 사기 수법을 말합니다.

3-1-2. 파밍(Pharming)의 유형

① 가짜 은행사이트

악성프로그램에 감염된 피해자PC가 가짜 은행사이트로 접속, 보안승급이 필요하다고 하면서 보안카드번호 전체 입력 유도

② 팝업창

악성프로그램에 감염된 피해자PC가 가짜 은행사이트로 접속, 'OTP무료이벤트' 팝업창이 뜨면서 계좌번호·보안카드번호 입력 요구

③ 가짜 쇼핑몰 결제창

인터넷 쇼핑몰에서 옷을 구매하면서 실시간 계좌이체 선택, 결제를 위해 '인터넷뱅킹'을 누르는 순간 악성프로그램에 감염된 피해자 PC가 피싱사이트로 유도, 보안카드번호 전체·계좌비밀번호 등 입력

④ 이메일 첨부파일

신용카드 회사 명의로 된 이메일 명세서를 받고 첨부파일을 열람, 악성프로그램에 감염됨에 따라 주민번호와 보안카드번호 전부 입력

⑤ 가짜 대법원 사이트

악성프로그램에 감염된 피해자PC가 가짜 대법원사이트로 접속, ⅰ) 계좌번호·보안카드번호 입력 요구, ⅱ) 납부화면에서 대법원이 사용하지 않는 방식인 계좌이체방식 사용, 또는 ⅱ) 가상계좌 이용 시 대법원이 지정하지 않은 예금주의 가상계좌로 납부 요구

-> 정상적인 대법원 가상계좌 예금주

　: "대법원 전자소송", "OO공탁소"(예: 서울중앙공탁소·부산지방공탁소 등)

⑥ 웹하드 / 파일공유 사이트

파일공유 사이트에 게시된 최신 동영상을 내려 받자 피해자 PC가 악성
프로그램에 감염, 인터넷뱅킹 이용 시 평소와는 다르게 계좌번호·공인인
증서 비밀번호·보안카드번호를 전부 입력

3-1-3. 파밍(Pharming) 금융피해 흐름

파밍은 ① 피해자의 PC가 악성프로그램에 감염되고 ②③ 피해자가 정상
적인 사이트 주소를 입력하더라도 가짜사이트로 접속되도록 하여 ④⑤⑥
금융거래정보를 탈취, ⑦ 범행계좌로 예금을 이체 또는 대출 등을 받는
수법을 말하며, 정상적인 사이트에서 금융거래정보를 빼내는 메모리해킹
과는 구별됩니다.

〈파밍 피해 흐름도〉

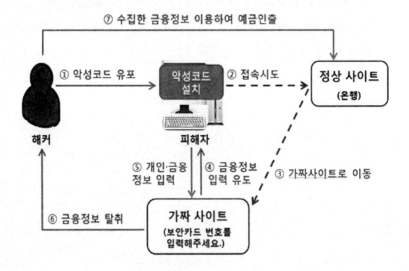

3-2. 파밍(Pharming) 주요 피해사례

① 포털사이트 검색을 통해 접속한 사이트가 피싱사이트로 연결된 경우

- 인터넷 포털사이트 검색을 통하여 은행 사이트에 접속하였으나 동 은행을 가장한 피싱사이트로 접속이 되었고, 인터넷뱅킹에 필요한 정보를 입력하는 팝업창이 나타나 개인정보(주민등록번호 등) 및 금융거래정보(계좌번호, 계좌비밀번호, 보안카드번호 전체 등)를 입력하였는데, 이렇게 획득한 정보를 이용하여 피해자 명의의 공인인증서를 재발급 받아 인터넷뱅킹으로 피해자의 은행 계좌에서 예금을 이체한 사례.

- 본인이 사용하는 컴퓨터로 인터넷 주소 즐겨찾기를 이용하여 은행 사이트에 접속하여도 피싱사이트로 연결되는 사례.

② '전자금융사기 예방서비스'를 사칭한 신종 파밍 사기 수법의 사례

- 네이버나 다음 등 포털사이트 접속 시 가짜 네이버나 다음사이트로 자동으로 이동되고, 가짜사이트 화면에는 '전자금융사기 예방서비스 가입'을 유도하는 광고 배너나 팝업창 등이 표시되고, 배너나 팝업창을 클릭하면 금융회사를 가장한 피싱사이트로 접속되어 성명, 주민번호, 계좌번호, 계좌비밀번호, 핸드폰번호 등 개인정보 및 금융거래정보를 입력하도록 유도한 사례.

3-3. 파밍(Pharming) 대처방법
3-3-1. 지급정지 및 피해금 환급 신청

〈 지급정지 요청 흐름 〉

① 파밍 사기로 인해 금전적인 피해가 발생한 피해자는 「전기통신금융사기 피해 방지 및 피해금 환급에 관한 특별법」 제3조에 따라, 신속히 경찰서나 금융회사 콜센터를 통해 지급정지 요청을 한 후, 해당 은행에 경찰이 발급한 '사건사고 사실확인원'을 제출하여 피해금 환급 신청을 합니다.

> ※ 지급정지·피해신고
>   경찰청 국번없이 ☎112
>   금융회사 콜센터
> ※ 피해상담 및 환급금 환급안내
>   금융감독원 국번없이 ☎1332

3-3-2. 악성프로그램에 감염된 PC 치료

① 은행 등 금융회사 홈페이지 접속 시 다음과 같은 증상이 나타나면 이용 중인 PC가 악성프로그램에 감염되었을 가능성이 있으므로 PC를 치료해야 합니다.

② 악성프로그램에 감염된 예시

금융회사 홈페이지와 유사한 모습의 피싱사이트로 연결되어 보안카드번호 등의 금융거래정보를 입력하도록 유동하는 경우

③ 악성프로그램에 감염된 예시

파밍사이트 차단 안내 페이지로 연결되는 경우

④ 악성프로그램에 감염된 예시

웹페이지 연결 실패 오류가 뜨는 경우

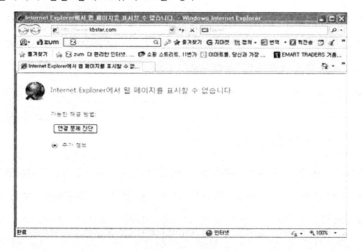

3-3-3. 악성프로그램 치료방법

① **백신프로그램**을 이용하여 치료하거나 PC를 포맷합니다.

② **PC원격점검 서비스** 이용합니다.

- 한국인터넷진흥원 보호나라(www.boho.or.kr)의 <PC원격점검 서비스>를 통해 원격점검 서비스를 받습니다.

- 한국인터넷진흥원 상담센터 국번없이 ☎118

③ **'파밍캅'프로그램**으로 검사를 실시합니다.

- 악성프로그램이 감염시킨 hosts 파일의 감염된 사이트 내용을 수정하여 정상사이트로 접속할 수 있도록 합니다.

- '파밍캅' 프로그램은 <경남지방경찰청 홈페이지>에서 다운로드 받을 수 있습니다.

■ 남편에게 돈을 송금하려고 즐겨찾기로 되어 있는 은행사이트에 접속, 안심하고 관련 정보를 입력해도 아무 문제없는 거겠죠?

Q. 남편에게 돈을 송금하려고 즐겨찾기에 등록되어 있는 은행사이트에 접속했더니 인터넷 뱅킹에 필요한 정보이니 개인정보(주민등록번호 등) 및 금융거래정보(계좌번호, 계좌비밀번호, 보안카드번호 전체 등)를 입력하라는 팝업창이 나타나더라고요. 저는 이미 즐겨찾기 되어 있는 은행사이트에 접속했으니, 안심하고 관련 정보를 입력해도 아무 문제없는 거겠죠?

A. 아니요. 평소 사용하는 컴퓨터에 등록해 놓은 즐겨찾기를 이용하여 은행 사이트에 접속하여도 피싱사이트로 연결되어 금융거래정보를 빼낸 후 예금을 탈취하는 파밍 사기 피해를 당하는 경우가 있습니다. 그러므로 개인정보 및 금융거래정보를 입력하라는 창이 뜬다면 절대 입력하지 말고, 인터넷뱅킹 후에는 이체실행 결과를 확인하여 제대로 인터넷뱅킹이 실행되었는지 확인해야 합니다.

◇ 파밍(Pharming)이란?
파밍(Pharming)은 피싱(Phishing)과 조작(Farming)의 합성어로, 악성프로그램에 감염된 PC를 조작하여 정상 사이트에 접속하더라도 가짜 사이트로 접속을 유도하여 금융거래정보를 빼낸 후 금전적인 피해를 입히는 사기 수법을 말합니다.

◇ 파밍(Pharming) 대처방법
① 지급정지 및 피해금 환급 신청
피싱사기로 인해 금전적인 피해가 발생한 피해자는 신속히 경찰서나 금융회사 콜센터를 통해 지급정지 요청을 한 후, 해당 은행에 경찰이 발급한 '사건사고 사실확인원'을 제출하여 피해금 환급 신청을 합니다.

☞ 악성프로그램에 감염된 PC 치료

악성프로그램에 감염된 PC는 백신프로그램, 한국인터넷진흥원 보호나라의 PC원격점검 서비스 또는 '파밍캅'프로그램을 다운로드받아 치료하는 것이 좋습니다.

4. 메모리해킹 피해사례 및 대처방법

4-1. 메모리해킹의 개념

4-1-1. 메모리해킹이란

메모리해킹은 파밍(Pharming)보다 더 교묘한 수법으로, 피해자 PC 메모리에 상주한 악성프로그램으로 인해 정상 사이트에 접속한 상태에서도 금융거래정보를 빼낸 후, 금전을 부당 인출하는 사기 수법을 말합니다.

<메모리해킹 예시>

4-1-2. 메모리해킹에 의한 금융피해 흐름

파밍 사기는 보안카드번호 전부를 입력하도록 하지만, '메모리해킹'은 보안카드번호 전부가 아니라 2개만 입력하게 하거나 보안강화를 위한 가짜 팝업창을 띄워 보안카드번호를 추가로 입력하게 하는 등 그 수법이 계속 진화하고 있습니다.

<메모리해킹 피해 흐름도>

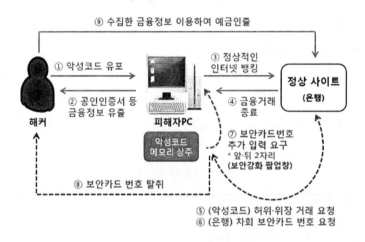

기존 피해 흐름	신종 피해 흐름
① 사용자PC가 악성프로그램에 감염됨 →	① 사용자PC가 악성프로그램에 감염됨 →
② 정상적인 인터넷뱅킹 절차(보안카드 앞·뒤 2자리) 이행 후 '이체' 클릭 →	② 금융거래정보 유출 →
③ 오류 발생 반복 ('이체' 미실행) →	③④ 정상적으로 인터넷뱅킹 종료 →
④ 일정시간 경과 후 범죄자가 동일한 보안카드번호 입력, 범행계좌로 예금이체	⑤ 사용자PC 메모리에 상주한 악성프로그램이 은행을 상대로 허위·위장 거래 요청 →
	⑥ 은행사이트에서는 정상 요청으로 오인하고 다시 보안카드번호 요청 →

	⑦ 악성프로그램 작동으로 피해자 PC상에서 보안카드번호 입력 요구(보안강화 팝업창) → ⑧ 보안카드번호 탈취 후 거래 중단 → ⑨ 수집한 금융거래정보를 이용하여 예금 부당 인출

4-2. 메모리해킹 주요 피해사례

① 인터넷뱅킹 진행 중 오류가 발생하여 중단하였으나 본인도 모르게 예금이 이체된 사례

- 피해자가 '돈을 송금하기 위해 은행 홈페이지에 접속하여 자금을 이체하고자 공인인증서로 로그인하였고, 정상적으로 인터넷뱅킹을 진행하는 과정에서 계좌비밀번호와 보안카드번호 앞·뒤 2자리를 입력하였으나, 오류가 발생하여 더 이상 진행이 되지 않자 거래를 중단하였는데, 그 날 밤 본인도 모르게 은행 계좌에서 예금이 이체되어 피해를 본 사례.

② 인터넷뱅킹을 통해 이체과정을 정상적으로 완료하였으나 다른 입금계좌로 다른 금액이 이체된 사례

- 피해자가 은행 홈페이지에 접속하여 자금을 이체하고자 계좌번호, 보안카드번호, 이체 및 공인인증서 비밀번호 등을 입력한 후 모든 이체과정이 정상적으로 완료되었으나, 고객이 입력했던 입금계좌와 금액이 아닌 다른 입금계좌로 이체되는 사고 가 발생한 사례.

4-3. 메모리해킹 대처방법

4-3-1. 지급정지 신청

〈 지급정지 요청 흐름 〉

메모리해킹 사기로 인해 금전적인 피해가 발생한 피해자는 신속히 경찰서나 금융회사 콜센터를 통해 지급정지 요청을 해야 합니다.

※ 지급정지·피해신고
경찰청 국번없이 ☎112
금융회사 콜센터
※ 피해상담
금융감독원 국번없이 ☎1332

4-3-2. 금융회사 등의 해킹에 따른 피해 보상

① 금융회사 또는 전자금융업자는 전자금융거래를 위한 전자적 장치 또는 정보통신망(정보통신망 이용촉진 및 정보보호 등에 관한 법률 제2조제1항제1호)에 침입하여 거짓이나 그 밖의 부정한 방법으로 획득한 접근매체의 이용으로 발생한 사고에 대하여 피해자의 고의·중과실을 입증하지 못하면 그 손해를 배상할 책임이 있습니다(전자금융거래법 제9조제1항제3호 및 제2항).

② 따라서 피해자의 PC를 악성프로그램에 감염시켜 금융거래정보 등을 빼내는 메모리해킹 등의 해킹사고로 인해 피해가 발생한 경우는 해당 금융회사 등에 피해보상을 요구할 수 있습니다.

4-3-3. 악성프로그램에 감염된 PC 치료

메모리해킹은 악성프로그램에 감염된 피해자의 PC 상에서 은행을 상대로 허위 거래를 요청하거나 피해자에게 보안카드번호를 입력하게 하여 금융거래정보를 빼내는 등의 방법으로 사기 범행이 이루어지므로 악성프로그램을 삭제하여 PC를 치료해야 합니다.

※ 악성프로그램 치료방법
  백신프로그램을 이용하여 치료하거나 PC 포맷하기
  PC 원격점검 서비스 이용하기
  한국인터넷진흥원 보호나라(www.boho.or.kr)의 <PC원격점검서비스>를 통해 원격점검 서비스 받기
  한국인터넷진흥원 상담센터 국번없이 ☎118

◆ 금융감독원 〈보이스피싱 지킴이〉에 신고된 피해사례

■ '지하철 택배 아르바이트' 사례

○ 사기범은 생활정보지에 현금 및 귀금속을 배달하는 지하철 택배 기사를 모집한다고 광고하여 구직자(A씨)를 채용

○ A씨 계좌로 돈(보이스피싱 피해금)을 입금시킨 후 현금으로 찾아 지하철역에서 사기범에게 전달토록 기망

■ '경매대행 현장조사 아르바이트' 사례

○ 사기범은 경매대행업체를 사칭, 아르바이트를 모집한다고 불특정 다수에게 문자메시지 발송하여 구직자(B씨)를 채용

  * 경매 의뢰인의 경매대금을 회사에서 대납해주면, 낙찰 받은 후 경매대금과 컨설팅 수수료를 B씨가 지급받아 회사로 전달하는 업무

○ B씨 계좌로 돈(보이스피싱 피해금)을 입금시킨 후 현금으로 찾아 사기범에게 전달토록 기망

■ '인터넷 쇼핑몰 관리자 아르바이트' 사례

○ 사기범은 구직사이트에 인터넷 쇼핑몰 자금 관리를 담당하는 아르바이트를 모집한다고 광고하여 구직자(C씨)를 채용

  * C씨 계좌에 판매대금이 입금되면 회사가 지정한 계좌로 이체하는 업무

○ C씨 계좌로 돈(보이스피싱 피해금)을 입금시킨 후 인출 또는 사기범이 확보한 여러 개의 대포통장으로 이체토록 기망

[유의사항]

□ 인터넷 구직사이트, 생활정보지 등에서 구직를 탐색하는 경우 정상업체가 맞는지 직접 방문 등을 통해 꼼꼼히 따져봐야 함

□ 사기범은 현금 전달 이유가 세금절감 목적이며, 통장을 양도하는 것이 아니기 때문에 불법이 아니라고 기망하나,

O 통장 양도 뿐만 아니라 본인의 계좌에서 자금을 대신 인출해 준 사람도 민·형사상 책임이 따를 수 있으며,

O 또한, 대포통장 명의인이 된 후 "금융질서문란행위자"로 등록되면 각종 금융거래가 제한되므로 각별한 유의 필요

* 신규 계좌 개설 거절, 인터넷뱅킹·ATM기 이용 등 비대면 거래 제한, 신규대출 거절 및 신용카드 이용한도 축소 등

■ 대검찰청 공식 홈페이지를 악용한 신종 보이스피싱 사례

피해자로 하여금 대검찰청 공식 홈페이지에 접속하게 하여 검찰 직원으로 믿게 하고 돈을 편취하는 신종 보이스피싱 피해 사례가 발생하였습니다.

- 그동안 검찰 사칭 보이스피싱은 사기범이 미리 만들어 놓은 대검찰청 피싱사이트로 피해자를 유도하는 수법이었으나, 이에 대한 금융소비자들의 대처능력이 강화되자 이번에는 대담하게도 대검찰청 공식 홈페이지로 접속하게 한 것입니다.

- 사기범은 서울중앙지방검찰청 수사관을 사칭하여, 피해자 L씨에게 현재 조사 중인 사건 범죄에 연루되어 있으니 형사처벌을 면하기 위해서는 대검찰청 홈페이지에 접속하여 소명할 것을 요구하였습니다.

- L씨는 공식 "대검찰청 홈페이지(www.spo.go.kr) > 온라인민원실 > 범죄신고"에 접속하여, 자신이 범죄에 연루되지 않았다는 내용으로 신고하였습니다. 범죄신고 홈페이지에 범죄신고시 민원신청번호가 자동으로 부여되어 피해자에게 문자로 전송되는데*

* 예) 1AA(인터넷, 서면, 방문접수 등 구분)-1605(신고날짜)-150108(일련번호)
  - 사기범은 민원신청번호에 앞에 3자리는 특별사건 번호이고, 1605는 범죄신고 일자, 마지막 번호들은 피해자 사건번호라고 거짓 설명하여 L씨로 하여금 자신을 검찰공무원임을 믿게 하였습니다.
  - 또한 사기범은 L씨 명의 계좌에 있는 돈이 위험에 노출되어 있으니, 사건이 끝날 때까지 ○○은행 계좌에 보관하여 안전조치를 하겠다며 자금이체를 요구하였습니다.
  - 사기범의 말에 속은 L씨가 피해금을 사기범의 계좌로 송금하자, 사기범은 해당 사건은 철저히 비밀리 조사하고 있으니 은행 또는 경찰에 절대 누설해서는 안 되며, 누설할 경우 또 다른 피해자가 발생할 뿐만 아니라 비밀누설죄로 처벌될 수 있다며 L씨를 현혹한 후 L씨가 송금한 피해금 전액을 인출하여 잠적했습니다.

검찰·경찰·금감원 등 정부기관은 어떠한 경우에도 전화상으로 자금의 이체 또는 개인의 금융거래정보를 요구하지 않습니다.
이러한 전화를 받은 경우 전화를 끊고 해당 기관으로 전화하여 반드시 사실여부를 확인하시기 바랍니다.

■ 검찰 수사관 사칭 보이스피싱(실제 사례 재구성)

다음은 검찰 수사관 사칭 보이스피싱 실제 통화내용을 재구성한 것입니다. 검찰 수사관을 사칭한 사기범이 피해자에게 전화를 걸었습니다.

"서울중앙지방검찰청 *****팀 ㅇㅇㅇ수사관입니다. 이런 전화 받으셔서 당황스럽겠지만, 금융사기에 연루되셨습니다."

"전화 받으시는 분은 현재 직장인입니까?"   "네"

"최근에 휴대폰, 지갑 등을 분실한 적이 있으십니까?"   "아니요.."

"ㅁㅁ에 사는 김ㅇㅇ씨를 아십니까?"   "아니요.."

"해당 사건 진행을 위해 담당 검사님을 연결해드리겠습니다. 사건번호는 2016-조사-1234-.... 입니다."

"안녕하십니까. ㅇㅇㅇ 검사입니다. 수사관님께 설명 잘 들으셨죠?"

"그럼 본격적으로 수사 들어가겠습니다. ~~~법에 의거하여 기밀보안 유지에 동의해주셔야 합니다. 동의합니까?"

"지금부터 녹취에 들어갑니다. 본인은 지금 이 사항을 주변 사람들에게 절대 알려서는 안 됩니다. 녹취를 위해 조용한 곳으로 이동해주시겠습니까?"

"이번 사건은 대형 금융범죄입니다. 피해자가 200명이 넘고 10명 이상이 범죄에 가담하였습니다. 그 중 xxx씨께서 이 사건에 연루된 것입니다."

"서울 영등포구에 있는 농협, 국민은행에서 대포통장이 개설되었습니다. 이 사실을 알고 계셨습니까?"   "전혀 모르고 있었어요.."

"휴대폰 바꾼지는 얼마나 되셨나요?"   "작년 0월이요.."

"이후에 분실하신 적은 없으신가요?"   "네 없어요.."

"그럼 xxx씨도 피해자 신분이니 피해자 입증을 위해 협조 부탁드리겠습니다"

"협조가 끝날 때까지 녹취되며, 협조에 응하지 않을시에 강압 수사가 이루어져 경찰에 출두하셔야 합니다. 강압수사는 총 3~4개월이 걸리고 경찰에 약 5번 출두하셔야 합니다. 그 기간에 계좌이용은 불가능하며 해외출

장도 불가능합니다"

"그러나 협조수사는 2~3시간이면 가능하고, 피해자께서 피해자 신분임을 확인해주시면 이후 경찰 출두할 필요가 없으며 용의선상에서 벗어나게 됩니다."

"저희는 xxx씨의 피해자 신분을 확인하면 용의선상에서 제외시킬 것입니다. 이와 관련하여 생긴 지출경비 등은 보상센터에서 따로 돈을 지급해드립니다. 협조수사에 동의하시겠습니까?"   "네.. "

"본인은 통장을 몇 개 가지고 계신가요?"   "ㅇㅇ은행, xx은행, ㅁㅁ은행이요.."

"각각의 개수와 금액도 알려주세요. 지금 금융감독원과 연락하여 보안등급을 높여드리려고 합니다.

"ㅇㅇ은행 --개, xx은행 --개, ㅁㅁ은행 --개 있고, 각각 ~~원, ~~원씩.. 있어요.. 그리고 생각해보니 ㅅㅅ통장에 정기예금 ~~원이 더 있어요"

"그럼 ㅅㅅ통장에 있는 그 돈을 전부 ㅇㅇ은행으로 옮기셔야 합니다. 그후 금융감독원에서 가상계좌를 하나 열어드릴 예정입니다"

"포털사이트 검색창에 서울중앙지방검찰청을 치고 〈통합검색〉 첨단수사 들어가세요. 그 밑에 IP 보이십니까?"

"안보이는데요..."

"혹시 휴대폰 기종이 어떤 것이죠?"

"xxxx 입니다"

"xxxx는 호환이 안 되어서 어렵다고 하네요. 제가 IP 불러드릴테니 직접 로그인하세요"

"그래도 안 되는데요?"

"지금 지역이 어디십니까?"

"ㅇㅇㅇㅇ 입니다."

"거기서 가장 가까운 ㅅㅅ금융회사 지점이 어딘가요?"

"~~~에 있습니다."

"그럼 택시타고 그쪽으로 바로 이동하십시오. 비용은 경찰청에서 지원해드 립니다. 타고 내리실 때 택시 영수증 꼭 챙기시고 후에 비용 청구해주시면 됩니다. 공문은 점심시간 끝나고 바로 발송해드리겠습니다."

피해자는 택시를 타고 ㅅㅅ금융회사 지점으로 방문하였습니다.

"아시겠지만 이번 사건은 제1금융권 직원들이 연루된 사건입니다. 과장 직급의 김ㅇㅇ씨를 비롯하여 총 10명이 가담한 사건입니다. 저희는 직원들을 모두 잡기위하여 기밀 수사를 하는 것이고, 절대 은행 직원에게 이 사건을 발설해서는 안 됩니다."

"ㅅㅅ 통장 정기예금을 해지한 뒤 본인 ㅇㅇ은행 계좌에 모두 입금하세요. 갑자기 큰 돈을 찾는다고 하면 은행 직원이 의심할 수도 있으니 보증금이라고 하세요"

그러나 ㅅㅅ금융회사에서는 통장을 개설한 지점이 아니면 해지를 할 수 없다고 하는 바람에 해지를 못했습니다.

"해지가 안 된다고 하는데요, 다음 주에 해도 될까요?.."

"수사가 빨리 이루어져야 하지만, 이렇게 택시까지 타고 은행에 와 준것을 감안하여 다음 주까지로 수사 기한을 연장해드리겠습니다. 그 이후에는 강압수사로 들어갈 수밖에 없습니다"

피해자는 집에 돌아온 뒤 정신을 차리고 보이스피싱을 당했다는 것을 알았습니다. 다행히 금전적 피해를 입지는 않았지만, 실제 돈을 인출했다면 큰 피해를 입을 뻔했습니다.

■ 보람저축은행을 사칭한 대출사기 사례

제도권 금융회사 유사명칭('보람저축은행')을 불법으로 사용하여 홈페이지(http://www.boram-bank.com/)를 만들고, 이를 이용하여 대출사기를 시도하는 사례가 발생하였습니다.

사기범은, 현재 국내에 존재하지 않는 '보람저축은행'을 사칭하여 홈페이지를 만들고, 피해자에게 위 홈페이지를 보여주며 보람저축은행 직원을 사칭하였습니다.

사기범은 피해자에게 대출을 해주겠다며 보증금을 자신의 계좌로 입금할 것을 권유하였고, 이에 속은 피해자는 사기범의 계좌로 돈을 입금하였습니다.

또한 사기범은 피해자에게 거래실적이 필요하다고 하며 피해자의 계좌로 입금된 돈을 현금으로 인출하여 사기범의 계좌로 이체하라고 하여, 피해자를 인출책으로 이용하기도 하였습니다.

피해자는 사기범이 '보람저축은행'을 사칭하여 홈페이지를 운영하고, 홈페이지에 기재된 번호로 전화를 하면 사기범이 받아서 사기범을 믿지 않을 수 없었다고 합니다.

금융감독원에서는 '16.5월 방송통신심의위원회에 사기범을 금융회사 유사명칭 불법사용업자로 통보한바 있으나, 사기범은 'SC저축은행' 등 다른 금융회사 유사명칭을 사용하여 또 다른 사기 범행을 저지를 가능성이 있습니다.

금융회사 유사명칭을 사용하여 대출을 권유하는 연락을 받을 경우 사기일 가능성이 많으므로, 반드시 금융감독원(☎ 1332) 등을 통하여 해당 금융회사가 실재하는지 여부를 확인하여야 합니다.

■ 취업을 미끼로 구직자를 속여 통장을 양도하게 한 뒤 대포통장으로 사용하는 사례

피해자 A씨는 아르바이트 구직 사이트를 통하여 콜럼비아 픽△△(유령회사)에 구직을 신청하였습니다.

그런데 합격자 중 한명이 사정으로 빠지게 되면서 A씨가 합격되었다며 회사에서 전화가 왔고, 회사에서는 급여계좌 등록 및 ID카드 등록을 위해 필요하다면서 거래은행 및 계좌번호를 알려달라고 했습니다.

그 다음에는 회사 보안상 체크카드를 이용해서 출입증을 만들기 때문에 체크카드와 비밀번호가 필요하다고 하며 체크카드를 택배로 보낼 것을 요구하였습니다.

A씨는 회사에서 시키는대로 체크카드를 택배로 보냈고, 그 이후 회사가 전화를 받지 않아 이상한 느낌이 들어 통장내역을 확인했더니 출처불명의 자금거래가 발생한 것을 알게 되었습니다. 그 자금은 보이스피싱 피해금이었고, 이미 피해자들이 A씨 계좌를 신고하였기 때문에 A씨는 대포통장 명의인으로 금융회사에 등록되었습니다.

정상적인 기업에서는 정식 채용 과정에서 계좌비밀번호(공인인증서, OTP 등) 및 체크카드의 양도를 절대 요구하지 않고,

급여계좌 등록은 실제로 취업한 후에 이루어지는 것으로, 등록을 위해서는 본인 명의 계좌번호만 알려주면 됩니다.

또한 구직자들은 취업을 위해 물색한 업체에 대해서 직접 방문하거나 인터넷 검색 등을 통하여 정상적인 업체인지 여부를 꼼꼼히 따져봐야 합니다.

본 사례의 콜럼비아 픽△△는 실제 존재하지 않는 유령회사였습니다.

■ 구직자를 속여 보이스피싱 피해금 인출을 유도하는 사례

구직자를 속여 직접 자금인출을 하도록 유도하는 사례가 발생하였습니다. 사기범은 '자동차 수출업'을 하는 무역회사를 빙자하여 구직자 A씨를 차량 딜러직으로 채용시켜 준다고 거짓으로 접근하였고, A씨에게 '차량구매금액 전액을 회사에서 지원해 줄테니 A씨의 명의로 차량을 구매하여 회사로 명의 이전 시 차량 수출 마진수익 명목으로 약 200만원을 지급하겠다'고 제안하였습니다.

A씨가 이를 수락하자, 사기범은 보이스피싱 피해금 3천5백만원을 A씨 계좌로 송금하였습니다.

A씨는 이 돈이 사기 피해금인 것을 모르고 사기범의 요구대로 3천5백만원을 인출하였고, 사기범은 A씨에게 이 돈을 달라고 한 뒤 도주하였습니다. (A씨는 피해자의 신고로 인하여 대포통장 명의인으로 등록되었습니다)

대포통장과 피해금 인출책 확보가 어려워지자 선량한 사람을 속여 대포통장 명의인 및 인출책으로 이용하는 수법이니, 각별히 주의하여야 합니다.

■ 금융당국의 최근 제도 개선 내용을 파밍에 이용하는 사례

'16.3.12.부터 대포통장을 거래하거나 대출사기를 저지른 자 등은 금융질서문란행위자로 등록, 최장 12년간 금융거래시 불이익을 받게 되는 제도개선 내용을 범죄에 인용하는 사례가 발견되었습니다.

* 참고 :
  http://www.fss.or.kr/fss/kr/promo/bodobbs_view.jsp?seqno
  =19277&no=3&s_title=불법금융&s_kind=busoname&page=3

  네이버 등 포털사이트에 접속하면 금융감독원을 사칭, "민생침해 5대 금융악을 척결하기 위한 특별대책" 문구를 사용하는 팝업을 띄워 파밍(Pharming) 사기를 유도하는 것으로, 접속하면 가짜 사이트로 연결되어 개인정보나 금융거래정보 등이 탈취됩니다.

■ 휴대전화 사기와 결합한 새로운 보이스피싱 피해 사례

최근 휴대전화 사기와 결합한 새로운 보이스피싱 수법이 등장했는데요. 사기범 일당은 '15. 5월 경 저축은행 대출상담사 윤모씨를 사칭하여 피해자 A씨에게 대출상담 전화를 걸었습니다.

이들은 A씨에게 "연 10%의 이자로 수천만원을 대출해 줄테니 대출 심사를 위해 신분증 사진과 신용카드 번호, 유효기간, 비밀번호를 문자메시지로 보내달라"고 속여 개인정보를 불법 수집했습니다.

사기범 일당은 이렇게 얻은 개인정보로 휴대전화 판매 사이트에서 본인 인증을 하고 A씨의 결제정보를 입력해 휴대전화를 구입했고, 이를 중고품 매매업자에게 되팔았습니다.

이들은 범행 추적을 막기 위해 휴대전화를 받을 때 일반 가정집으로 물품을 배달시키고 택배기사에게 소화전 등 특정장소에 물품을 놓아두도록 한 뒤, 퀵서비스 기사를 가장해 현장에서 물품을 찾아오는 등 치밀한 모습을 보였습니다.

퀵서비스 기사로 일하다 서로 알게 되었다는 사기범 일당은 "과거 퀵서비스 기사로 일할 때 의심스러운 배송이 많았는데, 그게 보이스피싱이라는 걸 알게 돼 쉽게 돈을 벌 욕심에 범행을 저질렀다"고 진술했습니다.

이들 사기범 일당은 개인정보를 수집하는 콜센터 담당과 휴대전화 수거·판매 담당으로 역할을 나눠 조직적으로 범행한 것으로 드러났습니다.

은행 계좌에 100만원 이상의 돈이 입금되면 30분 동안 이를 찾을 수 없도록 하는 지연인출제 도입으로 보이스피싱 범행이 어려워지자 사기범들이 위와 같이 새로운 수법으로 범행을 저지르고 있습니다.

신용카드로 일반 물품을 사면 곧바로 결제 문자메시지가 전송되지만, 휴대전화 대금 결제는 보통 한 달 뒤에나 이뤄져 피해자들이 한동안 피해를 알 수 없기 때문에, 피해 구제가 어려운 실정입니다.

이러한 피해를 미리 예방하기 위해서는 수상한 전화가 왔을 때 일일이 대응하지 말고 바로 전화를 끊어 버리시고, 혹시 사기범이 신분증 사진과 신용카드 번호, 유효기간, 비밀번호 등 개인정보를 요구하더라도 절대! 이에 응하지 말아야 합니다.

■ 각 불법금융광고행위와 관련한 피해 사례

① 예금통장 매매

【통장매매 광고 사례(1)】
- 매일 당일 20만원씩 지급해드립니다. 한 달에 아무것도 안하고 450만원 벌이는 되십니다. 매일 지급해드리기 때문에 못 받으실 걱정 안하셔도 됩니다. 카드나 통장 발급하셔서 퀵이나 우편으로 보내시지 않으셔도 됩니다.
- 알바 개인통장 구입합니다. 카지노 베팅사와 제휴로 유저들 환전용으로 사용될 개인통장을 구하고 있습니다.
- 해외 직구 명품 수입업체입니다. 세금 감면 용도 외에 어떠한 사용도 하지 않습니다. 본업 하시면서 명의만 빌려주시면 됩니다.

○ 피해자(남, 30대 중반)는 '15.7월 중순경 '○○은행' 직원을 사칭하는 자와 대출상담을 진행하던 중 대출을 받기 위해서는 거래실적이 있어야 한다고 하면서 이를 위해 본인의 통장으로 돈을 입금해주기로 함.
○ 피해자는 사기범으로부터 2,000만원을 송금받아 다시 사기범이 지정한 계좌로 이체해 주었는데, 그 이후 사기범과 전화연결이 되지 않음.
○ 그러나 위 2,000만원은 보이스피싱으로 인한 피해금이어서 피해자의 계좌는 다음날 지급정지 되었고, 현재 피해자는 전자금융거래법위반 혐의로 경찰서에서 조사를 받고 있음.

【통장매매 광고 사례(2)】
- 개인장 임대하실 분 클릭, 보이스피싱으로 사용돼서 불이익을 받지 않을까 염려도 있으실 겁니다. 저희 또한 마구잡이식으로 계좌를 임대 대여 받는 것은 아닙니다.
- ○○상사입니다. 불법적으로 사용하는 것이 맞지만 결코 장주에게 피해가 갈만한 오더는 받지 않고 있습니다.

> ■ 게임 환전용 통장 임대합니다. 통장판매 자체가 불법입니다. 각
> 오하고 거래하셔야 한다는 뜻이에요. 문제가 생기더라도 **큰 피해**
> **는 없다는 것을** 보장해드립니다. **벌금 나오면 전액 지불**해드립니
> 다.

② 개인신용정보 매매

○ 피해자(여, 40대 초반)는 '15.6월경 '○○캐피털' 직원을 사칭하는
  자로부터 대출이 가능하다며 개인정보를 요청받자 주민등록번호 및
  이름, 연락처, 인증번호를 알려 줌.

○ 피해자는 대출 진행경과를 기다리던 중 대출을 해주기로 한 직원이
  연락이 되지 않자 금융감독원에 본인이 넘겨준 정보로 인해 발생가능
  한 피해에 대한 예방요령에 대해 문의

○ 가까운 은행영업점에서 개인정보노출자사고예방시스템 등록, 주민등
  록번호클린센터를 통한 개인정보 노출현황 확인, 인감증명 및 주민등
  록증 재발급 및 무료신용조회 서비스 등을 안내

③ 서류조작을 통한 작업대출

【작업대출 광고 사례(1)】
- 직장이 없어도 소득증빙이 안되도 대출을 받기 위한 자격조건을
  확실하게 맞추어서 진행하므로 누구나 100% 승인을 보장합니다.
  실제 **재직신고, 소득금액에 대한 증빙서류 등을 실제로 처리**하여 진
  행하기 때문에 허위 서류 등에 대한 불안함에 대해 걱정하지 않
  으셔도 됩니다.
- 3자 통화를 통한 급여확인 가능합니다. 재직확인, **소득증빙 셋팅대출**
  진행, 조건맞게 보증인 매칭 후 대출 진행, **서류문제들 수정 후**
  대출 진행
- **매출자료** 만들어드립니다. 매출에 3배 이상 대출해 드립니다.

【작업대출 광고 사례(2)】
- 저희는 자체적으로 진행하는 원라인 업체입니다. 소득, 4대보험 등
  재해 드리고 완벽한 서류로 진행해 드립니다. 업체 최저 수수료
  15%

> - 경찰서 왔다갔다해야 할 일 만들지 않습니다. 저희는 자체적으로 작업하는 원라인업체입니다. 무직이시거나 소득확인이 안되시면 4대보험 가입까지 가능합니다.
> - **누구나 작대 100% 가능.** 정상적인 대출은 아닙니다. 단 자금은 확실히 만들어 드립니다.
> - 말만 원라인이지 실상은 **토스업자**가 대부분이더라구요. **손님을 소개시켜 주는 업자가 개입을 하게 된다면 원라인이 가져가는 수수료 + 소개업자 수수료 = 총 40~50%까지 지불**을 해야 하므로 부담이 큽니다.

○ 피해자(남, 30대후반)는 '15.7월경 150만원 정도의 대출이 필요하여 인터넷으로 대출광고를 검색 하던 중 "즉시 대출 가능하다"는 광고가 있어서 전화를 하자 신용등급이 낮아서 대출이 안 되지만 작업대출을 해주겠다면서 만나자고 함.

○ 이후 피해자는 작업대출업자와 만났는데, 작업대출업자는 모텔에서 작업을 하자고 피해자를 유인한 후 재직증명서를 위조하였고, 피해자를 협박하여 ○○저축은행 등 10곳에 위조한 재직증명서 등으로 대출신청하도록 함.

○ 피해자는 같은 날 ○○저축은행 등 5곳에서 3,200만원을 대출받은 후 수수료로 1,800만원을 제외한 1,400만원만을 수령함.

④ **휴대전화 소액결제대출**

○ 피해자(여, 20대초반)는 ○○캐피탈로부터 '15.5월 초순경 핸드폰 문자로 "통신사와 제휴를 맺고 대출을 해준다"라는 광고를 보고 전화로 하였는데 휴대폰을 신규로 개통하여 보내주면 대출이 가능하다고 말하여 휴대폰을 개통한 후 보내주었음.

○ 그러나 사기범은 피해자에게 신용조회기록이 많으니 위 기록의 삭제를 위한 비용을 보낼 것을 요구하였고, 피해자는 금융감독원에 제3자에게 제공한 휴대폰으로 인한 피해에 대한 예방요령을 문의

○ 이에 휴대폰 정지, 소액결제내역 확인 후 차단,
  엠세이퍼(http://www.msafer.or.kr) 또는 직영점에서 이동전화 가

입제한 서비스 등록 등을 안내

⑤ 미등록 대부업 영위

【미등록 대부 광고 사례(1)】
- '새희망홀씨', '햇살론' 등 서민금융지원상품을 취급하는 것처럼 가장하여 연락을 유도하거나, **'홀씨 사잇돌', '아침햇살' 등 정체불명의 상품**을 광고
- 대부업등록번호 등을 허위로 기재하고, "이자외 별도로 중개수수료를 수취하는 것은 불법입니다" 등의 문구로 **적법한 업체인 것처럼 가장**
- 등록된 대부업자가 아닌 자가 ○○파이낸스, ○○대부 등 **가공의 상호 사용**

【미등록 대부 광고 사례(2)】
- '대한민국 누구나', '만 19세 이상 누구나' 가능하다거나, '군미필/무직자/주부/저신용자/신용불량자 전문 대출' 등의 문구로 상담 광고

○ 피해자(여, 50대후반)는 '13.4월경 미등록대부업체로부터 300만원을 빌리면서 수수료를 공제한 후 월 30만원 씩 14회 가량 납부하였음에도 불구하고 최근 대부업체에서 600만원을 추가로 납부하라고 요구를 받고 금융감독원에 납부의무의 존재여부 등에 대해 문의함.

○ 미등록대부업체는 이자율제한법에 따라 법정최고이자는 연 30%이며 실제로 수령한 금액을 원금으로 하여 계산한 법정이자 및 원금을 초과하여 원리금을 납부하였기 때문에 더 이상 납부할 금액이 없으며 수사기관에 신고할 대상임을 안내

■ 금융감독원을 사칭한 유령 팝업창을 이용한 사기수법

□ 최근 금융감독원을 사칭하면서 개인신용정보를 입력하라는 휴대폰 문자메세지(팝업창)이 불특정 다수에게 발송되고 있어 각별한 주의가 요망됨('15.10.12. 이후 현재까지 22건).

○ 안내 팝업창의 '확인'을 누르면 금융감독원 명의의 긴급공지 화면이

나오는 피싱사이트로 유도되면서,

○ 신용카드번호, 유효기간, 비밀번호, 공인인증서비밀번호, 이름, 주민등
록번호 등을 입력하라고 요구

□ 사기범은 보이스피싱 등 각종 불법금융행위에 적극적으로 대응하고
있는 금융감독원을 사칭하였으며,

<금융감독원 사칭 스마트폰 팝업창 예시>

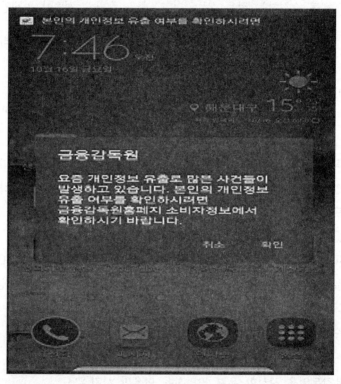

○ 개인신용정보 유출 여부를 확인하고자 하는 금융소비자의 불안심리를
악용하여,

○ 개인신용정보를 입력하게 되면 마치 금융범죄를 예방할 수 있는 것처
럼 휴대폰 사용자를 속인 것이 특징임.

※ 금융감독원 : 요즘 개인정보 유출로 많은 사건들이 발생하고 있습니다. 본인의 개인정보 유출 여부를 확인하시려면 금융감독원 홈페이지 소비자정보에서 확인하시기 바랍니다.

■ 대표적인 대출사기 유형

① 저금리 대출 전환을 미끼로 사기
  ㅇ 고금리 대출을 저금리로 전환해 주겠다며, 거래실적을 만들거나 대출실행을 위해 수수료, 보증금, 통장과 현금카드 등을 요구
② 신용등급 상향조정 명목으로 관련 비용 요구
  ㅇ 대출실행을 위해 신용등급 향상이 필요하며, 이를 위해 거래실적을 만들어 주겠다며 수수료, 통장과 현금카드 등을 요구
③ 공증료, 공탁금 등 법률비용 요구
  ㅇ 대출자의 신용상태 등으로 볼 때 대출실행을 위한 전제로 공증을 받아야 한다는 식으로 공증료 등을 요구
④ 대출알선을 미끼로 체크카드, 통장, 신분증사본, 금융거래정보(주민등록번호, 계좌번호 등)를 요구
  ㅇ 대출을 미끼로 통장 등을 편취하여, 보이스피싱이나 대출사기 등 금융사기에 활용
  * 본인의 통장이 금융사기에 이용되면 대포통장 명의인으로 등록되어 민·형사책임 및 다양한 금융거래불이익이 따를 수 있음.
⑤ 공공기관 직원을 사칭한 대출 사기
  ㅇ 저신용자 대상 정책대출 상품이 있다며, 대출실행을 위해 수수료, 통장과 현금카드 등을 요구
⑥ 무인가 저축은행을 사칭한 대출 사기
  ㅇ 저축은행, 캐피탈 등 금융회사 직원을 사칭하며 금리우대 조건으로 대출가능하다며 수수료, 통장과 현금카드 등을 요구

■ 최근 발생한 피싱사기 유형

① 취업·아르바이트 등을 빙자하여 통장과 현금카드, 금융거래정보를 편
취한 사례

□ 취업난, 여름방학 시즌 등 사회적 분위기를 이용, 사기범들은 교차로
등 생활지나 인터넷 구직사이트에 거짓 채용광고글을 개시한 후, 이
를 보고 연락하는 구직자들에게 일자리 중개수수료, 월급 지급 등
명목으로 통장 및 현금카드 등을 요구

　○ 사기범에게 양도한 통장 및 체크카드는 대포통장으로 사용되어, 구
직자에게 민·형사책임 및 금융거래제한 등 큰 불편 초래

② 최근 상거래용으로 사용하던 정상계좌가 금융사기에 이용되어 지급정
지되는 사건이 다수 발생함

□ 동 수법은 금융사기 피해자에게 가로챈 자금을 상거래 계좌로 송금
후 구입물품 가격 및 송금액과의 차액을 가로채는 수법

　* 예시 : 주로 꽃, 상품권, 보석류 및 중고차 매매상 등 업체에서 이
용하는 통장이 범행도구로 이용됨. 퀵서비스 종사자 계좌로 사기피
해금을 보낸 후 대신 찾아달라는 수법도 있음.

③ 금융감독원 보안강화 안내문이 포함된 가짜 포털사이트를 이용한 피
싱사이트 수법

□ PC에 악성코드를 유포, 인터넷 익스플로러 실행 시 금융감독원 안내
문이 포함한 가짜 포털사이트로 이동시킨 후, 시중은행의 정상사이트
를 모방한 피싱사이트로 유인하여 금융거래정보를 편취

■ 상거래 계좌 이용 금융사기 수법의 최근 사례

□ 꽃집을 운영하는 피해 신고인(심모씨, 50대, 여)은 사기범으로부터
'15.4.10 오후 15만원짜리 꽃다발에 현금 200만원을 포장한 돈 꽃다
발을 주문받음

ㅇ 이후 사기범은 한시간 가량 5차례에 걸쳐 피해 신고인에게 확인전
화를 하여 안심시킨 후 금융사기 피해자에게 585만원을 입금하게
하였으며, 처남이라고 알려준 젊은 남성이 꽃집을 방문하여 현금차
액 370만원과 선물바구니를 가져감.

⇒ 이 사건으로 585만원을 송금한 금융사기 피해자는 피해신고인의 계
좌를 사기이용계좌로 신고하였으며, 피해 신고인은 대포통장 명의인
으로 등록되어 금융거래 제한조치를 받고 있음.

■ 최근 발생한 대출사기 유형

① ARS를 이용*하여 계좌번호, 신용카드 번호 등 개인정보 요구

　　ㅇ 대출이 가능하다는 ARS 멘트에 따라 주민번호 입력을 유도한 후
상담사를 사칭한 사기범이 전화번호, 계좌번호, 신용카드 번호 등
을 요구**하고 이를 이용해 피해자 명의로 대출을 받거나 대포통장
을 개설

　　* 금년 7월 금융감독원이 '그 놈 목소리'를 통해 보이스피싱 사기범들
의 목소리 및 수법을 공개함에 따라 최근에는 ARS 기법을 이용한
대출사기로 그 기법이 진화

　　* ARS → 대출(1번) → 주민번호 입력 요구 → 상담사와 연결 → 계
좌번호, 신용카드 번호 등 개인정보 요구 → 피해자 명의 대출, 대
포통장 개설

② 피싱사이트를 이용한 대출사기

　　ㅇ 금융회사 인터넷 사이트를 사칭한 피싱사이트*를 개설 후 잔고증명,
전산조작비용 등의 명목으로 금전을 편취

　　* 예) 퇴출된 미래저축은행 사이트를 사칭 : www.mirae-sbank.com,
www. MIRAESB.COM

③ 계좌잔액 증명, 변호사 수임료 등의 명목으로 금전을 요구

○ 대출을 실행하기 위해서 필요하며 계좌잔액증명, 공증료, 대출실행 수수료, 변호사수임료 명목으로 금전을 편취

④ 신용등급 상향조정을 이유로 관련비용 요구

○ 신용등급이 낮아 대출진행이 어려우므로 보증보험 가입이 필요하다며 보증보험료를 납부해야 한다거나,

○ 대출승인을 위해서는 일정기간(예, 3개월) 이자를 선납해야 한다면서 금전을 요구

⑤ 공공기관 직원을 사칭한 대출 사기

○ 최근 저금리의 대출을 알아보고 있던 피해자는 한국자산관리공사(캠코) 직원을 사칭한 자로부터,

- 캠코에서 보증하는 연 3%금리의 국민행복기금 대출을 받을 수 있으니 먼저 보증금을 입금하고, 2개월후 보증금을 환급할 때 필요하니 통장과 체크카드를 만들어 보내라'는 요청을 받았으나,

- 이후 대출은 되지 않고 보내준 본인의 계좌가 사기에 이용되어 대포통장 명의인으로 등록된 사실을 통보받음.

⑥ 무인가 저축은행을 사칭한 대출 사기

○ 신고인 A씨는 경기도 분당에 거주하는 노인으로 청솔저축은행이 최근 영업을 재개했으며 "정부지원으로 대한민국 누구나 5,000만원까지 연7%"라는 거짓 문자메시지(발신번호 : 070-○○○○-○○○○)를 받아 금융감독원에 신고함.

○ 신고인 B씨는 청솔저축은행의 문자메시지를 받고 발신번호로 전화하여 대출상담을 했더니 대환대출에 필요한 서류를 발급받는데 10만원이 필요하다고 하여 동 금액을 송금하였으나 돌려받지 못함.

■ 금감원 직원 실명을 사칭한 보이스피싱 피해 발생

① 개요

- □ '15.8.24일 실제 금감원 실장의 실명을 사칭한 보이스피싱 사기범이 금감원의 예금안전조치가 필요하다며, 직접 피해자의 자택을 방문하여 예금 4천만원을 가로채간 피해 발생

- ○ 금감원 직원을 사칭하며 독거노인 등 취약계층을 대상으로 한 고전적인 사기수법이 다시 성행할 우려가 있어 유의사항을 전파

※ 보이스피싱 피해발생 과정

(1단계 : 피해자가 직접 예금을 현금으로 찾아오도록 유도) 사기범은 피해자의 신분증이 도용되어 즉시 금감원의 예금 안전조치가 필요하다며 예금을 전액 현금(4천만원)으로 인출하여 자택 냉장고에 보관토록 유도

(2단계 : 피해자의 예금을 가로채기 위해 피해자가 자택을 비우도록 유인) 사기범은 피해자에게 주민센터를 방문해 도용된 신분증을 재발급 받도록 하고, 금감원 직원이 자택을 방문해서 예금안전 조치를 할 수 있도록 자택 현관문을 잠그지 않도록 지시→ 피해자가 신분증 재발급을 위해 자택을 비운 사이, 사기범 일당이 자택에 침입해 냉장고속 예금(4천만원)을 가로채어 잠적함

② 당부사항

- □ 금융감독원 직원은 어떤 경우에도 일반 국민을 대상으로 개인·금융정보의 유출에 따른 안전조치를 이유로 예금을 현금으로 찾아 맡기도록 하거나 물품보관함, 냉장고 등에 넣어두도록 요청하지 않음.

- ○ 만일, 금융감독원, 검찰, 경찰 등 정부기관의 직원이라고 하면서 개인·금융정보 유출에 따른 안전조치를 이유로 "예금을 현금으로 찾아서 가져와라", "물품보관함 등에 넣어두라"고 한다면 100% 보이

스피싱 사기조직이므로 절대 응하지 말고 즉시 경찰청(☎112)과 금융감독원(☎1332)에 신고해야 함

■ **취업을 빙자한 후 통장을 편취한 사기피해 사례**

(사례 1)

피해자 B씨(20대, 남)는 군대를 전역해 직장을 구하던 중 아르바이트 사이트에서 한 건설회사의 전기보조 일을 찾게 되었다. 건설회사 과장은 "중간부터 일을 해도 월급이 다 나가 회사가 손해를 볼 수 있으니 통장을 한 달만 관리하겠다."라고 제안했다.

B씨는 일을 구했다는 기쁜 마음에 과장이 요구한 통장과 카드, 카드 비밀번호 등을 모두 넘겼다. 하지만 과장은 그 다음날부터 전화를 받지 않았고, 2주 뒤 경찰서에서 '통장 양도 행위'와 관련하여 조사를 받으라는 통보가 왔다.

전자금융거래법을 위반한 혐의자 신분으로 조사를 받은 B씨는 후 신규 예금계좌 개설 제한, 전자금융 거래 제한 등으로 금융생활을 하는 데 아주 큰 불편을 겪어야만 했다.

(사례 2)

피해자 K씨는 지역신문인 교차로와 벼룩신문의 일자리를 구해주겠다는 광고를 보고 ○○인력중개소(연락처: 070-7△△△-8△△△, 070-7○○○-8○○○)로 전화하였는데,

○○인력중개소에서 일자리를 소개해 주면 모 건설사에서 일당을 통장으로 지급하게 되고, 일자리 중개수수료를 받기 위하여 필요하다며 체크카드와 비밀번호를 보내달라고 하여 위 중개소로 보내주었고, 보내준 통장이 대포통장으로 이용되어 정상적인 금융생활에 큰 불편을 겪고 있다.

■ 4대 정책 서민금융상품 알선을 빙자한 불법·과장광고 사례

① 개인회생·파산을 위한 서민 지원자금 대출상품이 있는 것처럼 경제기사 형식으로 금융소비자를 유인

* (사례) 개인회생, 파산 등의 명칭을 금융상품화하여 마치 정부에서 운영하는 상품으로 착각(신문기사로 오인)하게 하는 허위·과장광고

② 미등록대부업자가 인지도가 높은 4대 정책 서민금융상품을 연상시키는 명칭 등을 홈페이지 명칭으로 불법적으로 사용

* (사례) 상호금융회사와 저축은행에서 취급하는 햇살론을 메인화면에 크게 게시하여 소비자를 유인(미등록 대부업자임)

③ 대부업자 홈페이지를 통해 대출모집인이 아니면서 제도권 금융회사 대출상품을 취급하는 것처럼 허위·과장광고

* (사례) 햇살론, NH농협캐피탈 대출 승인 사례를 소개하면서 햇살론 등 정책 서민금융 대출상품 승인이 가능한 것처럼 소비자를 유인(대출모집인일 경우 등록번호를 표기토록 규정)

④ 인터넷 포털사이트상 인지도 높은 서민금융 상품명을 도용하여 표기

* (사례) 바꿔드림론은 신용도가 낮은 서민의 고금리 대출을 은행의 저금리대출로 전환시켜주는 제도로 취급기관은 자산관리공사와 시중은행임

⑤ 신용조회 기록이 전혀 남지 않고 "믿을 수 있는 안심상담서비스"라는 과장문구를 사용하여 급전이 필요한 금융소비자를 상대로 대출상담을 위한 개인정보 입력을 유도

* (사례) 인터넷 상에서 개인정보 등을 매매하는 금융사기 등 각종 범죄에 이용하는 사례가 있어 유의할 필요(신용조회 기록 남음)

■ 주요 유사수신 행위 제보사례

① 금융상품(FX마진거래를 가장) 투자 고수익을 미끼로 한 자금 모집

  ○ "○○트레이더"는 해외에 본사를 두고 있다고 하면서 FX마진거래
    (외화선물거래)*를 통하여

  * 일반적으로 FX마진거래는 가격의 변동성이 매우 큰 거래 특성상 지
    속적인 수익을 창출하기 어려워 투자에 유의할 필요가 있음.

  - 18개월동안 투자원금($5,000 ~ $30,000)에 따라 월평균 3~8%의
    고수익을 보장하고, 만기(18개월후)에는 원금도 보장하여 준다고
    하면서 불법적으로 자금을 모집

② 매일 수익 3%, 중국 거대 공기업 투자를 미끼로 한 자금 모집

  ○ 혐의업체(○○○스타펀드)는 대기업에서 운영하는 일반펀드와 달리
    수익성과 안전성이 보장되는 중국 거대 공기업 투자를 빙자하여 인
    터넷사이트를 통하여,

  - 상기 펀드에 투자하면 투자규모(110달러 ~ 11,000달러)에 따라 수
    익금을 매일 3% ~ 3.5%씩, 총 150 ~ 600%가 될 때까지 지급한
    다고 하며 불법적으로 자금을 모집

③ 수익형(확정 임대료) 호텔식 별장 임대를 미끼로 불법 자금 모집

  ○ 지방 소재 B사는 호텔식 주말 별장(수익형)의 임대 회원을 모집하
    기 위하여 2천만원대의 저렴한 보증금(2,400만원, 스탠다드형 기준)
    을 내면 나만의 별장을 쓰면서 본인이 사용하지 않을 때에는 국내
    유명 여행사나 기업체 등에 임대하여,

  - 은행금리의 2배에 해당하는 연 7%~8%의 확정 임대수익을 3년 동
    안(3년간 18~24%) 지급해 주고, 3년후 보증금 전액을 반환하여
    준다며 불법적으로 자금을 모집

④ 특수작물 재배사업으로 고수익을 미끼로 한 자금모집

  ○ ○○비타민나무영농조합은 동 조합에 3,300만원(2구좌)을 투자하여
    임야(500평)를 구입하면, 해당 임야에 비타민나무를 식재해주고 영

농위탁계약을 맺으면 4년 후부터 비타민나무의 열매 판매 수익 등을 통하여,

- 매년 2,000만원(매월 160만원정도)씩 10년간 지급하여 준다고 하면서 조합원들에게 자금을 모집

⑤ 은행 가상계좌를 악용, 사이버 계(契)를 통한 신종 불법 자금 모집

○ 서울의 H사는 인터넷상 사이버 대동계(契) H사이트(33만원방과 66만원방)를 개설하고, 은행의 가상계좌를 자금모집 창구로 활용하여 회원이 33만원방에 가입하고 33만원을 은행의 가상계좌에 입금하고서 6명의 하위 계원을 모집하게 되면,

- 피라미드式으로 56만원 등 최종적으로 총 672만원을 받게 된다고 현혹하여 불법적으로 자금을 모집

⑥ 황금알을 낳는 금테크(골드바) 사업 투자를 미끼로 한 자금 모집

○ 혐의업체(○○골덱스)는 현재 두바이에서 골드바 유통사업을 하는 세계적인 회사인데, 골드바에 1,050유로(한화 약 150만원)를 투자하고 2명의 투자자를 추천하면 고수익 보상프로그램에 의해 5,950유로(약 800만원)를 지급

- 만약, 투자자 2명을 추천하지 못 할 경우 원금을 되돌려준다고 하면서 불법적으로 자금을 모집

■ 메르스를 빙자한 보이스피싱 사례

① ○○사회복지관 사칭 사례

○ 사기범은 ○○사회복지관을 사칭, 정부는 '메리스 격리자들에게 3인 가구당 90여만원을 지원하기로 결정했다.'며 전화을 통해 정부지원금 지급에 필요한 개인정보를 알려달라고 요청

* 주민등록번호, 계좌번호, 이름, 주소 등

② ○○○보건소 사칭 사례

○ ○○○보건소 직원을 사칭한 자로부터,

- '주민등록번호와 계좌번호를 알려주면 정부에서 지원하고 있는 메르
  스 피해 지원금을 입금해 주겠다.'라는 전화를 받음

■ 불법금융투자업체의 행위별 적발사례 및 금융소비자 피해사례

① 불법금융투자업체의 행위별 적발사례

(1) 선물계좌 대여 방식의 무인가투자중개업

(2) 미니선물거래 방식의 무인가투자중개업

(3) 대여업체 알선 방식의 무인가투자중개업

② 각 불법금융투자업체 피해 사례

(1) 무인가투자중개업을 영위한 혐의로 인한 피해

피해자 A씨는 인터넷 홈페이지에 선물대여업체 이벤트 광고를 보고
가입한 후 거래를 시작

처음에 작은 금액을 입금하였을 때는 출금처리를 잘해주다가 금액
이 많아지면서 각종 거짓말을 통해 출금을 거부하여 22백만원 피해
를 입음(여러 개의 입금계좌를 이용하여 투자금을 받으며 수시로 입
금계좌를 변경하는 것으로 생각됨).

(2) 무인가집합투자업을 영위한 혐의로 인한 피해

피해자 D씨는 금광개발을 미끼로 다단계방식으로 주식을 판매하는
E업체으로부터 모집한 투자자가 20만원 투자시 20주(1주당 1만원)
을 주고 스필오버 산하에 7명이 들어 올 때마다 20주씩 지급하며
추천수당으로 소개할 때마다 10만원을 지급하고, 또한 100만원이상
투자자는 50% 할인하여 5000원에 판매하고 있으며 이 주식이 상
장되면 3만원 이상 된다고 이야기하여, D씨는 1억원을 투자하였으
나 정상적인 주식을 받지 못하였으며 현재 소송을 제기한 상태임.

(3) 미등록투자일임업을 영위한 혐의로 인한 피해

피해자 F는 증권방송 리딩전문가(유사투자자문업 신고)에게 일임하여 선물옵션을 투자할 목적으로 자금 입금하였으며 또한 불법대여계좌를 소개받아 자신이 운영하였으나 양쪽 모두에서 큰 손실을 봄.

■ **개인 휴대폰 및 집전화 뿐만 아니라, "사무실 전화"로도 보이스피싱 전화가 걸려오니 주의하세요!**

보이스피싱 전화는 개인의 휴대폰, 집전화뿐만 아니라, 직장 사무실 전화로도 걸려옵니다.

따라서, 거래처나 개인 우편물, 자택 택배 도착 등을 내세우며 개인의 금융거래정보(예 : 거래 은행명, 잔액, 계좌번호, 계좌비밀번호, 보안카드나 OTP번호 등)를 요구하는 낯선 전화일 경우 보이스피싱 전화일 수 있으니 각별한 주의가 필요합니다.

아울러, 보이스피싱 의심 전화를 휴대폰, 사무실 또는 자택전화로 수신한 분께서는 통화 내용을 녹취하여 금융사기대응팀 앞으로 전달해 주시면, 금융사기 예방업무에 적절히 활용하도록 하겠습니다.

→ 녹취 파일 전달 문의 : 금융감독원 서민금융지원국 금융사기대응팀, 02-3145-6594번으로 문의

※ 직장 사무실 전화로 걸려온 보이스피싱 전화의 수신내용 개요

1. 수신시각 : 2015.6.17. 10:08

2. 발신번호 : 001004008004

3. 내용 :

(1) 우체국에서 발송한 등기를 장기간 받지 않아 반송 조치하겠다는 ARS 전화가 왔고, 상담원 연결을 원하면 9번을 누르도록 유도

(2) 9번을 누르자, 한 남성에게 전화가 연결됐고 본인의 이름을 물어봄.

(3) 이름을 말해주자, 본인 앞으로 마이너스통장이 발급되었고, 동 내용을 확인해 주겠다며 추가적인 금융거래 정보를 말하도록 유도

■ 최근 대출사기 피해사례

① 저금리 대출 전환을 미끼로 사기

○ '15.2월 사기범은 ○○캐피탈에 근무하는 ○○○과장이라고 이름을 밝히고 저금리대출을 소개해 주겠다고 하여, 피해자는 혹시 몰라 ○○캐피탈 홈페이지에서 동일한 대표전화번호임을 확인하고 대출을 진행하였으며,

- 그후 ○○○과장은 저금리 대출심사에 필요한 전산작업비용, 수수료 등을 보내라고 하여 총 170만원을 송금하였으나 추후 대출사기로 확인됨.

② 신용등급 상향조정 명목으로 관련 비용 요구

○ '15.1월 피해자는 ○○저축은행을 사칭하여 전화한 사기범으로부터 신용등급이 낮지만 대출은 가능하다는 전화를 받고 보증보험료, 선납이자 85만원을 송금함

- 한편, 사기범은 대출금 2천만원 승인은 이루어졌으나 신용등급이 낮기 때문에 대출실행을 하기 위해서는 입출금 등 금융거래실적을 증명해야 한다고 하여, 피해자는 200만원을 타인에게 빌려 사기범에게 자금이체를 하였으나, 사기범은 다시 피해자에게 이체하여 주기로 한 약속을 불이행하고 동 금액을 편취

③ 공증료, 공탁금 등 법률비용 요구

○ '15.3월 사기범은 정부기관을 사칭, 정부에서 신용이 어려운 분들에게 서민대출을 취급하는 곳이으므로 안심하라고 하면서 자금이 필요한가를 묻기에 피해자는 의심하지 않고 대출거래신청서를 작성하여 송부하였으나,

- 그후 사기범으로부터, 대출은 승인되었는데 은행 신용상태가 안 좋으니 채무불이행에 대비하여 ○○○법무사에게 공증료 및 공탁금 180만원을 필요하다는 요구를 받고 동 금액을 이체하였으나 대출

사기를 당함.

④ 대출알선을 미끼로 체크카드, 통장사본, 신분증사본 등을 요구

○ '15.2월 급전이 필요한 피해자는 사기범이 ○○캐피탈 직원을 사칭
하면서 얼마나 대출이 가능한지 알려주겠다고 하며 신분증사본을
요구하여 팩스로 송부함

- 사기범은 피해자가 금융거래실적이 부족해서 대출이 안되니 통장과
체크카드를 보내주면 금융거래실적을 높여서 1,000만원까지 대출
가능하게 한다고 하여 택배기사를 통해 전달함.

- 그러나 사기범은 피해자에게 통장과 체크카드 잘 받았다고 몇일만
기다리라고 한 이후 연락을 두절하였고, 이후 피해자 통장이 대포
통장으로 이용된 것이 확인됨.

■ 최근 발생 큐싱(Qshing)사기 사례

❋ 신고내용(불법사금융 신고센터)

신고자는 ○○은행 스마트뱅킹으로 자금이체를 진행하던 중 추가인증이
필요하다며 QR코드가 나타나 메시지에 따라 앱 설치 후 보안카드를 비
추는 순간 금융사기로 인식되어 동작을 멈추었으나, 통신사에 확인해 보
니 게임머니 등으로 35만원이 소액결제 처리되었음.

❋ 큐싱(Qshing)사기 진행 절차

- 금융범죄자는 스마트폰을 악성코드에 감염시켜 사용자가 정상 금융
사이트에 접속하더라도 가짜 금융사이트(피싱사이트)로 연결되게 하
고, 가짜 금융사이트에서 추가인증이 필요한 것처럼 QR코드를 보
여주고 이를 통해 악성 앱이 설치되도록 유도.

- 악성 앱을 통해 보안카드, 전화번호, 문자메시지 등의 정보를 탈취하
고 문자 수신방해, 착신전환 서비스 설정 등 모바일 환경을 조작하여
소액결제, 자금이체 등 금전적 이득을 위한 금융사기 피해를 유발

※ QR코드는 간단한 사진 촬영만으로 각종 정보를 획득할 수 있어 유용하지만, 악용될 경우 정상URL를 중간에서 가로채 악성링크로 접속을 유도하거나 직접 악성코드를 심는 통로로 활용될 가능성이 많음에 따라,

→ 스마트폰 보안점검 앱인 폰키퍼* 등을 활용하여 악성코드 감염 방지 필요

* 한국인터넷진흥원(KISA)에서 배포

※ 금융소비자 피해예방 요령 등은 관련 보도자료를 참고하시기 바랍니다.

■ 스마트폰 이용 소액결재 피해사례

① 상품권 제공 문자 받고 사이트 접속 후 소액결제

○ '15.1월 경기도 성남에 거주하는 박모씨(남)는 'ㅇㅇㅇ치킨 첫 행사 만원 할인 쿠폰 제공' 문자를 받고 악성 앱인지를 인식하지 못한 박모씨는 해당 웹사이트를 클릭해 앱을 설치했으나 실행되지 않아 별다른 의심 없이 웹사이트를 종료

○ 이후 요금청구서를 보고 게임머니 구매 용도로 20만원이 결제되었다는 사실을 알게 되어 깜짝 놀라 금감원에 신고

② 스마트뱅킹중 악성 앱 설치를 유도한 후 예금액 인출

○ '15.3월 서울시 송파구에 거주하는 김모씨(여)는 ㅇㅇ은행 스마트뱅킹을 이용하던 중 '보안프로그램 강화를 위해 앱을 설치하라'는 메시지에 따라 앱 설치 후 보안카드 전·후면 인식 절차를 진행

○ 다음날 본인 모르게 170만원이 인출된 사실을 알고 지급정지를 신청

③ 소액 결제 취소를 미끼로 승인번호 입력 유도

○ '15.3월 경기도 평택에 거주하는 일용직 근로자 이모씨(남)는 '30만원

결제 완료 / 익월 요금 합산 청구 / 결제 취소 및 문의 전화 / 070-XXXX-XXXX' 문자를 수신 받고 깜짝 놀라 발신번호로 전화를 함.

○ 전화를 받은 사기범은 이모씨에게 잠시후 발송되는 인증번호를 제시하면 취소해 줄 수 있다고 하기에 순순히 답변하고 전화를 끊었으나 사용하지도 않은 게임머니로 30만원이 결제 확인되어 이를 금감원에 신고

④ 통신사 직원을 사칭해 승인번호 입력 요청

○ '15.2월 대전광역시에 거주하는 정모씨(여)는 '30만원 소액결제처리' 문자 수신 직후 ○○통신사 직원이라며 전화가 걸려와 '소액 결제를 취소해 줄 테니 승인번호를 입력해 달라'고 요청

○ 통신사 직원의 말에 따라 승인번호를 입력하고 전화를 끊었으나 아무래도 스미싱 사기로 느껴져 친구 휴대폰을 통해 통신사 결제 여부를 확인해 보았더니 30만원이 소액 결제된 것으로 확인되어 신고

■ 메르스 환자 지원금 빙자 전화금융사기 주의!

최근 메르스에 대한 국민적 불안과 관심이 높아진 것을 이용하여, 메르스 환자에 대한 지원금을 빙자한 전화금융사기가 발생하고 있습니다.

메르스 환자 등에 대한 지원금을 입금하겠다는 핑계로 개인정보·금융거래정보를 입력하도록 하고, 이를 이용하여 임의로 인터넷 뱅킹에 접속해 금원을 편취해 가는 내용입니다.

국민 여러분의 각별한 주의가 필요합니다.

※ 보건복지부에서는 ①치료비는 비급여항목·건강보험본인부담금 전액 국고 지원하여 처음부터 내지 않고, ②긴급 생계비는 확진자 및 격리대상자에 대해 보건복지콜센터(129)에서 신청을 받아 지원하며 개별 안내는 하지 않음.

주요 수법은 의료기관 또는 공공기관을 사칭한 △계좌번호 및 개인정

보를 요구하는 전화 △ 홈페이지 주소를 불러주면서 접속하게 하는 전화 △ 출처를 알 수 없는 URL를 포함한 문자메시지 등입니다.

이러한 전화는 100% 사기전화입니다.

공공기관, 의료기관에서는 어떠한 경우에도 전화로 개인정보나 금융거래 정보를 요구하지 않고, 홈페이지에 접속하도록 하여 개인정보나 금융거래정보를 입력하라는 요구도 하지 않습니다.

반드시 복지부 메르스 콜센터(109) 또는 수사기관(112)으로 신고해 주시기 바랍니다.

■ 불법대출중개수수료 피해 사례

□ 보증보험료, 전산작업비 등의 명칭으로 수수료를 편취하는 사례가 일반적이었으나,

○ 최근에는 고금리대출을 받고 일정 기간 성실하게 상환하면 향후 저금리대출로 전환해주겠다고 현혹하여 전환수수료명칭으로 수수료를 편취하는 사례 증가

① 대부중개 행위가 있는 경우

[보증보험료]

□ '14.6월 경기도 성남에 거주하는 유모씨(여)는 야채가게를 운영하며 금전적으로 어려움을 겪던 중 대부중개업체 A사 김모씨와 대출관련 상담 결과, 저금리의 대출은 가능하나 유모씨의 신용등급이 낮아 별도의 보증보험료가 필요하다는 답변을 들음.

○ 유모씨는 의심스러운 마음이 들었지만 보증보험에 가입하지 않으면 대출을 받을 수 없다고 하자, 급한 마음에 1,000만원을 대출받으면서 240만원을 보증보험료로 이체한 사례.

[전산작업비]

□ '14.8월 경기도 안산에 거주하는 일용직 근로자 권모씨(남)는 전세

자금이 부족하여 대출을 알아보던 중 대부중개업체 B사 서모씨로 부터 대출안내 전화를 받게 되어 대출 가능여부를 문의

○ 권모씨는 본인의 신용등급을 1~2등급을 올려야 대출이 가능하며 이를 위한 전산작업비가 필요하다는 서모씨의 답변에 따라, 대부업체 2개사로부터 1천만원의 대출을 받으면서 180만원을 송금한 사례

② 거짓으로 대부중개행위를 가장한 경우

[전환수수료]

▫ '14.11월 대전에 사는 고모씨(여)는 부모님의 건강악화로 병원비가 필요하여 돈을 구하고 있는 차에 OO은행 직원이라고 사칭하는 정모씨와 대출관련 상담 결과, OO은행에서는 대출이 어려우니 우선 대부업체의 고금리 대출을 받으라는 답변을 들음.

○ 고모씨는 2개 대부업체로부터 고금리 대출 1,200만원을 받아 3개월만 착실히 상환하게 되면 4.5%의 저금리 대출로 전환시켜줄 수 있으며, 이를 위해서는 전환수수료가 필요하다는 정모씨의 답변에 따라 240만원을 송금한 사례.

▫ '14.12월 부산에 사는 정모씨(남)는 사업중단으로 생활자금이 필요하여 대출을 알아보던 중 D은행 계열사 직원이라고 사칭하는 김모씨로부터 휴대전화를 통해 대출권유를 받고 대출 가능여부를 문의

○ 정모씨는 본인의 신용등급이 낮아 저금리 대출이 어려우니 저축은행의 고금리 대출 2,000만원을 받아 3개월 동안 연체없이 대출이자를 정상 납입하면 D은행의 저금리 대출상품으로 전환해 주겠다는 김모씨의 답변에 현혹되어 수수료 200만원을 입금

■ 안심전환대출을 빙자한 대출사기 시도 사례

① 안심전환대출 사칭 사례

O '15.3.24일 사기범은 은행을 사칭, 안심전환대출을 예약해 주겠다는 전화를 통해 민원인에게 대출심사에 필요한 서류를 보내달라고 요청

* 신분증사본, 3개월간 통장사용 내역서, 의료보험납부확인서 등

② 국민행복기금 사칭 사례

O 최근 저금리의 대출을 알아보고 있던 피해자는 한국자산관리공사(캠코) 직원을 사칭한 자로부터,

- 캠코에서 보증하는 연 3%금리의 국민행복기금 대출을 받을 수 있으니 먼저 보증금을 입금하고, 2개월후 보증금을 환급할 때 필요하니 통장과 체크카드를 만들어 보내라'는 요청을 받음

- 이후 대출은 되지 않고 본인의 계좌가 사기에 이용되어 대포통장 명의인으로 등록된 사실을 통보받음.

■ 피해자금을 대포통장 명의인이 직접 인출하게 해서 전달받은 뒤 잠적한 사례

□ 금융사기범이 양도·대여받은 대포통장을 사용하여 피해자금을 자동화기기(CD/ATM)에서 직접 인출하는 기존 방식과 달리

O 피해자금을 대포통장 명의인이 직접 인출하게 해서 전달받은 뒤 잠적한 사례가 최근 발생하여 소비자의 주의를 당부

〈사건 경위〉

□ 사기범은 대포통장 명의인으로 등록된 K씨에게 '15.3.16(월) '절세목적으로 사용하려고 하니 예금계좌로 들어오는 금액을 대신 인출해 주면 수수료를 지급하겠다'며 제안함.

○ 이에 K씨는 금융사기 피해자로부터 A은행 통장으로 3천만원, B은행 통장으로 6,100만원을 입금 받아,

○ 사기범의 요구대로 5천만원의 현금을 인출하여 사기범에게 전달하였으며, 영업점 외부에서 대기중이던 사기범은 약속한 수수료도 지급하지 않고 도주한 상태

□ 이는 '돈만 대신 찾아주면 수수료를 주겠다'는 식으로 직접 인출을 유도하는 등 최근 대포통장 확보가 곤란해지자 이를 회피하기 위한 신종수법임.

■ 금융감독원 직원 사칭 보이스피싱 피해사례

(사례 1: 현금을 찾아 집으로 가져오도록 함)

독거노인 등을 대상으로 가짜 금감원 직원 신분증을 보여주고 "계좌정보가 노출되어 안전조치가 필요하다"고 하면서 예금을 현금으로 찾아 집으로 가져오도록 하여 가로챔('15.3월 : 피해자 6명, 피해액 2억 5,650만원)

(사례 2: 금융감독원 직원사칭 사기유도문자 발송)

'해외접속 결제시도 IP 로그인 수집으로 고객정보 유출이 추정되어 금융안전을 위해 본인인증번호를 입력하여야 한다'는 내용으로 불특정 다수에게 문자를 대량 발송하여 보이스피싱을 시도(신고접수 : 3.5일 41건, 3.6일 57건, 3.9일 141건)

■ '대포통장' 관련 피해 및 피해예방 사례

(사례 : 금융회사의 금융사기 모니터링을 통한 대포통장 피해 방지 사례)

- 회사원 박모씨(남, 40세)는 '14.9월경 경찰을 사칭한 사기범에게 속아 가짜 경찰청 사이트에 보안카드 전체 등 금융정보를 입력하였으며, 사기범은 290만원씩 7차례에 걸쳐 총 2,000만원을 사기계좌로 이체하였다.

- ○○은행은 사기의심거래로부터 금융소비자를 보호하기 위해 대포통장 의심거래에 대한 정보를 공유하는 등 자체점검을 실시하고 있었으며, 거래가 활발하지 않은 계좌에서 단시간내에 다수건의 거래가 일어나는 등에 대해 금융사기 의심거래로 분류하여 모니터링하고 있었다.

  ○○은행은 금융사기 의심거래에 대한 모니터링 도중 박모씨의 거래가 '12.6월에 시행된 '300만원 이상 입금 시 10분간 인출 지연' 제도를 회피하기 위해 300만원 미만 금액으로 나누어 이체한 정황을 포착하여 박모씨에게 정상거래 여부를 확인하였고 사기거래임을 인지한 즉시 지급정지 조치를 취하여 피해발생을 사전에 방지하였다.

■ 인터넷 뱅킹 팝업창을 통한 피싱사이트 유도 사례

<사기수법>

□ 피해자의 PC를 악성코드에 감염시켜 인터넷 실행 중 네이버, 다음(Daum) 등 사이트에 접속 시 피싱사이트로 유도하는 팝업창을 게시하고, 피해자가 팝업창의 내용에 대한 의심 없이 팝업창 클릭 시 피싱사이트로 유도하게 한 뒤 개인(금융거래)정보를 편취하는 수법

<피해사례>

(사례 1)

□ 서울 송파구에 거주하는 송모씨(남, 40대초반)는 '13.6.22일 14시경

회사 컴퓨터를 통해 인터넷을 실행 후 네이버(http://naver.com)에 접속하자 금융감독원을 사칭한 보안인증 팝업창이 뜨는 것을 확인하였고,

○ 해당 팝업창을 클릭하자 개인금융거래정보를 입력하라는 내용을 보고 사기임을 의심하지 않고 관련 정보 일체를 입력하였는데,

○ 같은 날 18시부터 19시까지 약 한시간 동안 총 32회에 걸쳐 6,400만원 상당의 금전 피해를 입음.

(사례 2)

□ 충남 논산시에 거주하는 전모씨(남, 40대초반)는 '13.7.4일 16시경 자택 컴퓨터를 통해 인터넷을 실행 후 네이버(http://naver.com)에 접속하자 금융감독원을 사칭한 보안인증 팝업창이 뜨는 것을 확인하였고,

○ 해당 팝업창을 클릭하자 개인금융거래정보를 입력하라는 내용을 보고 사기임을 의심하지 않고 관련 정보 일체를 입력하였으며, 익일 오전 10시경에도 동일한 팝업창을 통해 접속하여 본인 소유의 타 계좌의 정보 일체도 입력하였는데,

○ 7.4일 22시~7.7일 01시까지 약 이틀 동안 총 15회에 걸쳐 3,000만원 상당의 금전 피해를 입음.

■ 쇼핑몰 결제창을 이용한 파밍 수법의 보이스피싱

<사기수법>

□ 쇼핑몰에서 물건을 구매하고 대금결제(실시간 계좌이체)를 위해 "뱅킹"버튼을 선택할 경우, 이미 악성코드에 감염된 이용자의 PC를 피싱사이트로 접속하게 한 뒤 개인(금융거래)정보를 편취하는 수법

<피해사례>

□ 제주시 거주 강모씨(20대, 여)는 '13.3.27일 오후 4시경 인터넷쇼핑몰인 "△△감성"사이트에서 옷을 구매하면서 결제수단 중 실시간 계좌이체를 선택하고,

○ 인터넷뱅킹으로 계좌이체를 하기위해 결제창內 "뱅킹"버튼을 선택하였는데 악성코드에 감염된 PC로 인하여 N은행 피싱사이트로 유도되어,

○ 보안카드 코드번호 전체와 계좌비밀번호, 인터넷뱅킹아이디 등의 금융거래정보를 입력하였음.

○ 이후 피해자의 금융거래정보를 알아낸 사기범이 공인인증서를 재발급받아 3.28일 새벽 1시경 피해자 명의의 인터넷뱅킹을 통해 258만원을 사기범계좌로 이체하여 편취

■ 해킹사고를 빙자한 보이스피싱

〈사기수법〉

- □ '13. 3. 20.에 발생한 해킹사고를 빙자하여 경찰청 사이버수사대를 사칭하여 보안강화를 명목으로 개인정보 및 금융거래정보를 편취하는 수법

〈피해사례〉

- □ 대전시 거주 박모씨(60대)는 '13.3.21일 오후 5시경 경찰청 사이버수 사대를 사칭한 사기범으로부터 최근 주요은행 및 방송사의 해킹사고 로 보안강화가 필요하다며 인터넷뱅킹 거래는 위험하니 텔레뱅킹 거래를 하여야 한다는 전화를 받고,
- ○ 피해자는 N은행에 텔레뱅킹 거래를 신청하고 사기범에게 텔레뱅킹 이용을 위한 계좌번호, 비밀번호, 보안카드코드번호 등을 알려 주었 으며,
- ○ 사기범은 피해자 명의 텔레빙킹 거래를 통해 피해자 통장에서 190만 원을 사기범계좌로 이체하여 편취

■ 파밍(Pharming)을 이용한 보이스피싱

<사기수법>
- □ 이용자의 PC를 악성코드에 감염시켜 hosts 파일을 변조하는 등의 방법으로 피싱사이트를 진짜 사이트로 오인하여 접속하게 한 뒤 개인(금융거래)정보를 편취하는 수법

<피해사례>

(사례 1)
- □ 경기도 성남거주 김모씨(여, 40대후반)는 '12.11.12일 본인이 사용하는 컴퓨터의 인터넷 즐겨찾기에 등록되어 있는 N은행의 사이트에 접속하였으나 동 은행을 가장한 피싱사이트로 접속이 되었고,
- ○ 인터넷뱅킹에 필요한 정보를 입력하는 팝업창이 나타나 해당 정보(계좌번호, 계좌비밀번호, 보안카드번호 등)를 입력하였는데,
- ○ 사기범은 '12.11.12일부터 16일까지 5일간 동 정보를 이용하여 피해자 명의의 인터넷뱅킹을 통해 피해자의 N은행 계좌에서 총 5회에 걸쳐 1,039만원을 사기범계좌로 이체하여 편취

(사례 2)
- □ 인천시 거주 유모씨(여, 30대후반)는 '12.11. 1일 자녀학원비 이체를 위해 본인이 사용하는 컴퓨터의 인터넷 검색포털사이트에서 "K*"라는 단어로 검색 후 K은행의 사이트에 접속하였으나 동 은행을 가장한 피싱사이트로 접속이 되었고,
- ○ 인터넷뱅킹에 필요한 정보를 입력하는 팝업창이 나타나 해당 정보(계좌번호, 계좌비밀번호, 보안카드번호 등)를 입력하였는데,
- ○ 사기범은 '12.11.5일 동 정보를 이용하여 피해자 명의의 인터넷뱅킹을 통해 피해자의 K은행 계좌에서 총 5회에 걸쳐 1,763만원을 사기범계좌로 이체하여 편취

□ **자녀납치 및 사고 빙자 편취**

<사기수법 ①>

  ㅁ 자녀와 부모의 전화번호 등을 사전에 알고 있는 사기범이 자녀의 전
    화번호로 발신자번호를 변조,

  ㅇ 부모에게 마치 자녀가 사고 또는 납치 상태인 것처럼 가장하여 부모
    로부터 자금을 편취하는 수법으로, 학교에 간 자녀 납치 빙자, 군대
    에 간 아들 사고 빙자, 유학중인 자녀 납치 또는 사고 빙자 등의 유
    형이 있음.

<피해사례>

(사례 1)

  ㅁ Y씨(40대, 여)는 오후 1시경 자녀의 이름과 학교를 대면서 "지금 당
    신 아이를 납치하였다. 허튼 수작하면 죽여버린다. 1,000만원을 불러
    주는 계좌로 송금해라"는 전화를 받고 보유하고 있던 300만원을 사
    기범 계좌로 이체하여 피해를 봄.

(사례 2)

  ㅁ K씨(50대, 여)는 오전에 사기범으로부터 "학교 행정실인데 아이가 머
    리를 다쳐서 치료를 해야 하니 1,000만원을 입금하라"는 전화를 받
    고 800만원을 입금하여 피해를 봄. 사기범은 자녀 이름, 휴대전화 번
    호, 학교이름을 정확히 알고 있었음.

  ㅁ 피해자를 기망하여 피해자에게 자금을 이체토록하여 편취
    (피해자는 이체사실을 알고 있음)

<사기수법 ②>

- 검찰, 경찰, 금융감독원 등 공공기관 및 금융기관을 사칭하는 자가 누군가 피해자를 사칭하여 예금인출을 시도한다고 기망한 후 거래내역 추적을 위해 필요하다면서 사기범이 불러주는 계좌로 이체토록한 후 편취
- 사기범들이 학생의 대학지원 명세를 빼내 실제 대학교의 전화번호로 변조하여 학부모 및 학생에게 전화해서 사기범계좌로 등록금 납부를 요구하여 편취

<피해사례>

(사례 1)

- H씨(30대, 남)는 ○○은행 직원이라는 자로부터 "누군가 당신의 신분증을 가지고 돈을 찾아가려고 한다. 경찰에 신고해주겠다"는 전화를 받았는데,
- 잠시후 경찰을 사칭하는 자가 다시 전화를 걸어 "내가 시키는 대로 해라. 당신 통장 계좌에 있는 거래내역을 추적해야 하니 내가 불러주는 계좌로 돈을 이체시켜라"는 말에 속아 5개 계좌에 3,000만원을 이체하여 피해를 봄.

(사례 2)

- 대학 지원자인 G씨(20대, 여)는 오후 1시경 대학교 교직원을 사칭하는 자로부터 "지원한 대학에 추가합격하였으니 금일 오후 4시까지 등록금 530만원을 입금하여야만 등록처리된다"는 전화를 받고 부모에게 연락하여 사기범이 불러주는 계좌로 동액을 입금하여 피해를 봄.
- 피해자를 기망하여 자동화기기로 유인 편취
  (피해자는 이체사실을 모름)

<사기수법 ③>

- 수사기관 직원을 사칭하는 자가 피해자에게 전화를 하여 피해자의 계좌가 사건(범죄)에 연루되어 피해자명의 계좌의 안전조치가 필요하다고 기망하여 현금지급기로 유인, 기기를 조작하게 하여 자금을 편취
- 국세청, 건강보험공단, 국민연금관리공단 직원 등을 사칭하는 자가 피해자에게 전화하여 세금, 보험료, 연금 등이 과다 또는 오류 징수되어 환급하여 주겠다며 자동화기기로 유인, 기기를 조작하게 하여 자금을 편취

<피해사례>

(사례 1)

- A씨(60대, 남)는 검찰수사관을 사칭하는 자로부터 "사기범을 검거했는데 A씨 명의의 계좌를 사용하고 있어 금감원 직원이 계좌안전조치를 해줄 것이니 현금지급기로 가서 기다리라"는 전화를 받고 현금지급기로 가서 기다리던 중 금감원 직원을 사칭하는 자가 전화로 현금지급기를 조작토록 유도하여 1,300만원의 피해를 봄.

(사례 2)

- H씨(40대, 여)는 우체국직원을 사칭하는 자로부터 ARS로 "안녕하십니까, 우체국직원 000입니다. 고객님에게 발송된 택배가 반송되었습니다. 상담을 원하시면 9번을 누르세요"라는 전화를 받고 상담을 받았는데,
- 우체국직원을 사칭하는 자가 "개인정보가 노출되었으니 신고해 주겠다"고 한 후 전화를 끊고, 잠시후 경찰을 사칭하는 자가 전화를 걸어 "피해접수를 해주겠다. 금융거래 안전을 위해 계좌안전조치가 필요하니 현금지급기로 가라"고 하면서 기기를 조작케 유도하여 730만원의 피해를 봄.

(사례 3)

□ D씨(40대, 남)는 건강보험공단 직원을 사칭하는 자로부터 "의료보험료가 많이 걷혔으니 과납된 보험료 50만원을 주겠다. 불러주는 환급 등록번호를 가지고 CD기 앞으로 가라"는 전화를 받고 CD기로 가서 기다리던 중, 건강보험공단 직원을 사칭하는 자가 전화로 자동화기기를 조작토록 유도하여 600만원의 피해를 봄.

□ **물품대금 오류송금 빙자로 피해자를 기망하여 편취**

<사기수법 ④>

□ 사기범이 문자메시지 또는 전화로 물품대금, 숙박비 등을 송금하였다고 연락한 후, 잠시후 실수로 잘못 송금하였다면서 반환 또는 차액을 요구하여 편취

<피해사례>

□ 사기범 P씨는 피해자 L씨로부터 고구마 10박스를 45만원에 구입하기로 하고, 마치 450만원으로 입금한 것처럼 피해자에게 문자메시지(발송자 명의를 농협으로 조작)를 전송하였음.

○ 이후 피해자 L씨(50대, 남)는 OO농협 365코너에서 P씨와 핸드폰으로 통화하는 과정에서 P씨로부터 "고구마 대금 10박스 45만원을 입금하면서 텔레뱅킹을 하다보니 실수로 0을 더 눌러 450만원을 입금하였다"는 말을 듣고 그 차액인 405만원을 사기범에게 이체하여 피해를 봄.

■ 텔레뱅킹에 의한 피해사례

[사례 1]

□ 경기도 수원거주 박모씨(남, 50대초반, 설비업 종사)는 '12.8.28일 오전 10시경 금융감독원 직원을 사칭하는 사기범으로부터 "피해자의 계좌에서 180만원이 무단 인출되어, 경찰청과 금융감독원을 통해 조사가 필요하니 주민등록번호와 텔레뱅킹에 필요한 정보(계좌번호, 계좌비밀번호, 보안카드번호 등)를 알려달라"는 전화를 받고,

○ 텔레뱅킹에 필요한 정보를 사기범에게 알려주었는데, 사기범은 동 정보를 이용하여 피해자 명의의 텔레뱅킹을 통해 피해자의 W은행 계좌에서 총 11회에 걸쳐 2,765만원을 사기범계좌로 이체하여 편취

[사례 2]

□ 전남 목포거주 이모씨(여, 40대중반, 보험설계사)는 '12.9.3일 오후 6시경 B은행 직원을 사칭하는 사기범으로부터 전화가 와서 "자동이체일을 변경하려면 어떻게 하느냐"라고 묻자,

○ 사기범이 "자동이체일자를 21일에서 25일로 변경하려면 관련법이 바뀌어 주민등록번호와 텔레뱅킹에 필요한 정보(계좌번호, 계좌비밀번호, 보안카드번호 등)를 알려주어야 한다"라고 해서,

○ 텔레뱅킹에 필요한 정보를 사기범에게 알려 주었는데, 사기범은 동 정보를 이용하여 피해자 명의의 텔레뱅킹을 통해 피해자의 N은행 계좌에서 총 4회에 걸쳐 715만원을 사기범계좌로 이체하여 편취

[사례 1]

- □ 경기 거주 김모씨(여, 40대, 회사원)는 '12.9.6(목) 오전 09시경 K은행 대표번호로 온 문자메시지 "OO 은행입니다. 고객님 개인정보가 유출 되었으니 보안승급 바랍니다. http://www.kbmtcard.com"를 수신하 고, 해당사이트에 접속하여 계좌번호, 이체비밀번호, 보안카드 35개 일체 등 인터넷뱅킹과 공인인증서 재발급에 필요한 정보를 입력하였 는데,

- ○ 사기범이 동 정보를 이용하여 '12.9.9(일) 03시 30분경 공인인증서를 재발급 받아, 인터넷 뱅킹으로 인출 가능한 한도 전액인 27백만원을 8회에 걸쳐 사기범 계좌로 이체하여 편취하였고,

- ○ 김모씨는 당일 06시경 핸드폰을 확인하면서 공인인증서 재발급 및 출 금내역 문자가 수신되어 있어 보이스피싱을 인지하고 해당은행 콜센 터에 신고하였으나 이미 전액 출금되었음.

[사례 2]

- □ 부산 거주 이모씨(여, 30대, 회사원)는 '12.9.7(금) 08시경 K은행 대 표번호로 온 문자메시지 "개인정보유출로 보안승급필요 http://www. kbvtbank .com"를 수신하고, 해당 사이트에 접속하여 계좌번호, 이 체비밀번호, 보안카드 번호 35개 일체 등 인터넷뱅킹과 공인인증서 재발급에 필요한 정보를 입력하였는데,

- ○ 사기범이 '12.9.8(토) 04시 30분경 피해자명의의 공인인증서를 재발급 받아 인터넷뱅킹으로 인출가능한도 전액인 8백만원을 2회에 걸쳐 사 기범 계좌로 이체하였음.

- ○ 이모씨는 04시 30분경 공인인증서가 재발급되었다는 SMS문자와 출 금내역 SMS문자가 수신되는 소리에 잠이 깨어 문자내용을 확인, 보 이스피싱을 인지하고 경찰청 112센터를 통해 지급정지 조치하였음.

■ 금융회사, 금감원 명의의 허위 긴급공지 문자메시지로 기망, 피싱사이트로 유도하여 예금 등 편취

＜사기수법＞

ㅁ 금융회사 또는 금융감독원에서 보내는 공지사항(보안승급, 정보유출 피해확인 등)인 것처럼 문자메시지를 발송하여 피싱사이트로 유도한 후 금융거래정보를 입력하게 하고 동 정보로 피해자 명의의 대출 등을 받아 편취

＜금융감독원 사칭 문자메시지＞   ＜금융회사 사칭 문자메시지＞

＜피해사례＞

ㅁ D씨(40대, 여)는 국민은행 명의의 보안승급 안내 문자메시지를 받고 아무런 의심 없이 문자메시지에 안내된 사이트에 접속하여 카드번호, 계좌번호 및 공인인증서 정보를 입력하였는데,

ㅇ 이후 예금인출 500만원 및 대출 1,000만원 등이 실행된 것을 확인하고 은행에 문의한 결과 보안승급 자체가 없다는 말을 듣고 지급정지를 요청하였으나 이미 전액 출금된 상태였음.

■ 상황극 연출에 의한 피해자 기망 편취

<사기수법>
□ 은행직원, 경찰·검찰 수사관을 사칭한 사기범들이 은행객장과 경찰서, 검찰청 등의 사무실에서 실지로 일어나는 상황 연출로 피해자를 기망하여 금전 편취

<피해사례>
□ J씨(50대, 남)는 은행의 객장을 연상케하는 소리(도장찍는 소리, 고객을 부르는 소리 등)가 들려오는 상황에서 은행직원을 사칭하는 자로부터 "누군가 당신의 신분증을 가지고 돈을 찾아가려고 한다. 경찰에 신고해 주겠다"는 전화를 받았는데,

○ 이후 경찰서 사무실을 연상케하는 소리(타이핑 소리, 동료 형사를 부르는 소리 등)가 들려오는 상황에서 수사관을 사칭하는 자로부터 "내가 시키는 대로 해라, 당신 통장 계좌에 있는 거래내역을 추적해야 하니 내가 불러주는 계좌로 돈을 이체시켜라"는 전화를 받고 사기범이 불러주는 계좌로 1,250만원을 이체하여 피해를 봄.

■ 인터넷 뱅킹을 이용해 카드론 대금 및 예금 등 편취
(피싱사이트를 통해 금융거래정보 획득)

<사기수법>
- 명의도용, 정보유출, 범죄사건 연루 등 명목으로 피해자를 현혹하여 피싱사이트를 통해 신용카드정보(카드번호, 비밀번호, CVC번호) 및 인터넷뱅킹정보(인터넷뱅킹 ID, 비밀번호, 계좌번호, 공인인증서번호, 보안카드번호 등)를 알아낸 후,
- 사기범이 ARS 또는 인터넷으로 피해자명의로 카드론을 받고 사기범이 공인인증서 재발급을 통해 인터넷뱅킹으로 카드론 대금 등을 사기범계좌로 이체하여 편취

<피해사례>
- L씨(20대, 여)는 오후 1시경 경찰청 수사관을 사칭하는 자로부터 "최근 사기범을 검거하였는데 당신 명의의 통장이 범죄에 이용되고 있다"는 전화를 받고 그러한 사실이 없다고 하자,
- 사기범이 "개인정보가 유출되어 명의가 도용된 것 같다. 신속히 경찰청 홈페이지에 접속하여 개인정보 침해신고를 해야 한다"고 강요하여,
- 피해자는 사기범이 알려준 경찰청 홈페이지를 가장한 피싱사이트에 접속하여 거래은행명, 계좌번호 및 계좌비밀번호, 이체비밀번호, 보안카드번호, 신용카드(3장) 번호 및 비밀번호, CVC번호 등을 입력하였음.
- 그러자 사기범은 피해자가 입력한 금융거래정보 등을 이용하여 공인인증서를 재발급 받고, 피해자 명의로 카드론 2,000만원을 받은 후 인터넷뱅킹을 이용해 카드론 대금 2,000만원과 피해자 명의의 마이너스통장에서 1,300만원 등 합계 3,300만원을 사기범계좌로 이체하여 편취

■ ARS를 이용한 카드론 대금 편취
(전화를 통해 금융거래정보 획득)

<사기수법>

- 명의도용, 정보유출, 범죄사건 연루 등 명목으로 피해자를 현혹하여 신용카드정보(카드번호, 비밀번호, CVC번호)를 알아낸 후,
- 사기범이 ARS를 통해 피해자 명의로 카드론을 받음과 동시에 피해자에게 다시 전화를 걸어 허위로 범죄자금 입금사실을 알리고 피해자에게 사기범계좌로 이체토록 유도하여 편취

<피해사례>

- P씨(60대, 남)는 경찰청 수사관을 사칭하는 자로부터 "당신의 예금계좌가 범죄에 연루되었으니 신용카드번호와 비밀번호 등을 알려달라"는 전화를 받고 신용카드정보를 알려주었는데,
- 이후 사기범이 동 정보를 이용하여 피해자 명의의 신용카드(4장)로 피해자 명의의 카드론 4,800만원을 받은 후 다시 피해자에게 전화를 해서,
- 당신의 통장에 범죄자금 4,800만원이 입금되었으니 국가안전계좌로 이체하라고 요구, 피해자는 사기범이 불러주는 계좌로 4,800만원을 이체하여 피해를 봄.

■ 메신저 아이디를 해킹한 뒤 로그인하여 지인에게 돈을 빌리는 것처럼
속여 자금을 편취

<사기수법>

타인의 인터넷 메신저 아이디와 비밀번호를 해킹하여 로그인한 후 이미
등록되어 있는 가족, 친구 등 지인에게 1:1 대화 또는 쪽지 등을 통해
금전, 교통사고 합의금 등 긴급자금을 요청하고 피해자가 속아 송금하면
이를 편취하는 방식으로, 해외에 서버를 두고 해킹하는 경우가 많고 대
포통장을 이용하기 때문에 범인검거가 쉽지 않음.

<피해사례>

회사원 E씨(28세, 여)는 오후 4시경 친언니의 네이트온 아이디를 도용한
사기범으로부터 "급하게 송금해줘야 할 데가 있으니 OOO명의 계좌로
270만원을 송금해주면 저녁에 주겠다"는 메시지를 받고 송금하여 피해
를 봄.

◆ 금융감독원 〈보이스피싱 지킴이〉에 게재된 피해예방우수사례

(1) 금융회사 직원의 지혜로운 대응으로 피해를 예방한 사례

■ 엠에스저축은행 보이스피싱 피해예방 우수사례(상주지점)

① <u>고객A</u> : 남편(B)과 함께 객장에 찾아와 급하게 현금이 필요하다며 정기예금 중도해지 요청(계속 어딘가와 급박하게 통화 중)

② <u>甲팀장</u> : 직감적으로 보이스피싱 범죄로 의심하여 일단 창구직원에게 예금인출 보류조치를 지시하고 A, B와 상담. 112에 신고

⇒고객은, 현재 통화 중인 사람은 사채업자이며,

그 사채업자는 고객 A의 아들(C)의 친구(D)가 사채업자한테 돈을 빌릴 때 C가 보증을 하였으며, D가 돈을 갚지 않아 C를 인질로 잡고 있으며, A가 돈을 갚아야 한다고 협박하고 있는 상태라고 설명

③ <u>지점장</u> : 남편(B)에게 아들(C)과 연락을 취해 보라고 함.

⇒ 아들(C)과 통화가 되었고, C는 사채업자가 이야기한 D는 전혀 알지 못하는 사람이라고 함.

⇒ 상황을 파악하는 사이, 경찰관 도착

④ <u>고객A</u> : 사채업자한테 인질상태인 아들과 통화해 달라고 요청

(사채업자는 아들의 목소리와 비슷한 사람의 울먹이는 목소리를 들려 줌)

⑤ <u>고객 A의 남편 B</u> :남편(B)은 아내(A)에게 아들(C)과 통화되었고, 안전하다는 표시를 보냄.

⑥ <u>고객 A</u> :사채업자와 통화를 끊음.

(전화를 끊지 못하도록 계속 통화하게 만들면서 아들 목소리와 비슷

한 사람을 내세워서 너무 무서웠다고 진술)

당시 지점장 이하 전 직원이 고객의 통화상태나 행동 등을 판단해 보았을 때 직감적으로 보이스피싱 범죄로 의심하여 예금 인출에 대한 보류조치를 하고 고객 및 남편과 상담을 하여 112에 신고하였고, 이후 상주경찰서 소속 경찰관과 협의하여 발 빠른 대처를 함으로써 보이스피싱 피해를 사전에 예방함.

■ **아주저축은행 보이스피싱 피해예방 우수사례(청주소재 영업부)**

고객이 내방하여 정기예금 중도해지 요청하였으나, 창구 직원이 장기(3년) 정기예금이었고 예금금액이 고액이라 해지목적을 재차 확인하였으며, 사업자금이라고 답하였으나, 불안해 하는 고객을 보고 보이스피싱을 의심함. 업무처리 중 전화가 계속 오고 고객상태가 매우 당황한 듯 보여 보이스피싱 사례 안내와 비치된 캠페인 기사 등을 보여주며 예금 해지업무를 지연하고, 고객에게 계속 설득함.

고객과의 대화 중 당행 내방 전 타은행 중도인출사례도 파악하여 고객에게 보이스피싱임을 안내 후 인접한 청주 상당경찰서 신고하고 협조 요청함. 출동 경찰에게 사건 경위 설명과 조사협조 후 고객 인계하고, 고객과 만나기로 한 범인을 당일 현장 검거할 수 있었으며, 피해금 50,000,000원을 예방할 수 있었음.

■ 대신증권 보이스피싱 피해예방 우수사례(무거동지점)

2017년 6월 29일 대신증권 고객이 무거동지점을 방문하여 자신의 잔고를 확인하고 출금을 요청함.

업무처리를 도와주던 무거동지점 사원은 출금처리를 위한 대화중에 핸드폰을 손에서 놓지 않고, 상대방에게 대신증권 뿐 아니라 타사의 잔고현황까지 알려주는 것을 보고 의구심을 가짐.

컴플라이언스 교육을 통해 보이시피싱 피해사례를 숙지하고 있던 직원은 현재 고객의 상황이 보이스피싱 피해사례와 유사하다 판단하였고, 이에 고객에게 출금처리 전 확인할 사항이 있으니 핸드폰을 넘겨달라고 요청하였으나 통화 상대방을 경찰이라 믿고 있던 고객은 직원을 저지하며 출금처리를 해줄 것을 강경하게 요구,

고객을 지속적으로 설득한 끝에 전화를 넘겨받아 보이스피싱 사기을 확인하고 고객에게도 이를 인지시킴.

고객과의 대화로 자택에 보관중인 현금이 있음을 확인하고, 사원은 범인이 현금을 노리고 고객의 자택을 방문할 것이라 판단하여 112에 신고후 고객의 자택으로 바로 출동해 줄 것을 요청,

고객의 자택으로 출동한 경찰이 CCTV 확인을 통해 범인을 특정하여 2017년 7월9일 범인을 검거함.

고객이 대신증권에 보유중인 자산 1천여만원과 타사에 예금으로 보유중인 5천여만원에 대한 보이스피싱 피해를 예방하고 범인검거에 기여함.

■ 수협중앙회 보이스피싱 피해예방 우수사례(상동지점)

고객님께서 창구에 방문하여 적금(원금 36,000,000원)을 중도해지 요청하여 고액 현금 출금으로 고객님께 현금 인출 사유를 여쭈어 보았으나, 고객님께서 정확한 사유 없이 얼버무리시며 말씀하여 보이스피싱을 의심. 또한 밖에서 통화를 하고 들어오셔서 꼭 현금으로 인출을 해달라고 말씀하시며 업무처리 중에서 070번호로 계속 통화를 하시어 담당 직원이 고객님께 먼저 통화가 끝난 후 업무처리를 해드리겠다고 말씀드렸으나 고객님께서 통화를 하시면서 그냥 업무처리를 해달라고 함.

고객님의 행동을 보아 보이스피싱이 의심됨으로 인하여 경찰서에 요청하여 고액출금과 더불어 보이스피싱이 의심된다고 신고하여 경찰 두 분이 출동하셨고, 고객님께는 경찰분이 오시면 돈을 드리겠다고 안내함. 출동한 경찰에 고객님이 통화하신 070번호를 알려드렸으며, 경찰 분이 고객님과 상담하여 보이스피싱임이 밝혀져 고객님께서 중도해지하신 적금을 다시 정정하여 만기까지 유지하실 수 있게 안내해드렸으며 고객님께 타 은행에 해지하신 건이 또 있으신지 여쭤보아 타은행 업무처리에 관해서도 안내.

■ 농협중앙회 보이스피싱 피해예방 우수사례(가남농협)

가남농협에 방문한 고객이 본인의 160,000,000원 상당의 예탁금 및 적금 통장 7개를 사업계약금(식당)을 줘야 한다며 중도해지 할 것을 요청함.

고액을 계좌송금도 아닌 현금으로 줄 것을 요청하여 이상함을 감지한 창구 직원이 사용 용도를 계속 여쭤보자 고객이 횡설수설하기 시작함.

계약한다는 사장과 전화를 해보겠다며 직원이 전화번호를 요구하자 직원은 제 3자라며 빠지라고 하는 고객을 우선 진정시킨 후 보이스피싱이 의심됨에 따라 우선 고객의 요구대로 예금해지 후 입출금통장을 개설한 뒤 돈을 그 통장에 다 넣어드린 후 농협에 돈이 없으니 일부만 찾을 수 있게 하였고, 현금을 찾기 전 가남파출소와 업무연락 후 경찰과 함께 같이 갈 수 있게 안내해 드림.

그 후 경찰과 보이스피싱임을 감지하여 다시 농협에 방문 후 돈을 입금한 뒤 예금가입해 드림.

■ 대구은행 보이스피싱 피해예방 우수사례(통일로지점)

2017.2.28. 오후 2시 30분경 80대의 고령 남성고객이 현금 1천7백만원 지급 요청하자, 창구직원이 의심스러워 자금용도를 묻고 정황 확인을 함.

통장 내역 확인 결과 타행 본인계좌에서 1천3백만원 송금받았으며 고객의 가방에 타행에서 인출한 현금 1천5백만원 발견됨.

스피커폰으로 국제전화 통화중이었으며 통화시간은 30분 이상 이어지고 있는 것을 보고 보이스피싱임을 확신하고 전화기와 떨어진 자리로 이동하여 확인결과, 검찰청 사칭임을 인지하고 112 신고함

경찰이 출동하기 전까지 시간을 끌기 위해 지폐계수기 소리 등을 들려주며 현금 지급하는 것처럼 연기하여 사기범이 안심하게 만들고, 경찰 출동 후 종이메모로 경찰 안내 및 고객 안심시킨 후 돈봉투에 상품 안내장을 채워 경찰에게 인도함.

이후 현금을 전달 받기 위해 대기하던 범인을 대구 북부경찰서 지능수사팀에서 검거함.

■ 새마을금고 보이스피싱 피해예방 우수사례(창동지점)

새마을금고 고객이 내방하여 정기예탁금을 해지 후 인출 요청. 처음 내방시에는 수표 한 장(1,500만원)으로 인출을 요청하여 별다른 의심 없이 해지 처리하여 지급하였으나, 해지처리 후 수표를 가지고 금고를 나간 뒤 10분 뒤에 다시 내방하여 수표를 5만원권으로 교환해 줄 것을 요구하며, 고객이 여기저기 눈치를 보며 전화를 계속 하였고, 지점장은 이를 이상하게 여겨 고객에게 다가가 혹시 전화상의 통화가 보이스피싱 관련 전화인지를 물어봄

고객은 조용히 하라며 손가락으로 입술을 가렸고 상대방이 제 목소리를 들을 수 있어서 조심스럽게 빈 용지에 '사기 전화' 같다는 내용의 문구를 적어서 보여줌. 그 내용을 보고 고객은 빈용지에 '아들이 위험하다'며 그냥 처리해달라고 함. 아들이 납치가 되어 이 돈을 가져다주어야 풀어준다고 하여 다급해 하면서 직원의 말을 들으려고 하지 않았음

지점장은 이에 확신을 가지고 창구 여직원에게 5만원권 지급을 최대한 늦춰달라고 요청한 뒤 고객이 전화를 받으러 밖으로 나간 사이에 112에 신고를 함. 출동한 경찰은 먼저 고객의 핸드폰을 끊은 뒤 고객에게 그 동안의 상황을 물어봄. 그 사이 또 다시 전화가 걸려왔고 경찰은 일단 전화를 받으라고 신호를 보냈고 그 일당은 가까운 지하철역으로 자신들이 오겠다고 하여 사복 경찰 두명이 고객 뒤를 따라가서 역 근처에 매복해 있다가 현장에서 인출책 두명을 검거함.

■ 우정사업본부 보이스피싱 피해예방 우수사례(안동풍산우체국)

2017.4.12일 피해 고객이 우체국을 방문하여 급히 정기예금 및 정기적금을 중도해지 요청하며 전액 현금으로 인출 요청함.

특히 고액을 중도 해지하여 전액 현금으로 인출하려는 사유에 대해 고객이 명확하게 답변을 하지 못하는 것을 수상하게 여긴 직원이 전형적인 보이스피싱임을 의심하여 고객에게 휴대폰을 보여 줄 것을 요청함. 마침 걸려온 사기범의 전화를 대신 받아 관계를 물으니, 사기범은 자신의 이름은 OO이며 아들이라고 답변함.

전화를 끊고, 고객에게 OO이라는 사람을 아느냐고 묻자 고객은 모르는 사람이라고 하여 보이스피싱임을 확신하고 관할 파출소에 즉시 신고 후 고객을 진정시킴.

경찰 출동후 송금용도를 지속적으로 묻자, 경찰관을 사칭한 전화가 와서 신용카드가 발급되어 현금이 불법 인출될 수 있으니 당장 현금으로 찾아서 추후 전화를 기다리라고 했다고 함. 출동한 경찰관이 보이스 피싱임을 고객에게 다시 한번 설명함.

금융담당 직원의 차분한 응대와 신속한 신고로 소중한 예금을 지킴.

■ 신한은행 보이스피싱 피해예방 우수사례(석남동금융센터)

2017.4.12일 대기고객이 많은 틈을 타 대기중이던 고객이 창구 직원에게 계좌잔고 27,000,000원을 현찰로 인출 요청하여 직원이 자금용도를 물어보자 전세보증금 지급용이라 답함.

꼭 현찰로 수령하셔야 하는지 수표로 지급하는 것이 안전하지 않냐고 하였으나 굳이 현찰로 가져가야한다는 말에 보이스피싱으로 의심하게 됨. 고객정보를 검색해보니 60대 고객으로 대학교수를 지냈고,

고객등급도 베스트로 되어있어 의심이 덜 가졌으나 전화기를 계속 붙들고 있고 표정이 약간 긴장된 모습을 보여, 입금인과 통화해보니 보이스피싱이 더욱 의심되어 경찰서로 신고함.

잠시후 경찰관 도착하여 입금인과 통화하고 나서 피의자에게 입금인 나이를 물어봄. 경찰관은 입금인의 나이가 20대임을 알고 피의자에게 물어보았으나 아는 사람이라 해놓고 입금인 나이가 50대라 대답하자 경찰관이 바로 수갑을 채워 연행해감. 차후에 경찰서에 확인결과 피의자로 보이스피싱 관련자로 검거됨.

■ 농협은행 보이스피싱 피해예방 우수사례(진안군지부)

고객(A)이 자금이체 거래를 하러 방문하셨음. 통장거래내역을 확인 하니 저축은행 3곳에서 총 103백만원이 입금됨을 확인.

평소 A고객을 잘 알고 있던 영업점 직원은 왜 대출을 받았는지 물어보자, 같은 회사 동료 B가 현재 고금리 대출을 이용 중이어서 이자 상환에 어려움이 있는데 대출을 받아서 B의 고금리 대출을 갚아주면 A 명의로 받은 저축은행 대출금 3건, 103백만원 전부를 B에게 이전을 해주겠다고 대출중개업자와 통화를 했다고 함.

전체적인 내용이 사기가 의심되어 직원이 직접 대출중개업자와 통화하여 회사 이름과 직책을 확인함. 동 회사에 전화번호를 인터넷으로 파악하여 문의하니 그런 사람은 근무하고 있지 않다고 하고, 2차적으로 금감원에 신고하니 최근 신종 금융사기로 절대 송금하면 안 된다고 하여 A고객에게 상황을 설명하고 자금 이체를 막음.

영업시간 마감 후 혹시 모를 피해를 방지하기 위해 A고객과 상의 후 통장을 지급정지 함. 5월12일(금) A 고객의 해당 저축은행 대출을 상환함.

■ 전북은행 보이스피싱 피해예방 우수사례(신도림지점)

2017. 6. 27일 당행 20대 고객의 휴대전화로 검찰 수사관을 사칭하는 전화를 받음. 사기범은 ㅇㅇㅇ이라는 사람을 아는지 묻고 사건번호를 불러주며 금융사기사건에 연루되었다 고 겁박하며 가짜 서울지방검찰청 사이트(피싱사이트)를 알려주고 고객이 가짜 서울지방검찰청 사이트 "나의 사건조회"에서 본인 이름과 주민등록번호를 입력하니 금융사기에 연루되었다는 사건내용이 조회됨.

사기범은 고객에게 개인적인 큰 자금이 있는지 물어보고 은행을 방문해 보유자금을 외화 현찰로 인출하도록 유도(지속적으로 통화를 하며, 데이터는 꺼두도록 유도함).

영업점 담당직원은 고객의 불안한 표정을 감지하고, 만 22세의 학생이 2천만원의 자금을 중도해지하여 무조건 외화 현찰로 수령한다는 것이 수상하여 거듭 사유를 물어봄.

예금을 중도해지하려는 사유와 환전사유에 대한 명확한 대답이 없고 무조건 외화로 환전해 달라는 요구에 정상거래가 아니라는 판단 후 거래를 지연시키며 차분하게 고객을 통하여 보이스피싱임을 확인하고 거래중단 예방조치 함.

■ 부산은행 보이스피싱 피해예방 우수사례(수영민락역지점)

사기범은 피의자에게 대출을 받기 위한 거래실적이 필요하다고 기만하여, 피의자의 계좌로 고액을 송금한 후 현금인출을 유도하여 편취시도. 2017.3.28. 오후 1시경 피의자계좌로 국민은행에서 고액(1천50만원)입금 후, 창구 고액인출거래가 검출되어 모니터링팀 재빨리 영업전에 전화하여 현금 지급 보류요청 하였으나, 이미 해당 자금은 지급된 이후인 것을 확인.

담당 직원이 기지를 발휘하여 피의자에게 직접 전화한 후 시재를 작게 줬다며 시재확인을 위해 지점방문 요청함.

모니터링팀 영업점 책임자에게 피의자 내점예정으로 시재를 먼저 받고, 타행 사기확인 위해 시간 끌기를 요청함.

영업점책임자가 신속히 112신고를 하여 사기범 도주 방지와 검거를 위해 사복경찰 출동을 요청함.

금융소비자 모니터링팀은 현금 지급을 완료한 피의자를 금융인의 기지를 발휘하여 다시 영업점으로 유인하여 피해금 전액 예방과 인출책 검거에 지대한 역할을 함.

■ IBK 기업은행 대포통장 피해예방 우수사례(응암역)

40대 남성 고객이 영업점에 방문하여 본인 계좌에 있는 1,500만원을 현금으로 인출해줄 것을 요구하였습니다. 그런데 돈을 비닐봉지에 담아 달라고 하면서 계속 휴대폰을 보고 있는 점 등이 이상하다고 느낀 직원이 자금의 용도를 물어보니, 고객은 부동산 구입자금이라고 대답하였습니다. 직원이 통장내역을 확인한 결과 타인으로부터 몇 분 내에 돈이 입금된 사실이 있었고 그 전에도 돈이 입금되자마자 출금한 사실이 있었습니다. 담당 직원이 대포통장으로 의심된다며 본점에 확인을 요청한 결과 본점에서 경찰에 신고하였습니다. 그 사이 고객에게는 업무처리 중이라면서 시간을 끌었고, 잠시 후 영업점에 출동한 경찰이 현장에서 인출책 역할을 하던 고객을 검거하였습니다.

■ 한국씨티은행 보이스피싱 피해예방 우수사례(울산지점)

2017.3.21 오후 1시경 고객이 당황한 얼굴로 전화 통화하면서 내점.
다짜고짜 울산경찰서에 전화를 걸어달라, 검사와 통화중이다 통장에 있는
현금을 모두 인출해달라는 등 횡설수설하면서 계속 누군가와 통화를 함.
창구텔러는 전형적인 보이스피싱 상황임을 짐작하고 즉시 112 신고한 후
고객을 진정시키고 휴대폰 통화를 멈추게 하고, 경찰과 상담하시라고 설
득함.
고객의 진술에 의하면 검사라는 사람이 전화와서 본인 명의도용 사건에
연루되었으니 금융기관에 있는 예금들을 모두 현금 인출하여 대기하라고
하였음.
또한 전화를 끊으면 혐의를 인정하는 것으로 간주하고 수사관을 바로
보내 체포하겠으며, 은행원들이 하는 말도 거짓이니 믿지말라는 협박을
받고 있었으나, 은행 직원의 차분한 응대로 피해를 예방할 수 있었음.

■ KEB하나은행 보이스피싱 피해예방 우수사례(강남역금융센터지점)

2017.1.18일 당행 금융소비자보호부 금융사기 예방 파트로부터 강남역
금융센터지점 56번 ATM기기를 통해 입금거래가 보이스피싱으로 의심된
다는 전화를 받고, 영업점 직원이 자동화기기 코너로 즉시 달려가 보이
스피싱 피해자로 의심되는 손님을 영업점 창구로 안내하였음. 이후 경찰
에 도움을 요청하여 경찰과 함께 손님을 설득시켜 피해를 예방함.
해당 건은 검찰청 사칭 사기 전화를 받고 사기범이 시키는 대로 만기된
국민은행 적금 2천만원을 해지하여 사기범에게 입금하려다가 은행 모니
터링에 적발되어 피해를 예방한 사례이며, 약 1시간 동안 피해자는 피해
사실을 인지하지 못하고 입금을 해야 한다고 강하게 주장하였으며, 심지
어 범인이 피해자에게 은행 유리창을 깨서라도 탈출하라는 회유를 했으
나, 당행 직원의 설득으로 피해금을 예방할 수 있었던 사례임.

■ 광주은행 보이스피싱 피해예방 우수사례(운암동지점)

현금 인출위해 영업점을 방문한 고객은 업무를 진행하려던 차 평소 안면이 있던 로비매니저(청원경찰)가 안부인사를 하던 중 약간 불안하고 초조해 하며 기존 거래에 비해 많은 현금을 찾으려는 어르신의 모습을 이상하게 여긴 경찰이 자금 용도를 여쭤봄.

이후 어르신의 사위라는 분이 은행으로 전화하여 어르신의 업무를 잠시 보류해달라고 요청함.

피해임을 인지한 영업점 책임자와 담당자는 어르신이 놀라지 않게 차분하고 자연스럽게 업무를 지연시키고 용도 등 계속 질문하자 집안일이니 간섭말라며 역정을 내시고 배우자가 병원에 있어 입원비로 사용할 거라면서 재차 출금요청.

로비매니저, 영업점 직원 등이 계속 업무를 지연시키던 중 사위의 신고로 지구대가 출동 하였고 잠시 뒤 가족이 영업점에 도착, 예방할 수 있었음. 은행직원, 어르신의 가족, 출동한 경찰의 이야기를 듣고 비로소 보이시피싱 사기임을 인지하고 피해를 예방할 수 있었음.

■ 우리은행 전기통신금융사기 피해예방 우수사례

점심시간에 부산에 있는 A영업점 직원은 평소 알고 있던 고객에게 전화 한통을 받았습니다. 고객이 본인의 배우자가 거액의 현금을 찾고 이상한 행동을 보인다는 말에 담당 직원은 보이스피싱이라는 의심이 들어 고객의 배우자에게 전화를 걸어보았습니다. 전화를 받은 고객의 배우자는 "검찰청에서 본인 계좌가 S은행 사기계좌로 이용되고 있으며, 현재 가지고 있는 자금이 얼마이며 본인 것인지 물어보았고, 범죄 자금으로 이용되어 피해를 볼 수 있으니 보유한 현금 전액을 인출하여 검찰청 수사관이 있는 대전으로 오라고 했다"고 하였습니다. 보이스피싱에 속은 것이 분명했지만 피해자는 더 이상 직원과 통화하기를 원하지 않았고, 직원은 일단 112에 신고를 하였습니다. 곧이어 출동한 경찰이 고객의 동의를 받아 피해자 위치 추적에 착수하였고, 피해자가 현재 KTX를 타고 대전으로 이동 중인 것을 알아냈습니다. 경찰은 코레일과 대구지방경찰청, 대전지방경찰청에 업무 협조를 요청하였고, 담당 직원은 계속 피해자에게 통화를 시도하였습니다. 그러나 피해자는 전화를 받지 않습니다. 그 시각 코레일에서는 피해자가 승차한 것으로 파악되는 열차의 승무원에게 긴급하게 업무 협조를 요청하여, 승무원이 피해자와 비슷한 인상착의를 가진 탑승객을 탐색하기 시작하였습니다. 이 때 피해자가 담당 직원으로부터 문자 메시지 수십 개가 온 것을 보고 이상해서 다시 직원에게 전화를 걸었습니다. 직원이 피해자에게 보이스피싱을 당한 것이니 되돌아오라고 설득하는 사이 열차 승무원도 피해자를 찾아내 피해자를 안심시키고 경찰에 연락하였습니다. 연락을 받은 경찰은 동대구역에 출동하였고, 열차 승무원이 피해자를 동대구역에서 내리도록 하였습니다. 동대구역에서 피해자가 내리자 경찰 안내 하에 피해자가 소지한 현금 4천만원을 동대구역 인근 은행에서 다시 입금처리하고 피해를 예방할 수 있었습니다.

■ 수산업협동조합중앙회 피해예방 우수사례(1)

80대 고령의 고객이 영업점에 방문하여 계좌에 있는 1,900만원을 현금으로 인출해줄 것을 요구하였습니다. 담당 직원은 이렇게 큰 금액을 어디에 사용하는지 여쭤보자, 고객은 아들의 부동산 구입에 보태주기 위한 것이라고 설명하였습니다. 그래서 현금은 너무 위험하니 수표로 발행할 것을 권유하였지만 고객은 꼭 현금으로 인출해야 한다면서 거부하였습니다. 또한 아들에게 연락을 해보겠다면서 연락처를 물으니 가르쳐주지 않았습니다. 담당 직원은 고객의 행동이 의심스러워 경찰에 신고를 하였고, 출동한 경찰과 함께 고객을 설득하여 고객이 보이스피싱 전화를 받고 현금 인출을 요구했던 것임을 확인하였습니다. 아들 부동산 구입자금이라고 대답했던 것도 모두 사기범의 지시대로 대답한 것이었습니다.

■ 수산업협동조합중앙회 피해예방 우수사례(2)

한 고객이 영업점에 방문하여 본인 계좌에 있는 1,800만원을 모두 현금으로 인출해줄 것을 요구하였습니다. 확인해보니 해당 고객은 전자금융거래 제한자로 등록이 되어 있는 상태였고, 계좌에 있는 1,800만원은 모두 당일에 입금된 것이었습니다. 게다가 해당 고객은 바로 직전에 다른 영업점에서 1,600만원을 현금 인출한 사실도 있었습니다. 담당 직원은 고객에게 계좌 개설점에 방문하여 지급정지를 풀어야 한다고 거짓으로 설명하여 일단 돌려보내고, 송금인에게 연락을 시도하였습니다. 전화를 받은 송금인은 정상적으로 송금한 것이 맞다고 하면서 오히려 직원의 업무처리 지연에 대해 항의를 하였습니다. 잠시 후 해당 고객이 다시 영업점에 방문하여, 현금 인출을 거부하는 것에 대해 항의 하였습니다. 송금인도 정상 송금이 맞다고 주장하였으나 담당 직원은 끝까지 의심하고 경찰에 몰래 신고하였습니다. 이후 계좌주(고객)가 도주하지 못하도록 남자 직원들이 출입구를 봉쇄하고 경찰이 출동할 때까지 기다렸고, 출동한 경찰이 확인을 하자 계좌주는 자신이 인출책 역할을 한 것이 맞다고 자백하였습니다.

(2) 금융회사의 고객보호를 위한 상시 모니터링 활동을 통해 피해를 예방한 사례

■ 우리은행 보이스피싱 피해예방 우수사례(금융소비자보호센터)

50대 남성 고객, 내점하여 계좌에 입금된 550만원 인출요청.

직원이 계좌상태 확인결과, 금융소비자보호센터에서 지급정지 한 것으로 모니터링 담당자에게 확인한 결과, 상대은행에서 현재 송금인을 통해 송금내용을 파악중이라는 답변을 받음.

입금자는 자동차를 구매한 대금이라며 횡설 수설하고 있는 사이, 예금주 당행의 다른 계좌가 또다시 지급정지 되어 있는 사실 확인.

예금주는 서둘러 자금을 찾아달라며 큰소리로 항의하는 중, 금융소비자 보호센터의 안내에 따라 신속히 112 신고하여 도착한 경찰에게 예금주 인계하여 피해자금 인출예방.

■ 경남은행 보이스피싱 피해예방 우수사례(금융소비자보호부)

대구은행으로부터 1800만원이 입금되었고 피해자는 정상거래주장하며 돌아간 상태로 대구은행 팔달영업부에서 피해 확인 차 당행으로 전화를 주었음.

입금지역이 타지역(대구)이고 3일전 계좌 전액을 출금한 정황으로 보아 대포통장 의심하여 급히 지급 정지함.

예금주에게 신속히 연락을 취했으며 경남은행 센텀시티 지점에서 현금 인출 시도하고 있던 중, 설득하여 자금을 받게 된 경위 및 사유를 듣고 중간전달 과정임을 자백 받음.

피해자에게 피해금액 확인 결과, 명의가 도용되어 대포통장으로 범죄에 사용되었으니 자금추적수사에 필요한 협조요청으로 금융감독원 가상계좌에 입금했다는 사실을 확인함.

센텀시티 지점 직원에게 현금부족사유로 출금 지연토록 부탁하고 경찰서에 신고토록 안내하고, 피해금 전액을 예방할 수 있었음.

■ IBK 기업은행 대포통장 피해예방 우수사례

한 영업점에 고객이 방문하여 본인 계좌에 있는 1,200만원을 모두 현금으로 인출해줄 것을 요구하였습니다. 그러자 창구에서 고액 현금인출이 시도되고 있다는 알림이 본점 담당자에게 전달되었고, 본점 담당자가 해당 계좌를 확인한 결과 의심스러운 정황이 포착되었습니다. 해당 계좌는 잔액이 200원인 상태에서 동일한 사람으로부터 총 600만원씩 두 차례에 걸쳐 입금이 된 사실이 있었습니다. 또한 현금인출을 요구하는 고객이 부산에 거주함에도 불구하고 서울에 있는 지점에 방문하여 현금 인출을 요구하는 점도 의심스러웠습니다.

현금 인출을 요구한 고객은 지인에게 받은 정상적인 돈이라고 주장하였으나, 입금자로부터 정상 금액이라는 확인을 받기 전 까지는 인출 처리를 할 수 없다고 양해를 구하고 입금자에게 연락을 시도하였습니다. 시간이 오래 걸릴 것 같아 고객에게 양해를 구해 일단 귀가 조치시켰고, 그 이후 입금자로부터 보이스피싱을 당하여 송금한 것이 맞다는 연락을 받았습니다.

영업점에서는 귀가한 고객에게 다시 연락을 하여 "확인되었으니 현금 인출을 해주겠다"고 말하여 영업점에 다시 방문하도록 유도하였고, 그 사이에 경찰에 신고하였습니다. 이후 출동한 경찰이 영업점에 다시 방문한 고객을 현행범으로 검거하고 피해금이 인출되는 것을 모두 차단할 수 있었습니다.

(3) 유관기관간 신속한 공조를 통해 피해를 예방한 사례

■ 신협중앙회 보이스피싱 피해예방 우수사례(신암천신용협동조합)

2017.3.17일 젊은 여성 고객이 방문하여 창구 직원과 상담 과정 중 보이스피싱 피해를 입고 있는 사실을 확인하여, 관할 경찰팀에 즉시 신고 후 해당 사실을 담당자에게 설명.

창구 직원의 자세한 설명과 안내로 경찰 담당자가 인근에 잠복하여 인출책을 검거하고 피해금 45,000,000원을 예방할 수 있었음.

■ KB국민은행 보이스피싱 피해예방 우수사례(수지종합금융센터)

2017.2.16일 젊은 남자 고객이 내점하여 인감신고된 타인 계좌에서 15,000,000원을 현금으로 인출해 줄 것을 요청함.

자금 출처와 현금이 필요한 사유에 대해 문의하자 심부름이라며 모호하게 대답하는 모습에 의심을 품은 직원이 소비자보호부 모니터링팀에 피해여부 확인을 요청함.

입금인과의 확인을 통해 사기계좌로 확인 후, 지역관내 업무협조가 되어 있던 용인서부경찰서 수사과지능수사팀에 신고함.

수사관이 출동하여 인출책을 조사하는 과정에 주위에 사기범이 더 있을 것으로 판단되어 함정 수사를 진행한 결과 최종적으로 7명의 보이스피싱 사기범을 검거할 수 있었음.

■ 우리은행 보이스피싱 피해예방 우수사례(성균관대학교지점)

당점 주거래 고객이신 1946년생 어르신 내점하여 정기예금 5천만원 중도
해지 요청. 직원이 자금용도를 문의드리자, 상가구입 계약금으로 사용하
신다고 하여 계좌이체나 수표발생을 권유했으나 완강하게 현금으로 줄
것을 요청.

해지를 요청하는 계좌번호와 갖고 오신 통장이 불일치한 것을 발견하여
정당한 통장을 가지고 다시 내점할 것을 요청 드렸으며 그 사이 보이스
피싱이 의심되어 신속히 경찰신고.

어르신 퇴점 후 경찰이 도착하여 함께 설득방법을 모색하였으며 잠시후
다시 방문한 어르신이 예금해지를 요청하여 설득하려던 순간, 어르신 가
방 안에 통화중인 휴대폰을 발견하여 메모를 통해 사기임을 인지하실
수 있도록 최근 보이스피싱 사례를 적어서 건네 드림.

메모를 본 어르신은 자녀가 연대보증 문제로 납치되어 있다는 사실을 메
모로 적어주셨으며, 직원은 신속히 자녀의 신변을 확인 후 안심 하도록
하였고, 휴대폰을 통해 사기범들이 들을 수 있도록 중도해지 업무 처리
중임을 강조하며 큰 목소리로 응대.

경찰에게 통화중인 사기범 전화번호를 건네 추적을 요청하였고, 어르신
에게는 비밀번호 오류로 인해 제신고 업무를 해야 한다고 거짓응대하며
시간을 지연시킴.

그 사이 보이스피싱 전담 형사들이 지점에 도착하였고 실제 5천만원 동
일한 무게로 보이는 은행전표를 쇼핑백에 담아 어르신께 건네드려 형사
와 함께 사기범들과 만나기로 한 장소로 동행토록 안내함.

용산역 인근에서 어르신이 인출책에게 쇼핑백을 건네려는 현장을 포착,
검거에 성공하여 어르신의 자산보호 및 추가로 해지하려던 예금 잔액 7
천5백만원까지 예방.

■ IBK기업은행 보이스피싱 피해예방 우수사례(원효로지점)

2017. 5. 23. 40대 중반 남성고객이 내점하여 7백만원을 현금출금 요청함. 고객이 거주지 인근이 아닌 지점에서 출금을 요청하는 점, 평소 거래금액 대비 고액이 입금되어 있는 점 등이 의심된 직원이 고객에게 자금의 사용용도를 문의함.

고객은 지인에게 빌려준 돈을 받은 것이고, 개인적인 용도로 급하게 쓸 곳이 있다고 함.

불안해하는 고객의 모습에 본부 담당자에게 사기계좌 여부를 확인해 줄 것을 요청하였고, 확인 결과 사기계좌로 확인되어 경찰 출동을 요청하고, 명의인의 도주에 대비해 정확한 인상착의를 본부 담당자에게 전달한 후 경찰이 도착할 때까지 시간을 지연시킴.

몇 분 후 경찰이 도착하여 대포통장 명의인을 검거하였고, 7백만원의 피해를 예방할 수 있었음.

■ SC제일은행 보이스피싱 피해예방 우수사례(부전동지점)

2017.6.23일 금융감독원에서 당행으로 제보해 준 보이스피싱 의심 계좌를 분석한 결과, 2건의 피해로 보이는 거래가 있어 해당은행에 확인해 보니 사고로 확인.

해당계좌의 주의사고코드를 등록하고 핵심메모로 등록하여 영업점 방문시 검거 가능 하도록 준비하였으며, 보이스피싱 인출책은 해당 금액을 자동화기기로 출금시도 하였으나 은행에서 걸어둔 지급정지로 출금이 안 되자 6월 27일 부전동 지점 방문하였음.

핵심메모를 확인한 창구 직원이 해당 내용을 본부로 인출책의 인상착의를 제보하고, 전산에러로 인출이 지연됨을 안내하면서 인출책이 도망가지 않도록 노력함. 이후 즉시 경찰에 신고하여 인출책을 검거함.

■ 경남은행 보이스피싱 피해 예방 사례(영업부)

한 70대 여성 고객이 정기예금 4,000만원을 중도 해지하고 현금으로 인출해 달라고 하였습니다. 직원이 중도해지 사유를 묻자, 병원비 때문에 돈을 빌린 게 있어서 갚아야 하고 집 수리에도 사용해야 한다고 대답하였습니다. 직원이 계좌 이체 및 수표 발행을 권유하였음에도 현금 인출을 고집하는 것이 이상해 경찰에 신고를 하였습니다. 경찰이 도착하여 정기예금 해지 사유를 다시 물었습니다. 그러자 직원에게 했던 이야기와 똑같이 대답하였고 현금으로 찾아가서 여러 사람에게 나누어주어야 한다고 했습니다. 그래서 경찰은 요즘 보이스피싱 피해가 급증하고 있어서 보호를 해야 한다고 하면서 자택까지 동행하기로 하였습니다. 고객 자택 근처에 도착하자 고객이 경찰관이 자택에 들어가는 것을 꺼려하기 시작했습니다. 경찰이 수상하다고 생각해 물 한잔만 달라고 하면서 자택에 같이 들어갔고, 들어가서 재차 질문을 하고 있는데 마침 전화가 왔습니다. 전화 상대방은 찾아온 돈을 집에 잘 숨겨두고 추가로 다른 예금을 인출해 올 것을 지시하다가 이상한 느낌을 받았는지 전화를 끊었습니다. 알고보니 전화한 것은 보이스피싱 사기범이었습니다.

■ 부산은행 보이스피싱 예방사례(부곡동지점)

오전에 한 고객이 A영업점에 방문하여, 본인의 배우자가 보이스피싱에 속아 현금을 인출하러 B영업점으로 간 것 같다며 도움을 요청하였습니다. 해당 B영업점에 곧바로 연락하여 피해자의 인적사항 등을 전달하였습니다. 잠시 후 B영업점에 실제로 피해자가 방문을 하였습니다. 하지만 이미 신고를 받고 출동한 경찰이 직원과 함께 피해자에게 보이스피싱이라는 것을 잘 설명하여 피해를 예방할 수 있었습니다. B영업점에서는 경찰과 공모하여 신문지로 가짜 돈을 만들어 피해자에게 주고, 실제 피해자가 사기범에게 현금을 전달하기 위해 이동하는 것처럼 꾸며 사기범을 유인하였지만 사기범이 나타나지 않아 검거에는 실패하였습니다.

제3장
전자금융범죄의 처벌은?

제3장 전자금융범죄의 처벌은?

1. 부정한 전자금융거래에 대한 처벌

1-1. 접근매체의 부정한 사용 등에 대한 처벌

① 전자금융거래에 있어서 다음의 어느 하나에 해당하는 자는 7년 이하의 징역 또는 5천만원 이하의 벌금에 처해집니다(전자금융거래법 제49조제2항제1호~제5호).

1. 접근매체를 위조하거나 변조한 자

2. 위조되거나 변조된 접근매체를 판매알선·판매·수출 또는 수하거나 사용한 자

3. 분실되거나 도난된 접근매체를 판매알선·판매·수출 또는 수입하거나 사용한 자

4. 전자금융기반시설 또는 전자금융거래를 위한 전자적 장치에 침입하여 거짓이나 그 밖의 부정한 방법으로 접근매체를 획득하거나 획득한 접근매체를 이용하여 전자금융거래를 한자

5. 강제로 빼앗거나, 횡령하거나, 사람을 속이거나 공갈하여 획득한 접근매체를 판매알선·판매·수출 또는 수입하거나 사용한 자

② "접근매체"란 전자금융거래에 있어서 거래지시를 하거나 이용자 및 거래내용의 진실성과 정확성을 확보하기 위하여 사용되는 다음의 어느 하나에 해당하는 수단 또는 정보를 말합니다(전자금융거래법 제2조제10호).

1. 전자식 카드 및 이에 준하는 전자적 정보

2. 전자서명생성정보(전자서명법 제2조제4호) 및 인증서(동법 제2조제7호)

3. 금융회사 또는 전자금융업자에 등록된 이용자번호

4. 이용자의 생체정보

5. 위 1. 또는 2.의 수단이나 정보를 사용하는데 필요한 비밀번호

■ 예금통장도 접근매체에 해당하나요?

Q. 은행 창구에서 입출금만 할 수 있는 예금통장과 예금통장의 비밀번호도 「전자금융거래법」 제2조의 접근매체에 해당하나요?

A. 「전자금융거래법」 제2조제10호의 '접근매체'라고 하기 위해서는 전자금융거래를 위하여 금융회사 또는 전자금융업자와 체결한 계약이 전제되어야 합니다. 그러나 금융기관의 창구에서 입출금 및 통장정리만 가능한 예금통장 등으로는 '현금자동지급기, 자동입출금기, 지급용단말기, 컴퓨터, 전화기 그 밖에 전자적 방법으로 정보를 전송하거나 처리하는 장치(「전자금융거래법」 제2조제8호)'를 통한 거래는 할 수 없으므로, 전자금융거래를 할 수 없는 예금통장 및 비밀번호는 「전자금융거래법」 제2조제10호에 따른 접근매체라고 볼 수 없습니다(대법원 2010. 5. 27. 선고 2010도2940 판결 참조).

(관련판례)

「전자금융거래법」 제9조제1항은 전자금융사고의 책임을 금융기관 또는 전자금융업자로 하여금 이용자의 고의·과실에 관계없이 부담하도록 함으로써 이용자 보호에 중점을 두고 있으며, 이는 민사상 책임에 대한 규정이므로 위조 또는 변조의 개념을 「형법」에서와 같이 엄격하게 해석할 필요는 없고 더불어 형법에서도 명의인을 기망하여 문서를 작성하게 하는 경우는 서명, 날인이 정당히 성립된 경우에도 기망자는 명의인을 이용하여 서명 날인자의 의사에 반하는 문서를 작성하도록 하는 것이므로 사문서위조죄가 성립한다고 보고 있으므로, 개인의 금융정보를 불법적으로 획득하고 이를 이용하여 공인인증서를 재발급받은 행위는 「전자금융거래법」 제9조제1항제1호에 규정된 '접근매체의 위조'에 해당한다(의정부지방법원 2013. 7. 12. 선고 2012가단50032 판결 참조).

1-2. 접근매체의 거래 등에 대한 처벌

1-2-1. 접근매체의 거래 등 금지 행위

① 누구든지 접근매체를 사용 및 관리함에 있어서 다른 법률에 특별한 규정이 없는 한 다음의 행위를 해서는 안 됩니다(전자금융거래법 제6조제3항 본문).

1. 접근매체를 양도하거나 양수하는 행위
2. 대가를 수수(授受)·요구 또는 약속하면서 접근매체를 대여 받거나 대여하는 행위 또는 보관·전달·유통하는 행위
3. 범죄에 이용할 목적으로 또는 범죄에 이용될 것을 알면서 접근매체를 대여받거나 대여하는 행위 또는 보관·전달·유통하는 행위
4. 접근매체를 질권의 목적으로 하는 행위
5. 위 1.부터 4.까지의 행위를 알선하거나 광고하는 행위

② 접근매체의 양도 및 양수의 개념

㉠ 「전자금융거래법」 제49조 제4항 제1호에서 말하는 접근매체의 양수는 양도인의 의사에 기하여 접근매체의 소유권 내지 처분권을 확정적으로 이전받는 것을 의미하고, 단지 대여받거나 일시적인 사용을 위한 위임을 받는 행위는 이에 포함되지 않는다고 봄이 상당한데, 「전자금융거래법」 제6조 제3항 제1호는 접근매체의 양도, 양수행위의 주체에 제한을 두지 않고 있으므로 반드시 접근매체의 명의자가 양도하거나 명의자로부터 양수한 경우에만 처벌대상이 된다고 볼수 없습니다(대법원 2013. 8. 23. 선고 2013도4004 판결 참조).

㉡ 일반적으로 양도라고 하면 권리나 물건 등을 남에게 넘겨주는 행위를 지칭하는데, 형벌법규의 해석은 엄격하여야 하고 명문규정의 의미를 피고인에게 불리한 방향으로 지나치게 확장 해석하거나 유추해석하는 것은 죄형법정주의 원칙상 허용되지 않는 점, 민법상 양도와 임대를 별개의 개념으로 취급하고 있는 점, 이른바 '대포통장'을 활용한 범죄에 적극 대처하기 위하여 2008. 12. 31. 법률 제9325

호로 구 전자금융거래법을 개정하면서 '대가를 매개로 접근매체를 대여받거나 대여하는 행위'에 대한 금지 및 처벌 조항을 신설한 점(전자금융거래법 제6조 제3항 제2호, 제49조 제4항 제2호) 등에 비추어 보면, 구 전자금융거래법에서 말하는 '양도'에는 단순히 접근매체를 빌려 주거나 일시적으로 사용하게 하는 행위는 포함되지 않는다고 보아야 합니다(대법원 2012. 7. 5. 선고 2011도16167 판결 참조).

1-2-2. 위반 시 제재

① 이를 위반하면 3년 이하의 징역 또는 2천만원 이하의 벌금에 처해집니다(전자금융거래법 제49조제4항제1호~제4호).

② 통장, 현금카드 등 접근매체가 사기범행에 사용될 것을 알고도 양도하거나 다른 사람을 속여서 대포통장을 만들게 한 경우에는 「전자금융거래법」과 별도로 「형법」에 따라 사기방조죄 또는 사기죄로 처벌될 수 있습니다.

■ 경찰서로부터 피싱 사기의 가해자로 조사를 받으라는 연락을 받았으나, 피싱 사기행위에 가담하지도 않았고 그 돈을 보지도 못했는데, 어떻게 된 일이죠?

Q. 제 통장을 잠깐 쓰고 돌려주겠다고 해서 아는 사람에게 돈을 받고 통장과 현금카드를 빌려줬습니다. 그런데 얼마 후, 경찰서로부터 피싱 사기의 가해자로 조사를 받으라는 연락을 받았는데요. 저는 피싱 사기행위에 가담하지도 않았고 그 돈을 보지도 못했는데, 어떻게 된 일이죠?

A. 직접 사기 범행에 가담하지 않았더라도 다른 사람에게 통장 및 현금카드 등을 양도·양수 및 이를 대여하거나 대여받는 등의 행위는 「전

자금융거래법」에 따라 금지하고 있기 때문에 처벌을 받을 수 있습니다. 그러므로 다른 사람에게 통장 및 현금카드 등을 빌려주는 행위를 해서는 안 됩니다.

◇ 접근매체의 거래 등 금지 행위

① 누구든지 접근매체를 사용 및 관리함에 있어서 다른 법률에 특별한 규정이 없는 한 다음의 행위를 해서는 안 됩니다(전자금융거래법 제6조제3항 본문).

 - 접근매체를 양도하거나 양수하는 행위

 - 대가를 수수·요구 또는 약속하면서 접근매체를 대여받거나 대여하는 행위 또는 보관·전달·유통하는 행위

 - 범죄에 이용할 목적으로 또는 범죄에 이용될 것을 알면서 접근매체를 대여받거나 대여하는 행위 또는 보관·전달·유통하는 행위

 - 접근매체를 질권의 목적으로 하는 행위

 - 위의 행위를 알선하거나 광고하는 행위

② 이를 위반하면 3년 이하의 징역 또는 2천만원 이하의 벌금에 처해집니다.

③ "접근매체"란 전자식 카드 및 이에 준하는 전자적 정보(이를 사용하는데 필요한 비밀번호), 전자서명생성정보 및 인증서(이를 사용하는데 필요한 비밀번호), 금융회사 또는 전자금융업자에 등록된 이용자번호, 이용자의 생체정보 등을 말합니다.

(관련판례 1)

① 전자금융거래법 제49조 제4항 제1호에서 말하는 접근매체의 양수는 양도인의 의사에 기하여 접근매체의 소유권 내지 처분권을 확정적으로 이전받는 것을 의미하고, 단지 대여받거나 일시적인 사용을 위한 위임을 받는 행위는 이에 포함되지 않는다고 봄이 상당한데, 같은 법 제6조 제3항 제1호는 접근매체의 양도, 양수행위의 주체에 제한을 두지 않고 있으므로 반드시 접근매체의 명의자가 양도하거나 명의자로부터 양수한 경우에만 처벌대상이 된다고 볼 수 없다.

② 전화금융사기 범행의 경우 그 특성상 유기적으로 연결된 범죄집단과 달리 각 행위자들 사이에 충분히 접근매체의 거래가 이루어질 수 있는 점, 위 접근매체의 유통 과정은 그 취득자가 접근매체를 이용하여 임의로 전자금융거래를 할 수 있음을 전제로 하고 있고 그에 대하여 일정한 가액도 수수되고 있는 점, 전자금융거래법은 전자금융거래의 법률관계를 명확히 하여 전자금융거래의 안전성과 신뢰성을 확보함에 입법목적이 있어 전자금융거래법위반죄와 사기죄는 그 보호법익이나 입법목적을 달리하는 점 등을 감안할 때, 타인에 처분하기 위한 목적으로 제3자 명의의 통장을 매수하였다가, 중간 차익을 얻고자 그 전부를 다시 매도하는 행위는 접근매체의 양도에 해당한다고 봄이 타당하다(대법원 2013. 8. 23. 선고 2013도4004).

(관련판례 2)

구 전자금융거래법(2008. 12. 31. 법률 제9325호로 개정되기 전의 것, 이하 같다) 제2조 제10호는 금융계좌에 관한 접근매체의 종류로 '전자식 카드 및 이에 준하는 전자적 정보', '금융기관 또는 전자금융업자에 등록된 이용자번호' 등을 규정하고 있고, 제6조 제3항은 접근매체를 양도·양수하는 행위를 원칙적으로 금지하고 있으며, 제49조 제5항 제1호는 '제6조 제3항의 규정을 위반하여 접근매체를 양도·양수한 자는 1년 이하의 징역 또는 1천만 원 이하의 벌금에 처한다'고 규정하고 있다. 일반적으로 양도라고 하면 권리나 물건 등을 남에게 넘겨주는 행위를 지칭하는데, 형벌법규의 해석은 엄격하여야 하고 명문규정의 의미를 피고인에게 불리한 방향으로 지나치게 확장 해석하거나 유추 해석하는 것은 죄형법정주의 원칙상 허용되지 않는 점, 민법상 양도와 임대를 별개의 개념으로 취급하고 있는 점, 이른바 '대포통장'을 활용한 범죄에 적극 대처하기 위하여 2008. 12. 31. 법률 제9325호로 구 전자금융거래법을 개정하면서 '대가를 매개로 접근매체를 대여받거나 대여하는 행위'에 대한 금지 및 처벌 조항을 신설한 점(제6조 제3항 제2호, 제49조 제4항 제2호) 등에 비추어 보면, 구 전자금융거래법에서 말하는 '양도'에는 단순히 접근매체를 빌려 주거나 일시적으로 사용하게 하는 행위는 포함되지 아니한다고 보아야 한다(대법원 2012. 7. 5, 선고 2011도16167).

2. 해킹 및 악성프로그램 유포에 대한 처벌

2-1. 전자거래에서의 전자적 침해행위에 대한 처벌

2-1-1. 전자적 침해행위의 금지

① 누구든지 다음의 어느 하나에 해당하는 행위를 하여서는 안 됩니다 (전자금융거래법 제21조의4).

　1. 접근권한을 가지지 않은 자가 전자금융기반시설에 접근하거나 접근 권한을 가진 자가 그 권한을 넘어 저장된 데이터를 조작·파괴·은닉 또는 유출하는 행위

　2. 전자금융기반시설에 대하여 데이터를 파괴하거나 전자금융기반시설의 운영을 방해할 목적으로 컴퓨터 바이러스, 논리폭탄 또는 메일폭탄 등의 프로그램을 투입하는 행위

　3. 전자금융기반시설의 안정적 운영을 방해할 목적으로 일시에 대량의 신호, 고출력 전자기파 또는 데이터를 보내거나 부정한 명령을 처리하도록 하는 등의 방법으로 전자금융기반 시설에 오류 또는 장애를 발생하게 하는 행위

② "전자금융기반시설"이란 전자금융거래에 이용되는 정보처리시스템 및 「정보통신망 이용촉진 및 정보보호 등에 관한 법률」 제2조제1항제1호에 따른 정보통신망을 말합니다(전자금융거래법 제2조제21호).

③ "전자적 침해행위"란 해킹, 컴퓨터 바이러스, 논리폭탄, 메일폭탄, 서비스 거부 또는 고출력 전자기파 등의 방법으로 전자금융기반시설을 공격하는 행위를 말합니다(전자금융거래법 제2조제22호).

④ "정보통신망"이란 「전기통신사업법」 제2조제2호에 따른 전기통신설비를 이용하거나 전기통신설비와 컴퓨터 및 컴퓨터의 이용기술을 활용하여 정보를 수집·가공·저장·검색·송신 또는 수신하는 정보통신체제를 말합니다(정보통신망 이용촉진 및 정보보호 등에 관한 법률 제2조제1항제1호).

2-1-2. 위반 시 제재

이를 위반한 사람은 10년 이하의 징역 또는 1억원 이하의 벌금에 처해집니다(전자금융거래법 제49조제1항).

2-2. 정보통신망 침입에 대한 처벌
2-2-1. 접근권한 없는 정보통신망 침입 금지

누구든지 정당한 접근권한 없이 또는 허용된 접근권한을 넘어 정보통신망에 침입해서는 안 됩니다(정보통신망 이용촉진 및 정보보호 등에 관한 법률 제48조제1항).

(관련판례)

A 회사가 운영하는 웹사이트에서 무료프로그램을 다운로드받을 경우 악성프로그램이 숨겨진 특정프로그램을 필수적으로 컴퓨터 내에 설치하도록 유도하는 방법으로 정당한 접근권한 없이 또는 허용된 접근권한을 초과하여 악성프로그램이 설치된 것은 컴퓨터 사용자들이 사용하는 정보통신망에 침입한 행위에 해당합니다(대법원 2013. 3. 28. 선고 2010도14607 판결 참조).

2-2-2. 위반 시 제재

이를 위반하고 정보통신망에 침입한 사람은 5년 이하의 징역 또는 5천만원 이하의 벌금에 처해집니다(정보통신망 이용촉진 및 정보보호 등에 관한 법률 제71조제1항제9호).

2-3. 악성프로그램 유포에 대한 처벌
2-3-1. 악성프로그램 전달·유포 금지

누구든지 정당한 사유 없이 정보통신시스템, 데이터 또는 프로그램 등을 훼손·멸실·변경·위조하거나 그 운용을 방해할 수 있는 프로그램을 전달 또는 유포해서는 안 됩니다(정보통신망 이용촉진 및 정보보호 등에 관한 법률 제48조제2항).

2-3-2. 위반 시 제재

이를 위반하고 악성프로그램을 전달 또는 유포한 사람은 7년 이하의 징역 또는 7천만원 이하의 벌금에 처해집니다(정보통신망 이용촉진 및 정보보호 등에 관한 법률 제70조의2).

2-4. 해킹을 통한 정보 등의 훼손 및 누설 금지

2-4-1. 타인의 정보 훼손 및 비밀침해 등 금지

① 누구든지 정보통신망에 의해 처리·보관 또는 전송되는 타인의 정보를 훼손하거나 타인의 비밀을 침해·도용 또는 누설해서는 안 됩니다(정보통신망 이용촉진 및 정보보호 등에 관한 법률 제49조).

2-4-2. 위반 시 제재

이를 위반하여 타인의 정보를 훼손하거나 타인의 비밀을 침해·도용 또는 누설한 경우는 5년 이하의 징역 또는 5천만원 이하의 벌금에 처해집니다(정보통신망 이용촉진 및 정보보호 등에 관한 법률 제71조제1항제11호).

3. 타인의 재산상 침해에 대한 처벌

3-1. 사기죄에 따른 처벌

3-1-1. 전자금융범죄에 대한 사기죄 처벌 가능 여부

① 전자금융범죄는 타인을 속여서 획득한 개인정보 및 금융거래정보를 이용하여 재산상 이익을 취득하는 범죄행위로서 「형법」상 사기죄에 따라 처벌받을 수 있습니다.

> **※(사기죄 성립 요건에 관한 판례)**
> 사기죄는 타인을 기망하여 착오에 빠뜨리게 하고 그 처분행위를 유발하여 재물, 재산상의 이익을 얻음으로써 성립하고, 여기서 처분행위라 함은 범인 등에게 재물을 교부하거나 재산상의 이익을 부여하는 재산적 처분행위를 의미하며, 그것은 피기망자가 처분의사를 가지고 그 의사에 지배된 행위를 하여야 하고, 피기망자는 재물 또는 재산상의 이익에 대한 처분행위를 할 권한이 있는 자여야 한다고 한 사례(대법원 2012. 6. 28. 선고 2012도4773 판결 참조).

② 통장 및 현금카드 등이 사기범행에 사용될 것을 알고도 이를 양도한 경우에는 「전자금융거래법」 위반죄와는 별도로 「형법」상 사기방조죄에 따른 처벌을 받을 수 있습니다.

> **※(사기방조죄 성립에 관한 판례)**
> 피고인은 사기 범행에 이용되리라는 사정을 알고서도 자신의 명의로 은행 예금계좌를 개설하여 계좌의 통장, 현금카드, 비밀번호를 甲에게 양도함으로써 甲이 乙을 속여 乙로 하여금 현금을 위 계좌로 송금하게 한 사건에서 피고인은 사기 범행을 방조하였다고 본 사례(대법원 2010.12.9.선고 2010도6256 판결 참조).

3-1-2. 기망을 통한 타인의 재산상 이익 취득 금지(사기죄)

사람을 기망하여 재물의 교부를 받거나 재산상의 이익을 취득하거나 제3자에게 취득하게 해서는 안 됩니다(형법 제347조제1항 및 제2항).

3-1-3. 위반 시 제재

① 이를 위반하면 10년 이하의 징역 또는 2천만원 이하의 벌금에 처해집니다(형법 제347조제1항 및 제2항).

② 상습으로 사기죄를 범한 자는 10년 이하의 징역형의 2분의 1까지 가중할 수 있습니다(형법 제351조).

③ 타인의 사기죄를 방조한 자는 종범으로 처벌하며, 종범의 형은 정범의 형보다 감경합니다(형법 제32조).

3-2. 컴퓨터 등 사용 사기죄에 따른 처벌

3-2-1. 전자금융범죄에 대한 컴퓨터사용사기죄 처벌 가능 여부

전자금융범죄는 명의를 도용하여 공인인증서를 발급받거나 타인의 보안카드번호를 편취하여 예금을 이체하는 행위 또는 악성프로그램을 유포하는 등 권한 없는 자에 의한 정보처리 업무를 통해 재산상 이익을 취득하는 범죄행위에 해당하므로 「형법」상 컴퓨터사용사기죄로 처벌받을 수 있습니다.

※(컴퓨터사용사기죄를 인정한 판례)

① A가 권한 없이 주식회사 B의 아이디와 패스워드를 입력하여 인터넷뱅킹에 접속한 다음 위 B회사의 예금계좌로부터 자신의 예금계좌로 예금을 이체하는 내용의 정보를 입력하여 자신의 예금액을 증액시킨 경우에는 컴퓨터사용사기죄가 성립합니다(대법원 2004. 4. 16. 선고 2004도353 판결 참조).

② 타인의 명의를 도용하여 발급받은 신용카드 번호와 그 비밀번호를 이용하여 ARS전화서비스나 인터넷 등을 통해 신용대출을 받는 방법으로 재산상 이익을 취득하는 행위 역시 미리 포괄적으로 허용된 행위가 아닌 이상, 컴퓨터 등 정보처리장치에 권한 없이 정보를 입력해서 정보처리를 하게 함으로써 재산상 이익을 취득하는 행위로서 컴퓨터등사용사기죄에 해당합니다(대법원 2006. 7. 27. 선고 2006도3126 판결 참조).

3-2-2. 컴퓨터 등을 사용한 재산상의 이익 취득 금지(컴퓨터사용 사기죄)

컴퓨터 등 정보처리장치에 허위의 정보 또는 부정한 명령을 입력하거나 권한 없이 정보를 입력·변경해서 정보처리를 하게 함으로써 재산상의 이익을 취득하거나 제3자에게 취득하게 해서는 안 됩니다(형법 제347조의2).

3-2-3. 위반 시 제재

이를 위반하면 10년 이하의 징역 또는 2천만원 이하의 벌금에 처해집니다(형법 제347조의2).

[서식 예] 컴퓨터등 사용사기죄

고　소　장

고 소 인　　ㅇ　ㅇ　ㅇ
　　　　　　　　ㅇㅇ시 ㅇ구 ㅇㅇ길 ㅇㅇ
피고소인　　△　△　△
　　　　　　　　ㅇㅇ시 ㅇㅇ구 ㅇㅇ길 ㅇㅇ

고　소　취　지

피고소인은 컴퓨터를 사용하여 피고소인의 예금계좌로부터 금 1,500만원을 인출하여 간 자이므로 이를 고소하니 철저히 조사하여 법에 따라 처벌하여 주시기 바랍니다.

고　소　이　유

1. 고소인은 피고소인과는 아무런 친·인척관계가 없습니다.

피고소인은 고소인이 운영하던 ○○레스토랑의 종업원으로 일하던 사람인데 피고소인은 평소 위 레스토랑의 운영에 바빠서 20○○년 ○월 ○일경부터는 고소인도 인터넷으로 은행거래(인터넷 뱅킹)를 하고자 이러한 거래경험이 많던 피고소인의 도움을 받아 처음 몇 차례 인터넷 뱅킹을 하였습니다.

2. 그런데 피고소인은 고소인의 인터넷 뱅킹을 도와주면서 고소인의 계좌번호와 비밀번호를 알게 되었음을 기화로 인터넷 뱅킹을 이용하여 고소인 모르게 고소인의 ○○은행 계좌로부터 20○○년 ○월 ○일 ○○:○○경 금 900만원, 다음날 ○○:○○경 600만원 등 합계 금 1,500만원을 자신의 통장으로 계좌이체를 한 후 이를 인출하여 소비함으로써 고소인에게 위 금액만큼의 손해를 입힌 것입니다.

3. 그럼에도 불구하고 피고소인은 자신이 한 것이 아니라고 변명하면서 고소인의 변제독촉에도 차일피일 미루기만 하고 있으므로 위와 같은 사실을 조사하여 범법사실이 드러날 경우 법에 따라 처벌해 주시기 바랍니다.

첨 부 서 류

1. 통장사본   1통
1. 거래내역사본   1통

20○○년   ○월   ○일
고 소 인   ○ ○ ○ (인)

○ ○ 경 찰 서 장(또는 ○ ○ 지 방 검 찰 청 검 사 장) 귀 중

※ (1) 고소권자
(형사소송법 225조)
 1. 피해자가 제한능력자인 경우의 법정대리인

2. 피해자가 사망한 경우의 배우자, 직계친족, 형제, 자매. 단, 피해자
　의 명시한 의사에 반하여 고소할 수 없음
(형사소송법 224조)
자기 또는 배우자의 직계존속은 고소할 수 없음[단, 성폭력범죄의 처
벌 등에 관한 특례법 제18조에서는 "성폭력범죄에 대하여는 형사소송
법 제224조(고소의 제한) 및 군사법원법 제266조에 불구하고 자기 또
는 배우자의 직계존속을 고소할 수 있다."고 규정함]
※ (2) 친족간의 범행과 고소
　1. 직계혈족 ,배우자, 동거친족, 동거가족 또는 그 배우자간의 제323
　　조의 죄는 형을 면제
　2. 제1항 이외의 친족간에 제323조의 죄를 범한 때에는 고소가 있어
　　야 공소를 제기할 수 있음
　3. 전2항의 신분관계가 없는 공범에 대하여는 전2항을 적용하지 아니함

3-3. 공갈죄에 따른 처벌

3-3-1. 전자금융범죄에 대한 공갈죄 처벌 가능 여부

전자금융범죄는 피해자에게 "아들을 납치했다" 또는 "개인정보가 유출됐
다" 등의 말로 공포를 느끼게 하여 피해자의 재산을 편취하는 범죄행위
로서 「형법」상 공갈죄로 처벌받을 수 있습니다.

> ※(공갈죄 성립 요건에 관한 판례)
> 공갈죄는 다른 사람을 공갈하여 그로 인한 하자 있는 의사에 기하여
> 자기 또는 제3자에게 재물을 교부하게 하거나 재산상 이익을 취득하
> 게 함으로써 성립되는 범죄로서, 공갈의 상대방이 재산상의 피해자와
> 같아야 할 필요는 없고, 피공갈자의 하자 있는 의사에 기하여 이루어
> 지는 재물의 교부 자체가 공갈죄에서의 재산상 손해에 해당하므로,
> 반드시 피해자의 전체 재산의 감소가 요구되는 것도 아닙니다(대법원
> 2013. 4. 11. 선고 2010도13774 판결 참조).

3-3-2. 공갈에 따른 재산상 이익 취득 금지(공갈죄)

① 사람을 공갈(恐喝)하여 재물의 교부를 받거나 재산상의 이익을 취득
하거나 제3자에게 재물의 교부를 받게 하거나 재산상의 이익을 취득
하게 해서는 안 됩니다(형법 제350조제1항 및 제2항).

② 공갈이란 재물을 교부받을 목적으로 타인에게 폭행 또는 협박을 수
단으로 일정한 해악을 가할 것을 통고)하여 상대방으로 하여금 공포
심을 일으키게 함을 말합니다.

3-3-3. 위반 시 제재

① 이를 위반하면 10년 이하의 징역 또는 2천만원 이하의 벌금에 처해집
니다(형법 제350조제1항 및 제2항).

② 상습으로 공갈죄를 범한 자는 10년 이하의 징역형의 2분의 1까지 가
중할 수 있습니다(형법 제351조).

[서식 예] 공갈죄(※ 고소취지 및 고소사실은 사례에 맞게 다시 정리하면 됩니다)

고 소 장

고 소 인   ○ ○ ○
　　○○시 ○○구 ○○길 ○○ (전화번호 : ○○○ - ○○○○)

피고소인   △ △ △
　　○○시 ○구 ○길 ○○ (전화번호 : ○○○ - ○○○○)
　　　　　　주민등록번호 : 111111 - 1111111

고 소 취 지

피고소인은 아래와 같은 방법으로 고소인으로부터 금 200만원을 갈

취한 사실이 있습니다.

고 소 사 실

1. 피고소인은 일정한 직업이 없는 자이고 고소인은 가정주부인바, 피고소인과 고소인은 20○○. ○.경 강남의 한 캬바레에서 우연히 알게 되어 정교관계를 맺은 사실이 있었습니다.

2. 그런데 피고소인은 20○○. ○. ○. ○○:○○경 ○○시 ○○구 ○○길에 있는 ○○○호텔 커피숍으로 나오라고 하고는 피고소인에게 "돈 200만원만 빌려 달라"고 하면서 "만일 빌려주지 않으면 정교사실을 남편에게 알려버리겠다"는 등의 말로 협박을 하였습니다.

3. 이에 고소인은 겁을 먹고 어쩔 수 없이 그 다음날 ○○:○○경 위 커피숍에서 피고소인을 다시 만나 금 200만원을 교부한 사실이 있기에 본 고소에 이른 것입니다.

입 증 방 법

추후 조사시에 제출하겠습니다.

20○○년 ○월 ○일

위 고소인 ○ ○ ○ (인)

○ ○ 경 찰 서 장(또는 ○ ○ 지 방 검 찰 청 검 사 장) 귀 중

■ 보이스피싱을 당할 것이라고는 상상도 못했고 돈을 이체한 경우, 그 사람을 처벌받게 하고 싶은데요. 어떤 죄로 처벌을 할 수 있죠?

Q. 얼마 전 급하게 돈이 필요해서 수수료를 먼저 보내주면 돈을 빌려준다는 말에 속아 사기범이 시키는 대로 돈을 이체했는데요. 이상한 생각이 들어 다시 연락을 했더니 이미 없는 전화번호라고 하더군요. 제가 이렇게 쉽게 보이스피싱을 당할 것이라고는 상상도 못했어요. 이 사람들을 처벌받게 하고 싶은데요. 어떤 죄로 처벌을 할 수 있죠?

A. 보이스피싱과 같이 타인을 속여서 획득한 개인정보 및 금융거래정보를 이용하여 재산상 이익을 취득하는 전자금융범죄 행위는 「형법」상 사기죄, 사기방조죄, 공갈죄 등에 해당하여 처벌을 받을 수 있습니다.

◇ 사기죄에 따른 처벌

① 전자금융범죄는 타인을 속여서 획득한 개인정보 및 금융거래정보를 이용하여 재산상 이익을 취득하는 범죄행위로서 「형법」상 사기죄에 따라 처벌받을 수 있습니다.

② 통장 및 현금카드 등이 사기범행에 사용될 것을 알고 이를 양도한 사람도 「전자금융거래법」 위반죄와는 별도로 「형법」상 사기방조죄에 따른 처벌을 받을 수 있습니다.

③ 위의 범죄행위를 한 경우에는 10년 이하의 징역 또는 2천만원 이하에 처해집니다.

◇ 공갈죄에 따른 처벌

① 전자금융범죄는 피해자에게 "아들을 납치했다" 또는 "개인정보가 유출됐다" 등의 말로 공포를 느끼게 하여 피해자의 재산을 편취하는 범죄행위로서 「형법」상 공갈죄로 처벌받을 수 있습니다.

② 위의 범죄행위를 한 경우에는 10년 이하의 징역 또는 2천만원 이하에 처해집니다.

(관련판례)

① 사기죄의 객체는 타인이 점유하는 '타인의' 재물 또는 재산상의 이익이므로, 피해자와의 관계에서 살펴보아 그것이 피해자 소유의 재물인지 아니면 피해자가 보유하는 재산상의 이익인지에 따라 '재물'이 객체인지 아니면 '재산상의 이익'이 객체인지 구별하여야 하는 것으로서, 이 사건과 같이 피해자가 본범의 기망행위에 속아 현금을 피고인 명의의 은행 예금계좌로 송금하였다면, 이는 재물에 해당하는 현금을 교부하는 방법이 예금계좌로 송금하는 형식으로 이루어진 것에 불과하여, 피해자의 은행에 대한 예금채권은 당초 발생하지 않는다.

② 장물취득죄에서 '취득'이라 함은 장물의 점유를 이전받음으로써 그 장물에 대하여 사실상 처분권을 획득하는 것을 의미하는데, 이 사건의 경우 본범의 사기행위는 피고인이 예금계좌를 개설하여 본범에게 양도한 방조행위가 가공되어 본범에게 편취금이 귀속되는 과정 없이 피고인이 피해자로부터 피고인의 예금계좌로 돈을 송금받아 취득함으로써 종료되는 것이고, 그 후 피고인이 자신의 예금계좌에서 위 돈을 인출하였다 하더라도 이는 예금명의자로서 은행에 예금반환을 청구한 결과일 뿐 본범으로부터 위 돈에 대한 점유를 이전받아 사실상 처분권을 획득한 것은 아니므로, 피고인의 위와 같은 인출행위를 장물취득죄로 벌할 수는 없다.

③ 사기 범행에 이용되리라는 사정을 알고서도 자신의 명의로 새마을금고 예금계좌를 개설하여 甲에게 이를 양도함으로써 甲이 乙을 속여 乙로 하여금 1,000만 원을 위 계좌로 송금하게 한 사기 범행을 방조한 피고인이 위 계좌로 송금된 돈 중 140만 원을 인출하여 甲이 편취한 장물을 취득하였다는 공소사실에 대하여, 甲이 사기 범행으로 취득한 것은 재산상 이익이어서 장물에 해당하지 않는다는 원심판단은 적절하지 아니하지만, 피고인의 위와 같은 인출행위를 장물취득죄로 벌할 수는 없으므로, 위 '장물취득' 부분을 무죄로 선고한 원심의 결론을 정당하다(대법원 2010. 12. 9, 선고 2010도6256 판결).

■ 컴퓨터등 사용사기죄에서 정한 '부정한 명령의 입력'의 범위는 어디까지
인가요?

Q. 甲이 乙주식회사에서 운영하는 전자복권구매시스템에서 일정한 조
건하에 복권 구매명령을 입력하면 가상계좌로 복권 구매요청금과
동일한 액수의 가상현금이 입금되는 프로그램 오류를 이용하여 복
권 구매명령을 입력하는 행위를 반복함으로써 자신의 가상계좌로
구매요청금 상당의 금액이 입금되게 한 경우 컴퓨터 등 사용사기죄
가 성립하는가요?

A. 형법 제347조의2 는 컴퓨터 등 정보처리장치에 허위의 정보 또는 부정
한 명령을 입력하거나 권한 없이 정보를 입력·변경하여 정보처리를 하
게 함으로써 재산상의 이익을 취득하거나 제3자로 하여금 취득하게 하
는 행위를 처벌하고 있습니다. 여기서 '부정한 명령의 입력'은 당해 사
무처리시스템에 예정되어 있는 사무처리의 목적에 비추어지시해서는 안
될 명령을 입력하는 것을 의미합니다. 따라서 설령 '허위의 정보'를 입
력한 경우가 아니라고 하더라도, 당해 사무처리시스템의 프로그램을 구
성하는 개개의 명령을 부정하게 변개·삭제하는 행위는 물론 프로그램
자체에서 발생하는 오류를 적극적으로 이용하여 그 사무처리의 목적에
비추어 정당하지 아니한 사무처리를 하게 하는 행위도 특별한 사정이
없는 한 위 '부정한 명령의 입력'에 해당한다고 보아야 합니다(대법원
2013. 11. 14. 선고 2011도4440 판결 참조). 따라서 甲의 행위는
프로그램 자체에서 발생하는 오류를 적극적으로 이용하여 사무처리의
목적에 비추어 정당하지 아니한 사무처리를 하게 한 행위로서 '부정한
명령의 입력'에 해당한다고 할 것이므로 甲에게는 컴퓨터 등 사용사기
죄가 성립할 것입니다.

(관련판례)

① 피고인이 타인의 명의를 모용하여 신용카드를 발급받은 경우, 비록 카
드회사가 피고인으로부터 기망을 당한 나머지 피고인에게 피모용자

명의로 발급된 신용카드를 교부하고, 사실상 피고인이 지정한 비밀번호를 입력하여 현금자동지급기에 의한 현금대출(현금서비스)을 받을 수 있도록 하였다 할지라도, 카드회사의 내심의 의사는 물론 표시된 의사도 어디까지나 카드명의인인 피모용자에게 이를 허용하는 데 있을 뿐 피고인에게 이를 허용한 것은 아니라는 점에서, 피고인이 타인의 명의를 모용하여 발급받은 신용카드를 사용하여 현금자동지급기에서 현금대출을 받는 행위는 카드회사에 의하여 미리 포괄적으로 허용된 행위가 아니라, 현금자동지급기의 관리자의 의사에 반하여 그의 지배를 배제한 채 그 현금을 자기의 지배하에 옮겨 놓는 행위로서 절도죄에 해당한다.

② 타인의 명의를 모용하여 발급받은 신용카드의 번호와 그 비밀번호를 이용하여 ARS 전화서비스나 인터넷 등을 통하여 신용대출을 받는 방법으로 재산상 이익을 취득하는 행위 역시 미리 포괄적으로 허용된 행위가 아닌 이상, 컴퓨터 등 정보처리장치에 권한 없이 정보를 입력하여 정보처리를 하게 함으로써 재산상 이익을 취득하는 행위로서 컴퓨터 등 사용사기죄에 해당한다.

③ 타인의 명의를 모용하여 발급받은 신용카드를 이용하여 현금자동지급기에서 현금을 인출한 행위와 ARS 전화서비스 등으로 신용대출을 받은 행위를 포괄적으로 카드회사에 대한 사기죄가 된다고 판단한 원심판결을 파기한 사례(대법원 2006.7.27, 선고 2006도3126 판결).

■ 인터넷뱅킹으로 계좌이체 후 현금카드로 인출한 금원이 장물인지요?

Q. 乙은 권한 없이 인터넷뱅킹으로 친구 丙의 예금계좌에서 자신의 예금계좌로 100만원을 이체하였는데 이를 다른 친구 甲이 알게 되자 그 중 50만원을 현금카드로 인출하여 입막음용으로 甲에게 주었습니다. 이 경우 甲에 대해서도 장물취득죄로 처벌할 수 있나요?

A. 「형법」 제362조에서 규정하고 있는 장물이라 함은 원칙적으로 재산범죄로 인하여 취득한 물건 그 자체를 의미하는 것입니다.

사안의 경우 乙이 권한 없이 계좌이체를 함으로써 취득한 것은 예금채권이며 이는 재산상이득으로 볼 것이지 범죄로 취득한 물건이라고 보기는 어렵습니다.

관련 대법원 판례에서도 "공소외인이 컴퓨터등사용사기죄에 의하여 취득한 예금채권은 재물이 아니라 재산상 이익이므로, 그가 자신의 예금구좌에서 6,000만 원을 인출하였더라도 장물을 금융기관에 예치하였다가 인출한 것으로 볼 수 없다."라고 판시하고 있습니다. (대법원 2004. 4. 16. 선고 2004도353 판결)

따라서 사안의 경우 甲에게 장물취득죄가 성립한다고 보기는 어렵습니다.

(관련판례)

① 형법 제41장의 장물에 관한 죄에 있어서의 "장물"이라 함은 재산범죄로 인하여 취득한 물건 그 자체를 말하므로, 재산범죄를 저지른 이후에 별도의 재산범죄의 구성요건에 해당하는 사후행위가 있었다면 비록 그 행위가 불가벌적 사후행위로서 처벌의 대상이 되지 않는다 할지라도 그 사후행위로 인하여 취득한 물건은 재산범죄로 인하여 취득한 물건으로서 장물이 될 수 있다.

② 컴퓨터등사용사기죄의 범행으로 예금채권을 취득한 다음 자기의 현금카드를 사용하여 현금자동지급기에서 현금을 인출한 경우, 현금카드 사용권한 있는 자의 정당한 사용에 의한 것으로서 현금자동지급기 관리자의 의사에 반하거나 기망행위 및 그에 따른 처분행위도 없었으므로, 별도로 절도죄나 사기죄의 구성요건에 해당하지 않는다 할 것이

고, 그 결과 그 인출된 현금은 재산범죄에 의하여 취득한 재물이 아니므로 장물이 될 수 없다고 한 사례.

③ 장물인 현금 또는 수표를 금융기관에 예금의 형태로 보관하였다가 이를 반환받기 위하여 동일한 액수의 현금 또는 수표를 인출한 경우에 예금계약의 성질상 그 인출된 현금 또는 수표는 당초의 현금 또는 수표와 물리적인 동일성은 상실되었지만 액수에 의하여 표시되는 금전적 가치에는 아무런 변동이 없으므로, 장물로서의 성질은 그대로 유지된다.

④ 甲이 권한 없이 인터넷뱅킹으로 타인의 예금계좌에서 자신의 예금계좌로 돈을 이체한 후 그 중 일부를 인출하여 그 정을 아는 乙에게 교부한 경우, 甲이 컴퓨터등사용사기죄에 의하여 취득한 예금채권은 재물이 아니라 재산상 이익이므로, 그가 자신의 예금계좌에서 돈을 인출하였더라도 장물을 금융기관에 예치하였다가 인출한 것으로 볼 수 없다는 이유로 乙의 장물취득죄의 성립을 부정한 사례(대법원 2004. 4. 16, 선고 2004도353 판결).

■ 타인의 현금카드로 권한범위를 초과하여 현금을 인출한 경우, 어떤 처벌을 받게 되는지요?

Q. 저는 친구와 술을 마시다가 친구가 술값을 내기 위해 저에게 현금카드와 비밀번호를 주면서 현금 30만원을 찾아오라고 했는데, 50만원을 인출해서 30만원만 돌려주고 나머지 20만원을 임의로 사용을 하였습니다. 이와 같은 경우 어떤 처벌을 받게 되는지요?

A. 「형법」제347조의2는 "컴퓨터 등 정보처리장치에 허위의 정보 또는 부정한 명령을 입력하거나 권한 없이 정보를 입력·변경하여 정보처리를 하게 함으로써 재산상의 이익을 취득하거나 제3자로 하여금 취득하게 한 자는 10년 이하의 징역 또는 2천만원 이하의 벌금에 처한다."라고 규정하고 있습니다.

한편, 「형법」은 재산범죄의 객체가 재물인지 재산상의 이익인지에 따라 이를 재물죄와 이득죄로 구분하고 있는데, 「형법」제347조의2는 컴퓨터 등 사용사기죄의 객체를 재물이 아닌 재산상의 이익으로만 한정하여 규정하고 있으므로 타인의 신용카드로 현금자동지급기에서 현금을 인출하는 행위를 위 범죄로 처벌할 수 있는지에 관하여 판례는 "예금주인 현금카드 소유자로부터 일정한 금액의 현금을 인출해 오라는 부탁을 받으면서 이와 함께 현금카드를 건네받은 것을 기화로 그 위임을 받은 금액을 초과하여 현금을 인출하는 방법으로 그 차액 상당을 위법하게 이득할 의사로 현금자동지급기에 그 초과된 금액이 인출되도록 입력하여 그 초과된 금액의 현금을 인출한 경우에는 그 인출된 현금에 대한 점유를 취득함으로써 이 때에 그 인출한 현금 총액 중 인출을 위임받은 금액을 넘는 부분의 비율에 상당하는 재산상 이익을 취득한 것으로 볼 수 있으므로 이러한 행위는 그 차액 상당액에 관하여 형법 제347조의 2 컴퓨터등사용사기에 규정된 '컴퓨터 등 정보처리장치에 권한 없이 정보를 입력하여 정보처리를 하게 함으로써 재산상의 이익을 취득'하는 행위로서 컴퓨터등사용사기죄에 해당된다."라고 하였습니다(대법원 2006.

3. 24. 2005도3516 판결).

결국 권한을 위임받은 범위를 초과하는 경우, 초과된 범위에 관해서는 권한 없이 정보를 입력한 경우에 해당된다고 할 것이므로, 위 사안과 같은 경우 귀하는 컴퓨터 등 사용사기죄로 처벌될 수도 있다고 보입니다.

■ 절취한 타인 신용카드로 계좌이체한 후 자신의 현금카드로 인출하는 경우, 무슨 죄책을 지는가요?

Q. 甲은 비밀번호가 적혀있는 乙의 신용카드를 절취하여 현금지급기에서 계좌이체를 한 후 甲의 현금카드로 이를 인출하였습니다. 이 경우 甲은 무슨 죄책을 지는가요?

A. 甲에게 乙의 신용카드를 절취하고, 계좌이체한 행위에 대하여 절도죄(형법 제329조) 및 컴퓨터사용사기죄(형법 제347조의2)가 성립함이 명백합니다. 다만, 이체한 금원을 甲의 현금카드로 인출한 행위에 대하여 별개로 절도죄가 성립할 수 있는지 문제됩니다.

대법원은 유사한 사안에서 "절취한 타인의 신용카드를 이용하여 현금지급기에서 계좌이체를 한 행위는 컴퓨터등사용사기죄에서 컴퓨터 등 정보처리장치에 권한 없이 정보를 입력하여 정보처리를 하게 한 행위에 해당함은 별론으로 하고 이를 절취행위라고 볼 수는 없고, 한편 위 계좌이체 후 현금지급기에서 현금을 인출한 행위는 자신의 신용카드나 현금카드를 이용한 것이어서 이러한 현금인출이 현금지급기 관리자의 의사에 반한다고 볼 수 없어 절취행위에 해당하지 않는다"고 하여 절도죄의 성립을 부정하였습니다.(대법원 2008.06.12. 선고 2008도2440 판결)

위 사안에서도 甲이 현금카드로 인출한 부분은 현금카드 사용권한 있는 자의 정당한 사용에 의한 것이므로 현금지급기 관리자의 의사에 반하여 취거하는 행위라고 보기는 어렵다고 할 것입니다.

■ 강취한 현금카드로 예금을 인출한 경우, 강도죄 이외에 절도죄도 성립하는가요?

Q. 甲은 乙의 현금카드를 강취하고, 乙을 협박하여 알아낸 비밀번호을 입력하여 현금자동지급기에서 400만원을 인출하였습니다. 이 경우 甲에게 강도죄 이외에 절도죄도 성립하는가요?

A. 대법원은 위와 유사한 사안에서 "강도죄는 공갈죄와는 달리 피해자의 반항을 억압할 정도로 강력한 정도의 폭행·협박을 수단으로 재물을 탈취하여야 성립하므로, 피해자로부터 현금카드를 강취하였다고 인정되는 경우에는 피해자로부터 현금카드의 사용에 관한 승낙의 의사표시가 있었다고 볼 여지가 없다. 따라서 강취한 현금카드를 사용하여 현금자동지급기에서 예금을 인출한 행위는 피해자의 승낙에 기한 것이라고 할 수 없으므로, 현금자동지급기 관리자의 의사에 반하여 그의 지배를 배제하고 그 현금을 자기의 지배하에 옮겨 놓는 것이 되어서 강도죄와는 별도로 절도죄를 구성한다."고 판시하고 있습니다. (대법원 2007.05.10. 선고 2007도1375 판결)

위 대법원 취지에 비추어 볼 때 乙은 甲에게 현금카드를 강취당하였고, 현금카드의 사용에 관한 승낙의 의사표시가 있었다고 볼 여지가 없으므로 甲에게는 강도죄 이외에 절도죄로 처벌이 가능할 것입니다.

제4장
전자금융범죄 피해금 회복은?

제4장 전자금융범죄 피해금 회복은?

1. 피해금 환급절차

1-1. 피해구제 및 지급정지 신청

피해구제신청(피해자) → 지급정지(금융회사) → 채권소멸절차공고(금융감독원) → 2개월 → 채권소멸 → 14일 → 피해환급금지급(금융회사)

1-2. 피해구제 신청의 범위(전기통신금융사기의 피해자)

① "전기통신금융사기"란 전기통신을 이용하여 타인을 기망(欺罔)·공갈(恐喝)함으로써 재산상의 이익을 취하거나 제3자에게 재산상의 이익을 취하게 하는 다음의 행위를 말합니다(전기통신금융사기 피해 방지 및 피해금 환급에 관한 특별법 제2조제2호 본문).

　1. 자금을 송금·이체하도록 하는 행위

　2. 개인정보를 알아내어 자금을 송금·이체하는 행위

② 다만, 재화의 공급 또는 용역의 제공 등을 가장한 행위는 제외하되, 대출의 제공·알선·중개를 가장한 행위는 포함합니다(전기통신금융사기 피해 방지 및 피해금 환급에 관한 특별법 제2조제2호 단서).

③ "피해자"란 전기통신금융사기로 인하여 재산상의 피해를 입은 자를 말합니다(전기통신금융사기 피해 방지 및 피해금 환급에 관한 특별법 제2조제3호).

1-3. 피싱 피해구제 절차

1-3-1. 피해구제의 신청

① 피해자는 피해금을 송금·이체한 계좌를 관리하는 금융회사 또는 사기이용계좌를 관리하는 금융회사에 대하여 사기이용계좌의 지급정지 등

전기통신금융사기의 피해구제를 신청할 수 있습니다.

② 피해자는 피해구제신청서에 신분증 사본을 첨부하여 해당 금융회사에 제출(다만, 긴급·부득이한 경우 전화 또는 구술로 신청 가능)

③ 금융회사는 피해자의 인적사항, 피해내역 및 신청사유 등을 확인하여야 하고, 피해자는 신청한 날부터 영업일 3일 이내 신청서류를 해당 금융회사에 제출

④ 금융회사는 필요한 경우 피해자에게 수사기관의 피해신고확인서 자료의 제출을 요청할 수 있습니다.

※ 유의할 점

- 피해구제절차를 통한 환급은 범죄에 이용된 계좌에 잔액이 남아 있을 경우에 가능합니다. 잔액이 남아 있지 않고 전부 인출된 경우에는 피의자를 대상으로 별도의 민사소송을 진행할 수밖에 없습니다.
- 또한 범죄에 이용된 계좌에 남아 있는 잔액과 비교하여 피해자가 많고 각 피해자의 피해금액의 합계가 잔액보다 큰 경우에는 피해자별로 피해금액 전부를 환급받지 못할 수 있습니다.

---

⑤ "금융회사"란 다음의 어느 하나에 해당하는 기관을 말합니다(「전기통신금융사기 피해 방지 및 피해금 환급에 관한 특별법」 제2조제1호 및 「전기통신금융사기 피해 방지 및 피해금 환급에 관한 특별법 시행령」 제2조).

1. 「은행법」에 따른 은행
2. 한국산업은행
3. 중소기업은행
4. 한국수출입은행
5. 「자본시장과 금융투자업에 관한 법률」에 따른 투자매매업자·투자중개업자·집합투자업자·신탁업자·증권금융회사·종합금융회사 및 명의개서대행회사

6. 상호저축은행과 그 중앙회

7. 농업협동조합과 그 중앙회 및 농협은행

8. 수산업협동조합과 그 중앙회 및 수협은행

9. 신용협동조합과 그 중앙회

10. 새마을금고와 그 중앙회

11. 「보험업법」에 따른 보험회사

12. 체신관서

13. 축산업협동조합

14. 산림조합과 그 중앙회

⑥ "사기이용계좌"란 피해자의 자금이 송금·이체된 계좌 및 해당 계좌로부터 자금의 이전에 이용된 계좌를 말합니다(전기통신금융사기 피해 방지 및 피해금 환급에 관한 특별법 제2조제4호).

⑦ "피해금"이란 전기통신금융사기로 인하여 피해자의 계좌에서 사기이용계좌로 송금·이체된 금전을 말합니다(전기통신금융사기 피해 방지 및 피해금 환급에 관한 특별법 제2조제5호).

1-3-2. 피해구제신청서 등의 제출

① 피해구제를 신청하려는 피해자는 피해구제신청서(전기통신금융사기 피해 방지 및 피해금 환급에 관한 특별법 시행령 별지 제1호서식)에 피해자의 신분증 사본을 첨부하여 해당 금융회사에 제출하여야 합니다(전기통신금융사기 피해 방지 및 피해금 환급에 관한 특별법 제3조제3항 및 동법 시행령 제3조제1항 본문).

[서식 예] 피해구제신청서

<table>
<tr>
<td colspan="5" align="center">피해구제신청서</td>
</tr>
<tr>
<td colspan="5">※ 색상이 어두운 란은 신청인이 적지 않습니다.</td>
</tr>
<tr>
<td colspan="2">접수번호</td>
<td colspan="3">접수일자</td>
</tr>
<tr>
<td rowspan="3">피해자</td>
<td colspan="2">성 명</td>
<td colspan="2">생년월일</td>
</tr>
<tr>
<td colspan="4">주 소</td>
</tr>
<tr>
<td>전화번호</td>
<td>휴대전화번호</td>
<td colspan="2">전자우편주소</td>
</tr>
<tr>
<td rowspan="6">신청내용</td>
<td rowspan="3">피해자 계좌의
송금·이체내역</td>
<td>금융회사</td>
<td>개설점포</td>
<td>예금종별</td>
</tr>
<tr>
<td>계좌번호</td>
<td colspan="2">명의인</td>
</tr>
<tr>
<td>송금·이체일시</td>
<td colspan="2">금액</td>
</tr>
<tr>
<td rowspan="2">사기이용계좌
입금내역</td>
<td>금융회사</td>
<td>계좌번호</td>
<td>명의인</td>
</tr>
<tr>
<td>입금일시</td>
<td colspan="2">금액</td>
</tr>
<tr>
<td>피해환급금
입금계좌</td>
<td>금융회사</td>
<td>계좌번호</td>
<td>명의인</td>
</tr>
<tr>
<td colspan="5">피해구제 신청사유
※ 거짓으로 피해구제를 신청하는 경우에는 법 제16조제1호에 따라 3년이하의 징역 또는 3천만원 이하의 벌금을 받을 수 있습니다.</td>
</tr>
<tr>
<td colspan="5">「전기통신금융사기 피해 방지 및 피해금 환급에 관한 특별법」 제3조제1항 및 같은 법 시행령 제3조제1항에 따라 위와 같이 피해구제를 신청합니다.

년 월 일
신청인 (서명 또는 인)
○○○ 금융회사 귀하</td>
</tr>
<tr>
<td colspan="4">첨부서류 피해자의 신분증 사본 1부</td>
<td>수수료
없음</td>
</tr>
</table>

② 다만, 긴급하거나 부득이한 사유가 있는 경우에는 전화 또는 구술로 신청할 수 있습니다(동 시행령 제3조제1항 단서).

③ 전화 또는 구술로 피해구제의 신청을 받은 금융회사는 피해자의 성명·생년월일·연락처·주소, 피해내역 및 신청사유 등을 확인해야 합니다(동 시행령 제3조제2항 전단).

④ 전화 또는 구술로 피해구제를 신청한 피해자는 그 신청한 날부터 3일 이내에 피해구제신청서(동 시행령 별지 제1호서식)를 해당 금융회사에 제출해야 합니다(동 시행령 제3조제2항 후단).

⑤ 전화 또는 구술로 피해구제를 신청한 피해자가 기한 내에 피해구제신청서를 제출하지 않은 경우 금융회사는 14일의 기간을 정하여 해당 기간 내에 서류를 제출하도록 통지해야 합니다(동 시행령 제3조제3항 전단).

⑥ 금융회사의 서류 추가 제출 통지를 받았음에도 기간 내에 신청서류를 제출하지 않은 경우에는 전화 또는 구술에 의한 피해구제신청이 없었던 것으로 됩니다.

⑦ 금융회사는 14일의 기간 내에 신청서류를 제출하지 않는 경우 신청이 없었던 것으로 된다는 사실을 알려야 합니다.

⑧ 피해구제의 신청을 받은 금융회사는 필요하다고 인정하는 경우에는 피해자에게 수사기관의 피해신고확인서 등 관련 자료의 제출을 요청할 수 있습니다(동 시행령 제3조제4항).

1-3-3. 피해구제 절차

① 피해자는 범죄에 이용된 계좌를 관리하는 금융회사에 전화로 지급정지를 신청합니다. 전화로 하는 경우 3일 이내에 지급정지에 필요한 서류(사건사고사실확인원, 피해구제신청서)를 제출해야 합니다.

② 피해자는 거주지 관할경찰서(사이버수사팀)에 방문하여 피해사실을 신고하고,

③ 신고를 접수한 경찰관에게 요청하여 '사건사고사실 확인원'을 발급받습니다.

④ 피해자는 지급정지를 신청한 금융회사를 방문하여 '피해구제신청서'를 작성해서 '사건사고사실확인원'과 함께 제출합니다.

⑤ 금융회사는 신청된 계좌에 대하여 지급정지 조치를 취하고 금융감독원에 예금채권 소멸공고를 요청합니다.

⑥ 금융감독원은 2개월간 채권소멸공고를 하고 이 기간 내에 이의신청이 없으면 채권소멸을 확정하고 환급결정액을 금융회사에 통지합니다.

⑦ 위 환급결정액이 금융회사에 통지되면 금융회사에서는 피해자에게 해당 금액을 환급하여 주게 됩니다(통상 2~3일 소요).

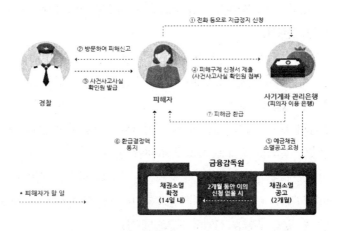

1-4. 스미싱 피해구제 절차

1-4-1. 피해구제 신청

통신과금서비스이용자는 통신과금서비스가 자신의 의사에 반하여 제공되었음을 안 때에는 통신과금서비스제공자에게 이에 대한 정정을 요구할 수 있으며(통신과금서비스이용자의 공의 또는 중과실은 제외), 통신과금서비스제공자는 이용자의 정정요구가 이유 있을 경우 판매자에 대한 이용 대금의 지급을 유보하고 정정요구를 받은 날부터 2주 이내에 처리 결과 통지해야 합니다.

※ 유의할 점

- 스미싱에 의한 소액결제에 의한 피해구제는 통신요금으로 과금된 소액결제금에 대하여 이의를 제기하였을 때 통신사가 아닌 결제대행사와 콘텐츠 제공사가 협의하여 "결제금 청구 취소 여부"를 결정하는 것으로,
- 스미싱에 의한 범죄피해가 아닌 "콘텐츠 구매 후 변심으로 인한 소액결제 환불 요청"이나 "스미싱에 의한 범죄피해가 아닌 경우"에는 구제되지 않습니다.

1-4-2. 피해구제 절차

① 통신요금 청구서 등을 통해 본인이 직접 결제하지 않은 소액결제 건을 확인하면 소액결제 내역을 지참하여 가까운 경찰서 사이버수사팀를 방문하여 피해사실을 신고합니다.

② 신고를 접수한 경찰관에게 요청하여 '사건사고사실확인원'을 발급받습니다.

③ 피해자는 본인이 가입한 이동통신사 고객센터를 방문하여 통신과금 정정요구를 하면서 '사건사고사실확인원'과 함께 제출합니다.

④ 이동통신사는 결제대행사와 콘텐츠사업자에게 해당 결제청구에 대한 보류 또는 취소를 요청하고,

⑤ 결제대행사와 콘텐츠사업자는 상호 협의하여 청구된 내용에 대해 스미싱 사기에 의한 피해인지 여부를 확인하게 되고,

⑥ 스미싱에 의한 피해로 판명되면 콘텐츠사업자는 이동통신사에 소액결제 청구를 취소한다고 통보합니다.

⑦ 피해자가 통신요금을 아직 납부하지 않은 경우라면 이동통신사에서 피해자에게 소액결제를 제외시킨 통신요금 청구서를 다시 발급하게 되고,

⑧ 피해자가 이미 통신요금을 납부한 이후라면 콘텐츠사업자가 피해자에

게 결제된 소액결제 대금을 환불해 주게 됩니다.

⑨ 피해자가 이동통신사에 통신과금 정정요구를 한 시점부터 소액결제 환불결정이 완료되기까지 통상 14일 정도 소요됩니다.

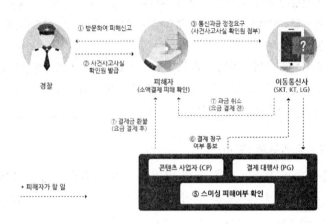

1-5. 파밍 피해구제 절차

1-5-1. 피해구제의 신청

피해자는 피해금을 송금·이체한 계좌를 관리하는 금융회사 또는 사기이용계좌를 관리하는 금융회사에 대하여 사기이용계좌의 지급정지 등 전기통신금융사기의 피해구제를 신청할 수 있습니다.

① 피해자는 피해구제신청서에 신분증 사본을 첨부하여 해당 금융회사에 제출(다만, 긴급· 부득이한 경우 전화 또는 구술로 신청 가능)

② 금융회사는 피해자의 인적사항, 피해내역 및 신청사유 등을 확인하여야 하고, 피해자는 신청한 날부터 영업일 3일 이내 신청서류를 해당 금융회사에 제출

③ 금융회사는 필요한 경우 피해자에게 수사기관의 피해신고확인서 자료의 제출을 요청할 수 있습니다.

※ **유의할 점**

- 피해구제절차를 통한 환급은 범죄에 이용된 계좌에 잔액이 남아 있을 경우에 가능합니다. 잔액이 남아 있지 않고 전부 인출된 경우에는 피의자를 대상으로 별도의 민사소송을 진행할 수밖에 없습니다.
- 또한 범죄에 이용된 계좌에 남아 있는 잔액과 비교하여 피해자가 많고 각 피해자의 피해금액의 합계가 잔액보다 큰 경우는 피해자별로 피해금액 전부를 환급받지 못할 수 있습니다.

1-5-2. 피해구제 절차

① 피해자는 범죄에 이용된 계좌를 관리하는 금융회사에 전화로 지급정지를 신청합니다. 전화로 하는 경우 3일 이내에 지급정지에 필요한 서류(사건사고사실확인원, 피해구제신청서)를 제출해야 합니다.

② 피해자는 거주지 관할경찰서(사이버수사팀)에 방문하여 피해사실을 신고하고,

③ 신고를 접수한 경찰관에게 요청하여 '사건사고사실확인원'을 발급받습니다.

④ 피해자는 지급정지를 신청한 금융회사를 방문하여 '피해구제신청서'를 작성해서 '사건사고사실확인원'과 함께 제출합니다.

⑤ 금융회사는 신청된 계좌에 대하여 지급정지 조치를 취하고 금융감독원에 예금채권 소멸공고를 요청합니다.

⑥ 금융감독원은 2개월간 채권소멸공고를 하고 이 기간 내에 이의신청이 없으면 채권소멸을 확정하고 환급결정액을 금융회사에 통지합니다.

⑦ 위 환급결정액이 금융회사에 통지되면 금융회사에서는 피해자에게 해당 금액을 환급하여 주게 됩니다(통상 2~3일 소요).

1-6. 메모리해킹 피해구제 절차

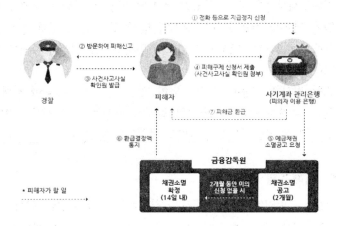

1-6-1. 손해배상을 못 받을 수 있는 경우

다음과 같은 경우에는 피해자의 고의 또는 중과실이 인정되어 손해배상을 받지 못할 수 있습니다.

① 피해자가 전자금융거래를 위한 접근매체를 제3자에게 대여하거나, 제3자가 권한 없이 이용할 수 있음을 쉽게 알 수 있었음에도 접근매체를 누설, 노출하거나 방치한 경우

② 금융회사 또는 전자금융업자가 전자금융거래 시 요구하는 추가적인 보안조치에 사용되는 매체·수단 또는 정보에 대하여 누설·노출 또는 방치하거나, 제3자에게 대여, 위임 또는 양도한 경우
   예시) 공인인증서·비밀번호·보안카드·OTP 등 접근 및 보안 매체를 공유하거나 제3자에게 제공하는 행위

③ 메모리해킹은 '기망'으로 이루어진 사기범죄가 아니어서 「전기통신금융사기 피해 방지 및 피해금 환급에 관한 특별법」상 구제대상은 아닙니다.

④ 따라서 피싱·파밍과 같은 '지급정지 후 채권소멸 절차'를 적용할 수 없으며, 금융회사에서 '지급대상' 여부를 판단하여 보상금을 지급합니다.

(장·단점) 범죄자가 피해금액을 인출했는지 여부와 상관없이 보상이 가능하나, '지급대상' 여부를 판단하는데 시일이 더 소요될 수 있습니다.

1-6-2. 피해구제 절차

① 피해자는 범죄에 이용된 계좌를 관리하는 금융회사에 전화로 지급정지를 신청합니다. 전화로 하는 경우 3일 이내에 지급정지에 필요한 서류(사건사고사실확인원, 피해구제신청서)를 제출해야 합니다. 다만, '지급정지 신청'이 필수절차는 아닙니다.
② 피해자는 거주지 관할경찰서(사이버수사팀)에 방문하여 피해사실을 신고하고,
③ 신고를 접수한 경찰관에게 요청하여 '사건사고사실확인원'을 발급받은 후,
④ 금융회사를 방문하여 '피해구제신청서'를 작성해서 '사건사고사실확인원'과 함께 제출합니다.
⑤ 금융회사는 보험회사 등을 통해 지급대상 여부를 판단하고 '지급대상'으로 경정되면 보험금 또는 자체 적립금을 이용해 피해자에게 피해금액을 보상합니다.

1-7. 지급정지의 요청

① 피해구제의 신청을 받은 금융회사는 다른 금융회사의 사기이용계좌로 피해금이 송금·이체된 경우 해당 금융회사에 대하여 필요한 정보를 제공하고 지급정지를 요청하여야 합니다(전기통신금융사기 피해 방지 및 피해금 환급에 관한 특별법 제3조제2항).

② 위반 시 제재

거짓으로 피해구제를 신청하거나 지급정지를 요청한 경우는 3년 이하의 징역 또는 3천만원 이하의 벌금에 처해집니다(동법 제16조제1호·제2호).

1-8. 지급정지

1-8-1. 금융회사의 지급정지 조치

금융회사는 다음 중 어느 하나에 해당하는 경우 거래내역 등의 확인을 통해 전기통신금융사기의 사기이용계좌로 의심할 만한 사정이 있다고 인정되면 해당 사기이용계좌의 전부에 대해 지급정지 조치를 해야 합니다(전기통신금융사기 피해 방지 및 피해금 환급에 관한 특별법 제4조제1항).

1. 피해구제 신청 또는 지급정지 요청이 있는 경우
2. 수사기관 또는 금융감독원 등으로부터 사기이용계좌로 의심된다는 정보제공이 있는 경우
3. 피해의심거래계좌에 대한 본인확인조치 결과 사기이용계좌로 추정되는 경우
4. 그 밖에 「전기통신금융사기 피해 방지 및 피해금 환급에 관한 특별법 시행령」으로 정하는 경우

[서식 예] 지급정지요청서

지급정지요청서

※ 색상이 어두운 란은 신청인이 적지 않습니다.

접수번호		접수일자		
피해자 정 보	성 명			생년월일
	주 소			
	전화번호	휴대전화번호		전자우편주소
	금융회사	예금종별		계좌번호 및 명의인
	송금·이체 일시	금액		
지급정지 요청계좌	금융회사		계좌번호	명의인
	입금일시		개설점포	금액
피해금 이전계좌	금융회사		계좌번호	명의인
	입금일시		점포	금액
	출금일시		점포	금액

지급정지 요청사유

기타	담당자 성명	직위	연락처

「전기통신금융사기 피해 방지 및 피해금 환급에 관한 특별법」 제3조제2항 및
같은 법 시행령 제4조제1항에 따라 위와 같이 지급정지를 요청합니다.

년   월   일

금융회사 대표   (서명 또는 인)

○ ○ ○ **금융회사**   귀하

첨부서류	피해자의 피해구제 신청서류 사본 1부(전기통신금융사기 피해 방지 및 피해금 환급에 관한 특별법 시행령 제3조제1항 본문)

1-8-2. 금융회사의 지급정지 조치에 대한 통지 및 공시

① 금융회사는 지급정지 조치를 한 경우 지체 없이 다음의 사항을 통지 및 공시(14일 이상)하여야 합니다(전기통신금융사기 피해 방지 및 피해금 환급에 관한 특별법 제4조제2항 및 제5조제2항).

  1. 지급정지의 일시, 사유 및 금액 등에 관한 사항

  2. 지급정지와 관련된 점포, 예금종별 및 계좌번호 등 지급정지 된 사기이용계좌에 관한 사항

  3. 지급정지를 요청한 금융회사에 관한 사항

② 금융회사는 지급정지 조치를 한 경우 지체 없이 다음의 자에게 해당 지급정지 조치에 관한 사항을 통지하여야 합니다. 다만, 지급정지된 사기이용계좌의 명의인(이하 "명의인"이라 함)의 소재를 알 수 없는 경우에는 금융회사의 인터넷 홈페이지 등에 지급정지 조치에 관한 사실을 공시하여야 합니다(동법 제4조제2항).

  1. 명의인

  2. 피해구제신청을 한 피해자

  3. 피해금을 송금·이체한 계좌를 관리하는 금융회사

  4. 금융감독원

  5. 수사기관(정보제공을 한 경우만 해당)

1-8-3. 지급정지 이후 압류 금지

① 누구든지 지급정지가 된 사기이용계좌의 채권 전부 또는 일부와 관련하여 다음의 어느 하나에 해당하는 행위를 할 수 없습니다(전기통신금융사기 피해 방지 및 피해금 환급에 관한 특별법 제4조의2제1항 본문).

  1. 손해배상·부당이득반환청구소송 등의 제기

  2. 「민사집행법」에 따른 압류·가압류 또는 가처분의 신청

  3. 「국세징수법」에 따른 체납절차의 개시

4. 질권(質權)의 설정

② 위 규정에도 불구하고 명의인 또는 피해자는 그 상대방에 대하여 채
무부존재확인·부당이득반환청구 소송 등을 제기할 수 있습니다(동법
제4조의2제2항).

1-9. 채권소멸절차의 개시

1-9-1. 채권소멸절차 개시 공고의 요청

금융회사는 지급정지 조치를 행한 경우 지체 없이 금융감독원에 명의인
의 채권이 소멸되는 절차(이하 "채권소멸절차"라 함)를 개시하기 위한 공
고를 요청하여야 합니다. 다만, 명의인의 채권 전부 또는 일부가 다음의
어느 하나에 해당하는 경우에는 그렇지 않습니다(전기통신금융사기 피해
방지 및 피해금 환급에 관한 특별법 제5조제1항).

1. 지급정지 조치를 하기 전에 손해배상·부당이득반환 등의 청구소송이
제기되어 법원에 계속(係屬) 중인 경우

2. 지급정지 조치를 하기 전에 압류·가압류 또는 가처분의 명령이 집행
된 경우

3. 지급정지 조치를 하기 전에 체납절차가 개시된 경우

4. 지급정지 조치를 하기 전에 질권(質權)이 설정된 경우

5. 지급정지 된 후에 「전기통신금융사기 피해 방지 및 피해금환급에 관
한 특별법」 제4조의2제2항에 따라 명의인과 피해자 간 채무부존재
확인·부당이득반환청구 소송 등이 제기되어 법원에 계속 중인 경우

1-9-2. 채권소멸절차 개시 공고 요청시 제출서류

금융회사가 채권소멸절차의 개시공고를 요청하는 경우에는 채권소멸절차
개시공고요청서(전기통신금융사기 피해 방지 및 피해금 환급에 관한 특
별법 시행령 별지 제3호서식)에 다음의 서류를 첨부하여 금융감독원에
제출해야 합니다(동법 제5조제1항 본문 및 동법 시행령 제6조제1항).

1. 피해구제신청서(전기통신금융사기 피해 방지 및 피해금 환급에 관한
   특별법 시행령 별지 제1호서식)의 사본
2. 지급정지요청서(전기통신금융사기 피해 방지 및 피해금 환급에 관한
   특별법 시행령 별지 제2호서식)의 사본
3. 채권소멸절차 개시의 공고 요청(전기통신금융사기 피해 방지 및 피
   해금 환급에 관한 특별법 제5조제2항)에 따른 통지 또는 공시 관
   련 서류의 사본

[서식 예] 채권소멸절차 개시공고요청서

<table>
<tr><td colspan="7" align="center">**채권소멸절차 개시공고요청서**</td></tr>
<tr><td colspan="7">※ 색상이 어두운 란은 신청인이 적지 않습니다.</td></tr>
<tr><td colspan="3">접수번호</td><td colspan="4">접수일자</td></tr>
<tr><td colspan="7" align="center">피해자 정보</td></tr>
<tr><td>성명</td><td>생년월일</td><td>피해자계좌 현황
(금융회사,예금종별, 명의인,
계좌번호 등)</td><td colspan="2">피해금액</td><td colspan="2">연락처 및
전자우편주
소</td></tr>
<tr><td></td><td></td><td></td><td colspan="2"></td><td colspan="2"></td></tr>
<tr><td></td><td></td><td></td><td colspan="2"></td><td colspan="2"></td></tr>
<tr><td></td><td></td><td></td><td colspan="2"></td><td colspan="2"></td></tr>
<tr><td colspan="7" align="center">개시공고 요청 관련 정보</td></tr>
<tr><td colspan="3">사기이용계좌 현황
(금융회사, 예금종별,
명의인, 계좌번호 등)</td><td colspan="4"></td></tr>
<tr><td colspan="3">소멸대상 채권의 금액</td><td colspan="4"></td></tr>
<tr><td colspan="3">지급정지 조치 일시</td><td colspan="4"></td></tr>
</table>

「전기통신금융사기 피해 방지 및 피해금 환급에 관한 특별법」 제5조제1
항 및 같은 법 시행령 제6조제1항에 따라 위와 같이 채권소멸절차의 개시
공고를 요청합니다.

년   월   일

금융회사 대표   (서명 또는 인)

금융감독원   귀하

첨부서 류	1. 피해자의 피해구제 신청서류 사본 1부(「전기통신금융사기 피해 방지 및 피해금 환급에 관한 특별법 시행령」 제3조제1항 본문) 2. 금융회사의 지급정지 요청서류 사본 1부(「전기통신금융사기 피해 방지 및 피해금 환급에 관한 특별법 시행령」 제4조제1항) 3. 금융회사의 통지 또는 공시 관련 서류 사본 1부(「전기통신금융사기 피해 방지 및 피해금 환급에 관한 특별법 시행령」 제5조제2항)

1-9-3. 채권소멸절차 개시 공고

금융감독원은 채권소멸절차 개시의 공고 요청을 받은 경우 지체 없이 금융감독원의 인터넷 홈페이지에 2개월간 다음의 사항을 공고해야 합니다 (전기통신금융사기 피해 방지 및 피해금 환급에 관한 특별법 제5조제2항 및 동법 시행령 제6조제2항).

1. 전기통신금융사기와 관련하여 채권소멸절차가 개시되었다는 취지
2. 사기이용계좌와 관련된 금융회사, 점포 및 예금 등의 종별 및 계좌번호
3. 명의인의 성명 또는 명칭
4. 공고 전 피해구제 신청에 따라 채권소멸대상에 해당하는 채권의 금액
5. 채권소멸절차 개시 이후의 피해구제 신청의 방법 및 절차
6. 명의인의 이의제기 방법 및 절차
7. 전자금융거래제한대상자로 지정되었다는 취지와 이의제기 방법 및 절차

1-9-4. 채권소멸절차 개시 통지

① 금융감독원은 채권소멸절차의 개시에 관한 공고를 한 경우 지체 없이 명의인에게 채권소멸절차의 개시에 관한 사실을 통지해야 합니다.
② 다만, 명의인의 소재를 알 수 없는 경우에는 채권소멸절차의 개시 공고로 명의인에 대한 통지가 이루어진 것으로 봅니다(전기통신금융사기 피해 방지 및 피해금 환급에 관한 특별법 제5조제3항).

1-10. 채권소멸절차 개시 이후의 피해구제 신청

■ **채권소멸절차개시 공고 이후에 피해구제를 신청할 수 없나요?**

Q. 저는 보이스피싱 사기를 당한 피해자인데요. 피해구제 신청을 하려고 보니까 이미 해당 계좌의 채권소멸절차개시가 공고 중이더라고요. 이런 경우 저는 피해자로 인정도 못 받고 피해금을 환급받지 못하는 건가요?

A. **채권소멸절차 개시 공고 이후라도 피해구제신청을 할 수 있습니다.**

채권소멸절차 개시의 공고가 이루어진 사기이용계좌의 피해자로서 채권소멸절차 개시의 공고 전에 피해구제를 신청하지 않은 경우에도 해당 금융회사에 피해구제 신청을 할 수 있습니다. 이때, 피해구제신청은 이미 진행 중인 채권소멸절차 개시의 공고일부터 2개월 이내에 하면 됩니다(전기통신금융사기 피해 방지 및 피해금 환급에 관한 특별법 제6조 제1항).

위와 같이 피해구제 신청을 받은 금융회사는 해당 거래내역 등을 확인하여 피해자로 인정된다고 판단하는 경우 금융감독원에 해당 피해금에 대한 채권소멸절차의 개시 공고를 요청해야 하고 금융감독원은 지체 없이 해당 사항을 공고해야 합니다(전기통신금융사기 피해 방지 및 피해금 환급에 관한 특별법 제6조제2항 및 제3항).

만약, 거짓으로 피해구제를 신청하면 3년 이하의 징역 또는 3천만원 이하의 벌금에 처해질 수 있으니(전기통신금융사기 피해 방지 및 피해금 환급에 관한 특별법 제16조제3호) 유의하세요.

■ 사기를 당해 경찰에 신고하고 사기계좌를 지급정지 하였는데, 그 계좌에 남아있는 피해금을 환급받을 수 있나요?

Q. 사기를 당해 경찰에 신고하고 사기계좌를 지급정지 하였는데, 그 계좌에 남아있는 피해금을 환급받을 수 있나요?

A. "전기통신금융사기 피해금 환급에 관한 특별법"상 피해금 환급은 전기통신 금융사기의 피해자에 한정됩니다.여기서 말하는 전기통신 금융사기란 "전기통신을 이용하여 불특정 다수인을 기망-공갈함으로써 재산상의 이익을 취하거나 제3자에게 재산상의 이익을 취하게 하는 행위로 자금을 송금-이체하도록 하거나, 개인정보를 알아내어 자금을 송금-이체하는 행위"를 말하며, "재화의 공급 또는 용역의 제공 등을 가장한 행위는 제외" 됩니다.

이에 따라, 아래에 해당하는 경우는 피해금 환급대상이 아님을 알려드리니 피해구제 신청 시 참고하시기 바랍니다.

1. 물품대금 사기, 조건만남 등 재화의 공급 또는 용역의 제공 등을 가장한 행위로 발생한 금전적 피해

2. 피해자를 기망-공갈함으로써 자금을 송금-이체하게 하거나 피해자를 기망-공갈함으로써 획득한 정보로 재산상의 이익을 취한 것이 아니라, 개인정보, 금융거래정보 탈취(해킹)로 발생한 금전적 피해

■ 사기범에게 주민등록번호 등 개인정보를 알려주었습니다. 어떻게 해야 하나요?

Q. 사기범에게 주민등록번호 등 개인정보를 알려주었습니다. 어떻게 해야 하나요?

A. 가까운 은행을 방문하여 주민등록번호 등 개인정보가 노출되었으니 '개인정보노출자 사고 예방시스템'에 등록해 달라고 요청하시기 바랍니다. 동 시스템에 등록하면 향후 본인 명의 금융거래시 엄격한 본인확인 절차를 거치게 되므로 개인정보 유출에 따른 피해를 사전에 예방할 수 있습니다.

■ 전화금융사기(메신저피싱)를 당해 사기범 계좌에 자금을 송금하였습니다. 어떻게 해야 하나요?

Q. 전화금융사기(메신저피싱)를 당해 사기범 계좌에 자금을 송금하였습니다. 어떻게 해야 하나요?

A. ① 사기범 계좌에 자금을 송금·이체한 경우에는 즉시 경찰청(112) 또는 해당 금융회사 콜센터에 전화하여 "지급정지"를 신청하고, 가까운 경찰서에 피해를 신고해야 합니다.
② 그리고 3영업일 이내에 지급정지를 신청한 금융회사를 방문하여 정식 서면 접수를 해야 하며,
③ 금융감독원에서 진행하는 피해금 환급절차 신청 등 이후 과정에 대해서는 금융회사 직원이나 금융감독원(1332)으로 문의하셔서 추가 안내를 받으시기 바랍니다.

■ 금융감독원의 피해금 환급제도는 어떻게 진행되나요?

Q. 금융감독원의 피해금 환급제도는 어떻게 진행되나요?

A. 아래와 같은 절차로 피해금을 환급해 드리고 있습니다.

① (지급정지) 금융회사는 전기통신금융사기 피해자의 요청 등이 있는 경우, 입금내역 등을 확인 후 계좌 전체에 대하여 지급정지

- 피해자는 피해금을 송금·이체한 계좌를 관리하는 금융회사 또는 사기이용계좌를 관리하는 금융회사에 지급정지 요청

- 피해구제 신청을 받은 금융회사는 다른 금융회사의 사기이용계좌로 피해금이 송금·이체된 경우 해당 금융회사에 지급정지 요청

- 긴급하거나 부득이한 사유가 있는 경우에는 전화 또는 구술로 피해구제 신청 및 지급정지 요청을 할 수 있으며, 금융회사는 피해자의 인적사항, 피해내역 및 신청사유 등을 확인하여야 한다. 이 경우 피해구제를 신청한 피해자는 그 신청한 날부터 3영업일이내에 피해구제신청서 및 피해자의 신분증 사본 등을 첨부하여 해당 금융회사에 제출하여야 한다.

② (피해구제 신청) 피해자는 피해금을 송금·이체한 계좌를 관리하는 금융회사 또는 사기이용계좌를 관리하는 금융회사에 피해구제 신청

- 피해구제 신청을 받은 금융회사는 다른 금융회사의 사기이용계좌로 피해금이 송금·이체된 경우 해당 금융회사에 지급정지 요청

- 긴급하거나 부득이한 사유가 있는 경우에는 전화 또는 구술로 피해구제 신청 및 지급정지 요청을 할 수 있으며, 금융회사는 피해자의 인적사항, 피해내역 및 신청사유 등을 확인하여야 한다. 이 경우 피해구제를 신청한 피해자는 그 신청한 날부터 3영업일이내에 피해구제신청서 및 피해자의 신분증 사본 등을 첨부하여 해당 금융회사에 제출하여야 한다.

③ (채권소멸절차) 금융회사는 지급정지 후 금감원에 채권소멸절차 개시공고를 요청 → 금감원의 개시공고 후 이의제기 없이 2개월이 경과하면 해당 계좌의 채권 소멸

- 사기이용계좌 명의인은 채권소멸 공고기간 중 사기이용계좌가 아니라는

사실을 소명하여 지급정지에 대해 이의제기 가능

④ (피해환급금 결정·지급) 금감원은 채권소멸일로부터 14일 이내에 환급금액 결정 → 금융회사는 지체 없이 피해자에게 환급

1-11. 이의제기

1-11-1. 명의인의 이의제기 신청

명의인은 다음 각 호의 어느 하나에 해당하는 경우에는 사기이용계좌에 대한 지급정지 또는 전자금융거래 제한이 이루어진 날부터 채권소멸절차 개시 공고일을 기준으로 2개월이 경과하기 전까지 금융회사에 지급정지 및 채권소멸절차에 대하여 이의를 제기할 수 있습니다(전기통신금융사기 피해 방지 및 피해금 환급에 관한 특별법 제7조제1항).

1. 해당 계좌가 사기이용계좌가 아니라는 사실을 소명하는 경우

2. 「전기통신금융사기 피해 방지 및 피해금 환급에 관한 특별법」 제9조에 따라 소멸될 채권의 전부 또는 일부를 명의인이 재화 또는 용역의 공급에 대한 대가로 받았거나 그 밖에 정당한 권원에 의하여 취득한 것임을 객관적인 자료로 소명하는 경우. 다만, 해당 계좌가 전기통신금융사기에 이용된 사실을 사기이용계좌로 이용된 경위, 거래행태, 거래내역 등의 확인을 통하여 명의인이 알았거나 중대한 과실로 알지 못하였다고 인정되는 경우에는 그렇지 않습니다.

1-11-2. 이의제기신청서 등의 제출

사기이용계좌의 명의인이 이의를 제기하는 경우에는 이의제기신청서(전기통신금융사기 피해 방지 및 피해금 환급에 관한 특별법 시행령 별지 제4호서식)에 다음의 서류를 첨부해 사기이용계좌를 관리하는 금융회사에 제출해야 합니다(동법 제7조제3항 및 동법 시행령 제7조).

1. 사기이용계좌가 아니라는 사실을 증명하는 자료

2. 사기이용계좌 명의인의 신분증 사본

[서식 예] 이의제기신청서

이의제기신청서			
※ 색상이 어두운 란은 신청인이 적지 않습니다.			
접수번호		접수일자	

신청인	성 명		생년월일	
	주 소			
	전화번호	휴대전화번호	전자우편주소	

지급정지 계좌	금융회사		개설점포	예금종별
	계좌번호			명의인

이의제기 사유(구체적으로 기재합니다)

「전기통신금융사기 피해 방지 및 피해금 환급에 관한 특별법」 제7조제1항 및 같은 법 시행령 제7조에 따라 본인의 계좌에 대한 지급정지, 전자금융거래 제한 또는 채권소멸절차에 대하여 위와 같이 이의제기를 신청합니다.

년   월   일

신청인   성 명   (서명 또는 인)

○○○ 금융회사   귀하

첨부서류	1. 사기이용계좌가 아니라는 사실을 증명하는 자료 1부 2. 사기이용계좌 명의인의 신분증 사본 1부	수수료 없음

1-11-3. 이의제기 사실의 통지

이의제기를 접수한 금융회사는 이의제기 사실을 즉시 피해구제 신청을 한 피해자 및 금융감독원에 통지해야 합니다(전기통신금융사기 피해 방지 및 피해금 환급에 관한 특별법 제7조제2항).

1-11-4. 위반 시 제재

거짓으로 이의제기를 한 경우는 3년 이하의 징역 또는 3천만원 이하의 벌금에 처해집니다(전기통신금융사기 피해 방지 및 피해금 환급에 관한 특별법 제16조제4호).

■ 계좌의 돈이 저도 모르는 곳으로 이체가 됐었는데, 제 돈을 돌려받을 수 있을까요?

Q. '개인정보가 유출됐으니 보안승급을 해야 한다'는 전화를 받고 사기범이 시키는 대로 사이트에 접속하여 제가 이용하는 인터넷뱅킹의 보안카드 번호를 전부 입력하였는데요. 뭔가 이상한 생각이 들어 예금조회를 했더니 제 계좌의 돈이 저도 모르는 곳으로 이체가 됐더라고요. 제 돈을 돌려받을 수 있을까요?

A. 네. 우선, 경찰서 또는 금융회사 콜센터에 사기 피해를 신고합니다. 그리고 피해금이 이체된 계좌의 지급정지를 신청하고 해당 계좌 명의인의 채권이 소멸되는 절차 등을 거쳐 피해금을 환급받을 수 있는데, 이를 위해서는 금융회사에 피해구제신청을 해야 합니다.

◇ 피해구제 신청의 범위

① 전기통신금융사기의 피해자는 「전기통신금융사기 피해 방지 및 피해금 환급에 관한 특별법」의 피해구제 신청에 따라 피해금을 환급 받을 수 있습니다.

② "전기통신금융사기"란 전기통신을 이용하여 타인을 기망(欺罔)·공갈

(恐喝)함으로써 재산상의 이익을 취하거나 제3자에게 재산상의 이익을 취하게 하는 다음의 행위를 말합니다. 다만, 재화의 공급 또는 용역의 제공 등을 가장한 행위는 제외하되, 대출의 제공·알선·중개를 가장한 행위는 포함합니다.

- 자금을 송금·이체하도록 하는 행위
- 개인정보를 알아내어 자금을 송금·이체하는 행위

◇ 피해구제 신청 절차

① 피해자는 피해금을 송금·이체한 계좌를 관리하는 금융회사 또는 사기이용계좌를 관리하는 금융회사에 대하여 사기이용계좌의 지급정지 등 전기통신금융사기의 피해구제를 신청할 수 있습니다.

② 피해구제를 신청하려는 피해자는 피해구제신청서에 피해자의 신분증 사본을 첨부하여 해당 금융회사에 제출하여야 합니다. 다만, 긴급하거나 부득이한 사유가 있는 경우에는 전화 또는 구술로 신청할 수 있습니다.

③ 거짓으로 피해구제를 신청하거나 지급정지를 요청한 경우는 3년 이하의 징역 또는 3천만원 이하의 벌금에 처해집니다

■ 보이스피싱 피해자로 인정 못 받을 경우, 피해금을 환급받지 못하는 건 가요?

Q. 저는 보이스피싱 사기를 당한 피해자인데요. 피해구제 신청을 하려고 보니까 이미 해당 계좌의 채권소멸절차개시가 공고 중이더라고요. 이런 경우 저는 피해자로 인정도 못 받고 피해금을 환급받지 못하는 건가요?

A. 아니요. 채권소멸절차 개시 공고 이후라도 피해구제 신청을 할 수 있습니다.

◇ 채권소멸절차 개시 이후의 피해구제 신청
① 채권소멸절차 개시의 공고가 이루어진 사기이용계좌의 피해자로서 채권소멸절차 개시의 공고 전에 피해구제를 신청하지 않은 경우에도 해당 금융회사에 피해구제 신청을 할 수 있습니다.
② 이때, 피해구제신청은 이미 진행 중인 채권소멸절차 개시의 공고일부터 2개월 이내에 하면 됩니다.
③ 위와 같이 피해구제 신청을 받은 금융회사는 해당 거래내역 등을 확인하여 피해자로 인정된다고 판단하는 경우 금융감독원에 해당 피해금에 대한 채권소멸절차의 개시 공고를 요청해야 하고 금융감독원은 지체 없이 해당 사항을 공고해야 합니다.
④ 만약, 거짓으로 피해구제를 신청하면 3년 이하의 징역 또는 3천만원 이하의 벌금에 처해질 수 있습니다.

2. 채권소멸 및 피해환급금 결정

2-1. 지급정지 및 채권소멸절차의 종료 등

2-1-1. 지급정지 및 채권소멸절차의 종료

① 금융회사 및 금융감독원은 다음 중 어느 하나에 해당하는 경우 사기
이용계좌의 전부 또는 일부에 대하여 지급정지·채권소멸절차 및 명의
인에 대한 전자금융거래 제한을 종료하여야 합니다. 다만, 1.에 해당
하는 경우에는 전자금융거래 제한을 종료하지 않습니다(전기통신금융
사기 피해 방지 및 피해금 환급에 관한 특별법 제8조제1항 및 동법
시행령 제8조제1항).

1. 「전기통신금융사기 피해 방지 및 피해금 환급에 관한 특별법」 제5조
   제1항제1호부터 제4호까지의 어느 하나에 해당하는 사유가 발생한
   경우

2. 「전기통신금융사기 피해 방지 및 피해금 환급에 관한 특별법」 제5조
   제1항제5호에 해당하는 사유가 발생한 경우

3. 「전기통신금융사기 피해 방지 및 피해금 환급에 관한 특별법」 제7조
   제1항에 따른 이의제기가 있는 경우

4. 금융감독원 또는 수사기관이 해당 계좌가 사기이용계좌가 아니라고
   인정하는 경우

5. 피해환급금 지급이 종료된 경우

6. 피해구제를 신청한 모든 피해자가 그 신청을 취소하는 경우

7. 사기이용계좌의 명의인이 해당 사기이용계좌와 관련해 다음에 해당
   하는 사실이 없음을 수사기관이 확인하는 경우(다만, 해당 사기이

용계좌에 예치된 금액 중 전기통신금융사기 피해금액으로 추정되는 금액은 지급정지 등의 종료대상에서 제외)[전기통신금융사기 피해 방지 및 피해금 환급에 관한 특별법 제15조의2제1항 및 전자금융 거래법 제6조제3항]

　　가. 타인으로 하여금 컴퓨터 등 정보처리장치에 정보 또는 명령을 입력하게 하는 행위

　　나. 취득한 타인의 정보를 이용하여 컴퓨터 등 정보처리장치에 정보 또는 명령을 입력하는 행위

　　다. 접근매체를 양도하거나 양수하는 행위

　　라. 대가를 수수(授受)·요구 또는 약속하면서 접근매체를 대여받거나 대여하는 행위 또는 보관·전달·유통하는 행위

　　마. 범죄에 이용할 목적으로 또는 범죄에 이용될 것을 알면서 접근매체를 대여받거나 대여하는 행위 또는 보관·전달·유통하는 행위

　　바. 접근매체를 질권의 목적으로 하는 행위

　　사. 다부터 바까지의 행위를 알선하거나 광고하는 행위

② "금융회사"란 다음의 어느 하나에 해당하는 기관을 말합니다(동법 제2조제1호 및 동법 시행령 제2조).

1. 「은행법」에 따른 은행

2. 한국산업은행

3. 중소기업은행

4. 한국수출입은행

5. 「자본시장과 금융투자업에 관한 법률」에 따른 투자매매업자·투자중개업자·집합투자업자·신탁업자·증권금융회사·종합금융회사 및 명의개서대행회사

6. 상호저축은행과 그 중앙회

7. 농업협동조합과 그 중앙회 및 농협은행

8. 수산업협동조합과 그 중앙회 및 수협은행

9. 신용협동조합과 그 중앙회

10. 새마을금고와 그 중앙회

11. 보험회사

12. 체신관서

13. 축산업협동조합

14. 산림조합과 그 중앙회

③ "전기통신금융사기"란 전기통신을 이용하여 타인을 기망(欺罔)·공갈 (恐喝)함으로써 재산상의 이익을 취하거나 제3자에게 재산상의 이익을 취하게 하는 다음의 행위를 말합니다(동법 제2조제2호 본문).

1. 자금을 송금·이체하도록 하는 행위

2. 개인정보를 알아내어 자금을 송금·이체하는 행위

④ 다만, 재화의 공급 또는 용역의 제공 등을 가장한 행위는 제외하되, 대출의 제공·알선·중개를 가장한 행위는 포함합니다(동법 제2조제2호 단서).

⑤ "전자금융거래"란 금융회사가 전자적 장치를 통하여 금융상품 및 서비스를 제공하고, 이용자가 금융회사의 종사자와 직접 대면하거나 의사소통을 하지 않고 자동화된 방식으로 이를 이용하는 거래를 말합니다(동법 제2조제2의2호).

⑥ "피해자"란 전기통신금융사기로 인하여 재산상의 피해를 입은 자를 말합니다(동법 제2조제3호).

⑦ "사기이용계좌"란 피해자의 자금이 송금·이체된 계좌 및 해당 계좌로부터 자금의 이전에 이용된 계좌를 말합니다(동법 제2조제4호).

⑧ "피해금"이란 전기통신금융사기로 인하여 피해자의 계좌에서 사기이용계좌로 송금·이체된 금전을 말합니다(동법 제2조5호).

⑨ "피해환급금"이란 피해금을 환급하기 위하여 소멸된 채권을 기초로 산정하여 금융회사가 피해자에게 지급하는 금전을 말합니다(동법 제2 조제6호).

⑩ "이용자"란 금융회사와 체결한 계약에 따라 전자금융거래를 이용하는 자를 말합니다(동법 제2조제7호).

2-1-2. 지급정지 해제 제외

위의 규정에도 불구하고 금융회사는 다음 중 어느 하나에 해당하는 경우에는 지급정지를 해제하지 않습니다(전기통신금융사기 피해 방지 및 피해금 환급에 관한 특별법 제8조제2항).

1. 손해배상·부당이득반환 등의 청구소송이 제기되어 법원에 계속(係屬) 중인 경우
2. 지급정지된 후에 「전기통신금융사기 피해 방지 및 피해금 환급에 관한 특별법」 제4조의2제2항에 따라 명의인과 피해자 간 채무부존재 확인·부당이득반환청구 소송 등이 제기되어 법원에 계속 중인 경우(해당 사기이용계좌에 예치된 금액 중 전기통신금융사기 피해금에 한정)
3. 지급정지된 사기이용계좌의 명의인(이하 "명의인"이라 함)의 이의제기 사실을 피해자가 통보받은 날부터 2개월이 경과하기 전(다만, 명의인이 전기통신금융사기 피해 방지 및 피해금 환급에 관한 특별법 제7조제1항제1호 또는 제2호에 해당함을 객관적인 자료로 충분히 소명하고 이에 상당한 이유가 있다고 인정되는 경우에는 지급정지를 해제할 수 있음)

2-1-3. 지급정지 및 채권소멸절차 종료의 통지

금융회사 또는 금융감독원은 지급정지 및 채권소멸절차를 종료한 경우 지체 없이 해당 명의인과 피해구제 신청을 한 피해자 및 관련 금융회사에 통지하여야 합니다(전기통신금융사기 피해 방지 및 피해금 환급에 관한 특별법 제8조제3항).

2-2. 채권의 소멸

2-2-1. 채권소멸의 효력

명의인의 채권(채권소멸절차 개시 공고가 이루어진 금액에 한함)은 최초의 채권소멸절차 개시의 공고일부터 2개월이 경과하면 소멸합니다(전기통신금융사기 피해 방지 및 피해금 환급에 관한 특별법 제9조제1항).

2-2-2. 채권소멸의 통지

① 금융감독원은 명의인의 채권이 소멸된 경우 다음의 사항을 해당 명의인, 피해구제를 신청한 피해자(전기통신금융사기 피해 방지 및 피해금 환급에 관한 특별법 제3조 및 제6조) 및 관련 금융회사에게 통지해야 합니다(동법 제9조제2항 본문).

1. 해당 명의인의 채권이 소멸되었다는 사실
2. 소멸되는 채권의 금액
3. 그 밖에 「전기통신금융사기 피해 방지 및 피해금 환급에 관한 특별법 시행령」으로 정하는 사항

② 다만, 명의인의 소재를 알 수 없는 경우에는 금융감독원 및 해당 금융회사의 인터넷 홈페이지 등에 해당 사실을 공시해야 합니다(동법 제9조제2항 단서).

2-3. 피해환급금 결정·지급

2-3-1. 피해환급금 지급

① 금융감독원은 채권이 소멸된 날부터 14일 이내에 피해환급금을 지급받을 자 및 그 금액을 결정하여 그 내역을 피해구제를 신청한 피해자 및 금융회사에 통지하여야 하고, 통지를 받은 금융회사는 지체 없이 피해환급금을 피해자에게 지급하여야 합니다(전기통신금융사기 피해 방지 및 피해금 환급에 관한 특별법 제10조제1항).

② 금융회사가 피해환급금을 지급하는 경우에는 피해자가 지정하는 금

융회사의 계좌로 입금하여야 합니다(동법 제10조제1항 및 동법 시행령 제9조제1항).

③ 피해환급금을 지급한 금융회사는 그 지급한 날부터 3일 이내에 해당 지급 사실을 금융감독원에 알려야 합니다(동법 시행령 제9조제2항).

2-3-2. 피해환급금 결정

① 피해환급금은 총 피해금액이 소멸채권 금액을 초과하는 경우 소멸채권 금액에 각 피해자의 피해금액의 총 피해금액에 대한 비율을 곱한 금액으로 하며, 그 외의 경우에는 해당 피해금액으로 합니다(전기통신금융사기 피해 방지 및 피해금 환급에 관한 특별법 제10조제2항).

② 금융감독원은 피해환급금의 결정을 위하여 금융회사에 필요한 자료의 제출을 요구할 수 있습니다(동법 제10조제3항).

2-3-3. 피해환급금을 지급받을 수 없는 자

다음 중 어느 하나에 해당하는 자는 피해환급금을 지급받을 수 없습니다(전기통신금융사기 피해 방지 및 피해금 환급에 관한 특별법 제11조).

1. 해당 전기통신금융사기로 인한 피해금의 전액 배상이 이루어진 경우의 피해자 및 그 승계인
2. 해당 전기통신금융사기 등과 관련하여 부당이득을 취한 자
3. 해당 전기통신금융사기 등에 공범으로 가담하였거나 자신에게 불법 원인이 있는 자
4. 그 밖에 「전기통신금융사기 피해 방지 및 피해금 환급에 관한 특별법 시행령」으로 정하는 자

2-3-4. 손해배상청구권과의 관계

■ 피해금을 환급받고도 사기이용계좌의 명의인을 상대로 손해배상을 청구할 수 있나요?

Q. 저는 파밍 사기를 당한 후, 피해구제를 신청하여 금융회사로부터 피해금을 환급받았습니다. 그런데 이번 사기 범행에 사기이용계좌 즉, 대포통장이 이용된 것으로 밝혀졌는데요. 다른 사람에게 통장 및 현금카드 등을 양도하는 것은 「전자금융거래법」을 위반한 행위로써 이에 따라 사기이용계좌의 주인에게도 불법행위에 따른 책임이 있다고 생각합니다. 이처럼 피해금을 환급받는 것과는 별도로 사기이용계좌 명의인에게 손해배상을 청구할 수 있을까요?

A. 우선, 「전자금융거래법」 제6조에 따라 통장, 현금카드 등과 같은 접근매체의 양도·양수하는 행위는 금지하고 있으며 이를 위반한 경우에는 3년 이하의 징역 또는 2천만원 이하의 벌금에 처해집니다(전자금융거래법 제49조제4항).

다만, 피해자가 금융회사로부터 피해환급금을 지급받은 경우 해당 전기통신금융사기로 발생한 손해배상청구권 및 그 밖의 청구권은 환급을 받은 한도에서 소멸됩니다(전기통신금융사기 피해 방지 및 피해금 환급에 관한 특별법 제12조).

따라서 전자금융범죄로 인해 피해를 입은 피해금액에서 금융회사로부터 지급받은 환급금을 제외하고 난 나머지 금액에 대해서만 손해배상청구가 가능할 것입니다.

2-4. 소멸채권의 환급 청구

채권이 소멸된 명의인이 다음의 요건을 모두 갖춘 경우에는 금융감독원에 소멸된 채권의 환급을 청구할 수 있습니다(전기통신금융사기 피해 방지 및 피해금 환급에 관한 특별법 제13조제1항).

1. 「전기통신금융사기 피해 방지 및 피해금 환급에 관한 특별법」 제7조 제1항제1호 또는 제2호에 해당하는 경우
2. 지급정지 및 채권소멸절차에 대해 이의제기(동법 제6조제1항)를 하지 못한 정당한 사유가 있는 경우

2-5. 수수료 징수

① 금융감독원장은 피해환급금을 지급받은 피해자에 대해 수수료를 받을 수 있습니다(전기통신금융사기 피해 방지 및 피해금 환급에 관한 특별법 제14조).

② 수수료는 다음과 같은 사항에 사용된 실비의 범위에서 부과됩니다(동법 제14조 및 동법 시행령 제11조제1항 본문).

 1. 채권소멸절차 개시의 통지

 2. 채권소멸의 통지

 3. 피해환급금의 결정·지급의 통지

 4. 사기이용계좌의 명의인에 대한 전자금융거래 제한

③ 다만, 피해환급금의 규모 및 피해자의 부담능력 등을 고려하여 필요하다고 인정하는 경우에는 부과하지 않을 수 있습니다(동법 제14조 및 동법 시행령 제11조제1항 단서).

④ 수수료는 현금, 전자화폐 및 전자결제 등의 방법으로 납부할 수 있습니다(동법 시행령 제11조제2항).

3. 전자금융범죄에 대한 피해배상

3-1. 민·형사상 손해배상

3-1-1. 금융회사 등의 손해배상 책임

① 금융회사 또는 전자금융업자는 다음의 사고로 이용자에게 손해가 발생한 경우에는 그 손해를 배상할 책임을 집니다(전자금융거래법 제9조제1항).

1. 접근매체의 위조나 변조로 발생한 사고

2. 계약체결 또는 거래지시의 전자적 전송이나 처리 과정에서 발생한 사고

3. 전자금융거래를 위한 전자적 장치 또는 정보통신망(정보통신망 이용촉진 및 정보보호 등에 관한 법률 제2조제1항제1호)에 침입하여 거짓이나 그 밖의 부정한 방법으로 획득한 접근매체의 이용으로 발생한 사고

② "금융회사"란 다음에 해당하는 기관이나 단체 또는 사업자를 말합니다(전자금융거래법 제2조제3호 및 동법 시행령 제2조).

1. 「은행법」에 따른 인가를 받아 설립된 은행

2. 금융투자업자, 증권금융회사, 종합금융회사 및 명의개서대행회사(名義改書代行會社)

3. 보험회사

4. 상호저축은행과 그 중앙회

5. 신용협동조합 및 그 중앙회

6. 농협은행

7. 수협은행

8. 여신전문금융회사

9. 체신관서

10. 새마을금고 및 새마을금고중앙회

11. 그 밖에 법률의 규정에 따라 금융업 및 금융 관련 업무를 행하는 기관이나 단체 또는 사업자로서 다음에 해당하는 자

- 한국산업은행
- 중소기업은행
- 한국수출입은행
- 산림조합과 산림조합중앙회의 신용사업부문
- 농업협동조합
- 수산업협동조합
- 「자본시장과 금융투자업에 관한 법률」에 따른 거래소
- 한국예탁결제원
- 금융지주회사와 금융기관에 전산·정보처리 등의 용역을 제공하는 회사
- 보험협회와 보험요율산출기관
- 한국화재보험협회
- 한국금융투자협회
- 신용정보회사와 종합신용정보집중기관
- 한국자산관리공사
- 한국주택금융공사
- 신용보증기금
- 기술보증기금

③ "전자금융업자"라 함은 전자화폐의 발행 및 관리업무를 하기 위하여 금융위원회의 허가의 허가를 받거나 등록을 한 자(금융회사는 제외함)를 말합니다(전자금융거래법 제2조제4호).

④ "이용자"란 전자금융거래를 위하여 금융회사 또는 전자금융업자와 체결한 계약에 따라 전자금융거래를 이용하는 자를 말합니다(동법 제2조제7호).

(관련판례)
구 전자금융거래법(2013. 5. 22. 법률 제11814호로 개정되기 전의 것) 제9조제1항에 따라 금융기관 또는 전자금융업자가 손해배상책임을 부담하는 '사고'는 권한 없는 제3자에 의해 전자금융거래가 이행되거나 이용자의 거래지시가 없었음에도 전자금융거래가 이행되거나 이용자의

거래지시가 있었으나 그에 따라 전자금융거래가 이행되지 않은 경우 등을 의미하며, 이용자가 거래지시를 하여 그 거래지시에 따라 이용자가 본래 의도한 대로 전자금융거래가 이행된 경우에는 특별한 사정이 없는 한 구 전자금융거래법 제9조 제1항에 따라 금융기관 또는 전자금융업자가 손해배상책임을 부담하는 '사고'에 해당하지 않는다고 해석하고 있습니다(대법원 2015. 5. 14. 선고 2013다69989 판결 참조).

3-1-2. 손해배상책임의 면책

① 위의 규정에 불구하고 금융회사 또는 전자금융업자는 다음 중 어느 하나에 해당하는 경우에는 그 책임의 전부 또는 일부를 이용자가 부담하게 할 수 있습니다(전자금융거래법 제9조제2항).

 1. 사고 발생에 있어서 이용자의 고의나 중대한 과실이 있는 경우로서 그 책임의 전부 또는 일부를 이용자의 부담으로 할 수 있다는 취지의 약정을 미리 이용자와 체결한 경우

 2. 법인(중소기업기본법 제2조제2항에 의한 소기업을 제외함)인 이용자에게 손해가 발생한 경우로 금융회사 또는 전자금융업자가 사고를 방지하기 위하여 보안절차를 수립하고 이를 철저히 준수하는 등 합리적으로 요구되는 충분한 주의의무를 다한 경우

② 이용자의 고의나 중대한 과실은 다음의 범위 안에서 전자금융거래에 관한 약관에 기재된 것에 한합니다(동법 제9조제3항 및 동법 시행령 제8조).

 1. 이용자가 접근매체를 제3자에게 대여하거나 그 사용을 위임한 경우 또는 양도나 담보의 목적으로 제공한 경우(선불전자지급수단이나 전자화폐를 양도하거나 담보로 제공한 경우는 제외함)

 2. 제3자가 권한 없이 이용자의 접근매체를 이용하여 전자금융거래를 할 수 있음을 알았거나 쉽게 알 수 있었음에도 불구하고 접근매체를 누설하거나 노출 또는 방치한 경우

 3. 금융회사 또는 전자금융업자가 이용자의 신원, 권한 및 거래지시 내

용에 대한 확인 외에 보안강화를 위해 전자금융거래 시 요구하는 추가적인 보안조치를 이용자가 정당한 사유없이 거부하여 전자금융거래를 위한 전자적 장치 또는 정보통신망에 누군가 침입하여 거짓이나 그 밖의 부정한 방법으로 획득한 접근매체를 이용해 사고가 발생한 경우

4. 이용자가 추가적인 보안조치에 사용되는 매체·수단 또는 정보에 대하여 다음 중 어느 하나에 해당하는 행위를 하여 위 3.과 같은 사고가 발생한 경우

- 누설·노출 또는 방치한 행위
- 제3자에게 대여하거나 그 사용을 위임한 행위 또는 양도나 담보의 목적으로 제공한 행위

■ 고객의 실수로 '파밍'사기를 당했을 경우, 은행이 손해배상책임을 어디까지 져야 하나요?

Q. '인터넷 개인정보 유출 관련 보안을 위한 보안승급 요청. www.oooooo.com'이라는 문자메시지를 받고, 위 사이트에 접속해서 공인인증서 비밀번호, 보안카드 입력번호, 보안카드 번호 등 총 35개를 입력하였습니다. 이상한 점을 느끼고 바로 은행 고객센터로 사고신고를 하였지만, 사이트에 입력된 개인정보를 이용하여 공인인증서를 재발급받아 이미 통장에 있던 돈을 인출해 갔더군요. 이런 경우처럼 고객이 실수로 개인정보를 유출하고 공인인증서가 부당하게 재발급 되어 피해를 입은 경우에는 은행으로부터 어떠한 손해배상도 받을 수 없는 건가요?

A. 「전자금융거래법」 제9조제1항 및 제2항에 따르면 '접근매체의 위조나 변조'로 발생한 사고로 인하여 손해가 발생한 경우에 금융회사 등은 그 손해를 배상할 책임이 있고, 다만, 이용자의 고의나 중대한 과실이 있는 경우에는 그 책임의 전부 또는 일부를 이용자의 부담으로 할 수 있습니다.

특히, 「전자금융거래법」 제9조제2항에 따르면 사고 발생에 있어서 '이용자의 고의나 중대한 과실이 있는 경우로서 그 책임의 전부 또는 일부를 이용자의 부담으로 할 수 있다는 취지의 약정을 미리 이용자와 체결한 경우'에는 그 책임의 전부 또는 일부를 이용자가 부담할 수 있다고 규정하고 있는데, 문언의 취지상 이용자의 고의로 인한 것이라면 금융기관의 손해배상책임이 면책되지만 이용자의 중과실로 인한 경우에는 금융기관이 책임의 일부를 부담하지 않는 것으로 해석됩니다.

따라서 위 사례처럼 고객의 중대한 과실이 있더라도, 부정한 방법으로 획득한 공인인증서 등 접근매체을 재발급받는 것은 접근매체의 위조에 해당하며, 이를 이용하여 발생한 사고에 대해 금융기관으로부터 손해배상을 받을 수 있습니다. 다만, 고객의 중과실로 인해 발생한 피해라면 피해의 일부만 배상받을 수 있습니다(의정부지방법원 2013. 7. 12. 선고 2012가단50032 판결 참조)

■ 스미싱 소액결제 사기 피해를 당한 경우에는 누구에게 손해배상을 청구
해야 하나요?

Q. A씨는 성명불상자로부터 '결제 인증번호와 청구금액'이 기재된 휴대
폰 문자를 받고, 문자를 발신한 번호로 전화하였더니 성명불상자가
인증번호를 알려주면 결제취소 해주겠다고 하여 인증번호를 알려주
었어요. 이후 게임회사에서 30만원 상당의 게임 아이템을 구입하였
다며 이동통신사가 요금을 청구하여 납부하게 되면서 스미싱 사기
피해를 당했는데요. A씨는 콘텐츠 제공업자, 이동통신사와 결제대
행업자에게 손해배상 청구를 하려고 하는데, 가능할까요?

A. 스미싱 사기로 모바일 결제 대금을 낸 A씨에 대해 콘텐츠 제공업자, 이
동통신사와 결제대행업자 모두 손해배상을 해야 합니다.

우선, 콘텐츠 제공업자는 게임 아이템 거래 시 본인확인의무를 가지고
건전한 게임서비스 문화를 조성할 책임이 있는데, 게임 아이템을 무작
위로 구매하는 불법행위를 방지할 제반 조치를 취하지 않은 데에 책임
이 있으므로 공동불법행위자로서 손해배상책임이 있습니다.

또한, 이동통신사와 결제대행업자는 소비자에게 통신과금서비스를 제공
하고 그에 따른 수익을 얻고 있으므로 모바일 결제에서 일어날 수 있는
사고 예방 및 차단을 위한 제반 조치를 할 책임 있으며, 「정보통신망
이용촉진 및 정보보호 등에 관한 법률」 제60조제1항 "통신과금서비스
제공자는 통신과금서비스를 제공함에 있어서 통신과금서비스이용자에게
손해가 발생한 경우에 그 손해를 배상해야 한다"는 규정에 따라 이동통
신사와 결제대행업자는 A씨에게 손해배상책임을 부담합니다.

3-2. 사기이용계좌 명의인에 대한 피해구제 신청

3-2-1. 부당이득반환 청구

① 전자금융범죄의 피해자는 범행에 이용된 계좌의 명의인에게 「민법」 제741조를 근거로 법률상 원인없이 타인의 재화나 노무로부터 얻은 이익, 즉 부당이득의 반환을 청구할 수 있습니다.

② 명의인의 예금채권 부당이득에 대한 판단

통상의 자금이체에서 송금의뢰인과 수취인 사이에 계좌이체의 원인인 법률관계가 존재하는지 여부에 관계없이 수취인과 수취은행 사이에는 계좌이체금액 상당의 예금계약이 성립하고, 수취인이 수취은행에 대하여 계좌이체에 따른 금액 상당의 예금채권을 취득하므로, 지급인과 수취인 사이에 원인이 되는 법률관계가 존재하지 않음에도 불구하고 계좌이체에 의하여 수취인이 계좌이체금액 상당의 예금채권을 취득한 경우에는 송금의뢰인은 수취인에 대하여 위 금액 상당의 부당이득반환청구권을 가지게 되지만, 수취은행은 이익을 얻은 것이 없으므로 수취은행에 대하여는 부당이득반환청구권을 취득하지 않는다고 한 사례(대법원 2007. 11. 29. 선고 2007다51239 판결 참조).

③ 부당이득의 범위

부당이득반환청구에서 이득이란 실질적인 이익을 가리키는 것인데(대법원 1992. 11. 24. 선고 92다25830 판결 참조), 전자금융범죄에서는 명의제공자가 이체금액을 인출하여 본인이 직접 사용·수익한 것이 아니라 사기행위자에게 실질적으로 이득이 귀속된 것이므로 명의제공자는 이체된 돈의 반환의무를 부당하지 않고 명의제공자 계좌에 남아 있는 잔존 금액의 범위 내에서만 반환할 책임이 있다고 본 사례(부산지방법원 동부지원 2012. 6. 5. 선고 2011가단30538 판결·서울동부지법 2011. 3. 28. 선고 2010가단50237 판결 참조).

④ 따라서 전자금융범죄 피해자가 이체한 금액이 사기이용계좌에 남아있을 때에는 명의제공자에 대해 부당이득반환청구소송을 통해 피해금을

반환받을 수 있습니다.

⑤ 그러나 계좌에 피해금액이 남아있다고 하더라도 법원을 통한 부당이득반환청구소송으로 반환받는 것보다 「전기통신금융사기 피해 방지 및 피해금 환급에 관한 특별법」에 따른 피해구제절차를 통하는 것이 신속한 구제를 받을 수 있는 방법입니다.

3-2-2. 공동불법행위에 따른 손해배상 청구

① 전자금융범죄에는 소위 말하는 '대포통장'을 통해 피해자의 예금을 이체받는 등의 방식으로 범행이 이루어지고 있습니다.

② 이와 같이 통장, 현금카드 등의 전자매체를 양도·대여하는 행위는 「전자금융거래법」에서 금지하고 있는 행위로서 전자금융범죄의 피해자는 사기이용계좌 명의인에게 전자금융범죄를 용이하게 한 점을 근거로 하여 「민법」 제760조에 따른 공동불법행위책임을 청구할 수 있습니다.

■ 통장이 보이스피싱으로 사용되는 줄 몰랐던 통장 주인도 보이스피싱 피해자가 입은 피해에 대해 책임을 져야할까요?

Q. 급하게 돈이 필요했던 A씨는 대출을 받게 해주겠다는 대부업체 직원의 전화를 받고 통장을 만들어 현금카드와 함께 퀵서비스를 통해 대부업체 직원에게 전달했습니다. 그런데 그 대부업체 직원은 통장 사본을 건네받은 당일 대검찰청 직원을 사칭하여 B씨에게 전화해 "개인정보가 유출됐다"고 속이고 A씨의 통장으로 500만원을 이체하도록 하여 돈을 가로챘습니다. B씨는 이와 같은 범행에 사용된 통장의 주인 A씨에게 피해를 보상하라고 소송을 제기했습니다. 과연 통장 주인 A씨는 B씨의 피해에 대해 책임이 있을까요?

A. 통장 주인 A씨는 「민법」 제760조에 따른 공동불법행위자로서 B씨에게 위 사건의 전자금융범죄에 따른 손해를 배상할 책임이 있습니다.

① 공동불법행위의 성립

수인이 공동하여 타인에게 손해를 가하는 「민법」 제760조의 공동불법행위에 있어서 행위자 상호간의 공모는 물론 공동의 인식을 필요로 하지 아니하고, 다만 객관적으로 그 공동행위가 관련 공동되어 있으면 족하고 그 관련 공동성 있는 행위에 의하여 손해가 발생함으로써 그에 대한 배상책임을 지는 공동불법행위가 성립한다. 공동불법행위에 있어 방조라 함은 불법행위를 용이하게 하는 직접·간접의 모든 행위를 가리키는 것으로서 형법과 달리 손해의 전보를 목적으로 하여 과실을 원칙적으로 고의와 동일시하는 민법의 해석으로서는 과실에 의한 방조도 가능하다고 할 것이며, 이 경우의 과실의 내용은 불법행위에 도움을 주지 않아야 할 주의의무가 있음을 전제로 하여 이 의무에 위반하는 것을 말합니다(대법원 2009. 4. 23. 선고 2009다1313 판결 참조).

② 공동불법행위에 따른 손해배상책임

A씨는 성명불상자에게 A씨의 명의로 개설된 통장을 양도할 당시 그 통장이 B씨와 같은 불특정 다수인들을 기망한 다음 그들로부터 입금을

하게 하여 그 돈을 편취하는 이른바 '보이스피싱'에 사용될 수 있음을 충분히 예견할 수 있었다고 보이고, 비록 A씨가 '보이스피싱'의 범죄행위에 적극적으로 가담하지 않았다고 하더라도 적어도 A씨는 통장을 양도함으로써 위와 같은 범죄행위를 용이하게 하여 이를 도운 것이므로, A씨는 「민법」 제760조에 따라 공동불법행위자로서 그 손해를 배상할 책임이 있습니다(서울동부지법 2011. 3. 28. 선고 2010가단50237 판결 참조).

3-3. 전자금융범죄 가해자 등에 대한 손해배상 청구
3-3-1. 민사절차상 손해배상 청구

① 전자금융범죄로 인해 피해를 입은 피해자는 가해자의 고의 또는 과실로 인한 위법행위로 손해를 입은 경우 그 불법행위를 원인으로 민사상 손해배상을 청구할 수 있습니다(민법 제750조).

② 민사소송은 일반적으로 '소장의 제출 → 소장부본의 송달과 답변서의 제출 → 변론준비절차 → 변론준비기일 → 변론기일 → 판결'의 순서로 진행됩니다(민사소송법 제248조, 제255조, 제256조, 제280조부터 제284조까지 및 제287조).

소 장

원 고 ○○○ (주민등록번호)
　　　　○○시 ○○구 ○○길 ○○(우편번호)
　　　　전화·휴대폰번호:
　　　　팩스번호, 전자우편(e-mail)주소:
피 고 ◇◇◇ (주민등록번호)
　　　　○○시 ○○구 ○○길 ○○ (우편번호)
　　　　전화·휴대폰번호:
　　　　팩스번호, 전자우편(e-mail)주소:

손해배상(기) 청구

청 구 취 지

1. 피고는 원고에게 ○○○원 및 이에 대하여 ○○○○년 ○○월 ○○일부터 이 사건 1심판결 선고 일까지는 연 5%, 그 다음날부터 다 갚는 날까지는 연 15%의 각 비율에 의한 돈을 지급하라.
2. 소송비용은 피고가 부담한다.
라는 판결을 구합니다.

청 구 원 인

1. 속칭 보이스피싱의 발생
가. 기초사실
　○○○○년 ○○월 ○○일 금융기관을 사칭하는 성명불상자가 대출에 필요한 보증금이라고 원고를 기망하여, 이에 속은 원고는 피고 명의 ○○새마을금고 계좌(○○- ○○-○○)로 ○○○원을 이체하

였습니다.

【갑 제1호증 사건사고사실확인원, 제3호증 거래내역확인증】

나. 부당이득반환청구

위 금원에 대해 사건직후 계좌는 지급정지 되었습니다. 그러므로 피고는 민법 제740조에 의하여 현재 통장에 잔존하는 금액에 대하여 원인 없이 재산상 이득을 취득한 것인바, 위 금원을 원고에게 부당이득으로 반환해야 할 의무가 있습니다.

다. 불법행위태양

만약 피고가, 성명불상자에게서 금전적 대가를 받고 통장을 양도한 경우, 통장양도방법이 특이한 경우, 전자금융거래법위반 혐의로 벌금형이 처해진 경우 등 성명불상자의 범행에 적극 가담하였다고 평가할 정도라면, 고의범 또는 과실상계비율이 적게 인정되는 무거운 책임을 부담해야 할 것입니다.(특히 계좌가 양도 무렵에 개설된 경우에는 의심이 추정됩니다.)

라. 과실 공동불법행위

피고가 접근매체인 자신의 통장 등을 타인에게 양도한 행위는 민법의 과실에 의한 방조행위에 해당합니다. 민법 제760조 제3항 공동불법행위에는 피고의 과실에 의한 방조행위가 문제되는데, 대법원 판례는 "형법과 달리 손해의 전보를 목적으로 하여 과실을 원칙적으로 고의와 동일시하는 민법의 해석으로서는 과실에 의한 방조도 가능하다.(2009다1313판결 등)"라고 일관되게 판시하고 있다는 점에서 그 인정여부는 크게 문제되지 않을 것입니다.

설령 피고가 전자금융거래법위반 혐의가 "양도의 종국성"이 인정되지 않는 점을 이유로 불기소 처분되더라도, 전자금융거래법 제49조 제4항 제1호는 「같은 법 제6조 제3항 제1호를 위반하여 접근매체를 양도하거나 양수한 자는 3년 이하의 징역 또는 2,000만원 이하의 벌금에 처한다」라고 규정함으로써 그 행위를 엄격하게 규제하고 있고, 접근매체의 양도 행위 등을 금지한 것은 「타인 명의의 통장을 양도·양수하여 사용하는 "대포통장"을 활용한 범죄에 적극 대처하기 위하여, 이를 위반한 자에 대한 처벌을 강화하고자 하는 취지 」에서였다는 점을 알 수 있는바, 전자금융거래법상의 금지규정 및 처벌규정의 입법 자체가 이미 보이스피싱 사건을 염두에 둔 것이 었고, 따라서 위 규정들은 수범자로 하여금 접근매체의 양도 등을 통해 보이스피싱 사건에 도움을 주지 말아야 하는 주의의무를 부과하고 있는 것이라고 하겠습니다. 전자금융거래법의 입법 취지에 비추어 볼 때, 피고의 전자금융거래법위반행위는 명백한 불법행위로서 보이스피싱 사건에 도움을 주지 말아야 할 주의의무를 위반한 행위라고 할 것이므로, 피고에게는 과실이 인정된다고 하겠습니다.

또한 피고의 통장 등 양도행위는 성명불상자의 보이스피싱 범죄행위에 대하여 비유형적인 조건이라기보다는 경험칙상 충분히 예견 가능했고 결과를 발생시킬 수 있었던 상당한 조건이라고 하겠습니다. 따라서 이 사건에서 피고의 접근매체 양도행위와 성명불상자의 보이스 피싱 범죄 행위 사이에는 상당인과관계가 있다고 할 것입니다.

마. 소 결어

따라서 채무자는 채권자에게 이득금액을 부당이득으로 반환하거나 상당인과관계에 있는 손해액을 배상해야 할 것입니다. 즉 피고는 원고에게 위 피해금액 및 이에 대하여 ○○○○년 ○○월 ○○일부터 이 사건 1심판결 선고 일까지는 연 5%, 그 다음날부터 다 갚는 날까지는 연 15%의 각 비율에 의한 돈을 지급해야 할 것입니다.

2. 송달과 관련하여 : 피고 주소보정 문제

원고는 ○○○○년 ○○월 ○○일 성명불상의 범죄자 및 피고를 ○○경찰서에 신고하였습니다. 피고의 주소를 보정하지 못한 채 본건 소를 제기하면서 소장송달을 위한 주소보정이 있을 경우 조만간 금융정보제출명령신청 및 사실조회촉탁신청 등을 통해 특정을 준비하고 있습니다.

3. 결 어

위와 같은 이유로 청구취지와 같은 판결을 선고해 주시기 바랍니다.

입 증 방 법

1. 갑 제1호증   사건사고사실확인원(○○경찰서)
1. 갑 제2호증   접수증
1. 갑 제3호증   거래내역확인증

첨 부 서 류

1. 위 입증방법   각 1통
2. 소장 부본
3. 납부서

20○○. ○. ○.

위 원고   ○○○   (서명 또는 날인)

○○지방법원 ○○지원 귀중

※ (1) 관 할

1. 소(訴)는 피고의 보통재판적(普通裁判籍)이 있는 곳의 법원의 관할에 속하고, 사람의 보통재판적은 그의 주소에 따라 정하여지나, 대한민국에 주소가 없거나 주소를 알 수 없는 경우에는 거소에 따라 정하고, 거소가 일정하지 아니하거나 거소도 알 수 없으면 마지막 주소에 따라 정하여짐.
2. 재산권에 관한 소를 제기하는 경우에는 거소지 또는 의무이행지의 법원에 제기할 수 있음.
3. 따라서 사안에서 원고는 피고의 주소지를 관할하는 법원이나 의무이행지(특정물의 인도는 채권성립당시에 그 물건이 있던 장소에서 하여야 하지만, 그 밖의 채무변제는 채권자의 현주소에서 하여야 하므로 당사자간에 특별한 약정이 없는 한 채권자는 자기의 주소지를 관할하는 법원에 소를 제기할 수 있음 : 민법 제467조 제1항, 제2항)관할 법원에 소를 제기할 수 있음.

※ (2) 인 지

　　소장에는 소송목적의 값에 따라 민사소송등인지법 제2조 제1항 각
　　호에 따른 금액 상당의 인지를 붙여야 함. 다만, 대법원 규칙이
　　정하는 바에 의하여 인지의 첩부에 갈음하여 당해 인지액 상당
　　의 금액을 현금이나 신용카드·직불카드 등으로 납부하게 할 수
　　있는바, 현행 규정으로는 인지첩부액이 1만원 이상일 경우에는
　　현금으로 납부하여야 하고 또한 인지액 상당의 금액을 현금으
　　로 납부할 수 있는 경우 이를 수납은행 또는 인지납부대행기관
　　의 인터넷 홈페이지에서 인지납부대행기관을 통하여 신용카드
　　등으로도 납부할 수 있음(민사소송등인지규칙 제27조 제1항 및
　　제28조의 2 제1항).

[서식 예] 부당이득금 등 청구의 소(보이스피싱 피해)

소 장

원 고 ○○○ (주민등록번호)
      ○○시 ○○구 ○○길 ○○(우편번호)
      전화·휴대폰번호:
      팩스번호, 전자우편(e-mail)주소:
피 고 ◇◇◇ (주민등록번호)
      ○○시 ○○구 ○○길 ○○(우편번호)

부당이득금 등 청구의 소

청 구 취 지

1. 피고는 원고에게 금 3,000,000원 및 이에 대하여 20○○. ○.
   ○○.부터 이 사건 소장부본 송달일까지는 연 5%의, 그 다음날
   부터 다 갚을 때까지는 연 15%의 각 비율로 계산한 돈을 지급
   하라(원고는 불법행위로 인한 손해배상과 부당이득반환을 선택
   적으로 청구하였습니다).
2. 소송비용은 피고가 부담한다.
3. 위 제1항은 가집행 할 수 있다.
라는 판결을 원합니다.

청 구 원 인

1. 원고와 피고의 관계
    원고는 소위 보이스피싱이라 불리는 전화금융사기의 피해자이고,
피고는 아래 제2항에서 보는 바와 같이 성명불상의 보이스피싱 피의
자에게 자신의 예금계좌에 대한 처분권을 넘겨 전화금융사기에 이를

이용할 수 있게 함으로써 원고 명의의 계좌로부터 자신 명의의 계좌로 법률상 원인 없이 송금 받은 자입니다.

2. 법률상 원인 없는 계좌이체(전화금융사기)

원고는 2000. 00. 00. 성명불상의 보이스피싱 피의자의 전화를 받고 대출을 해준다는 말에 속아 원고 명의의 우리은행 계좌 ****-***-******에서 피고 명의의 우체국 계좌 ******-**-******로 2회에 걸쳐 3,000,000원을 계좌이체 하였습니다(원고는 전화금융사기를 당한 즉시 지급정지신청을 하였으나 현재 피고의 계좌에 남아 있는 금액을 알지 못함. 갑 제1호증 사건사고사실확인원, 갑 제2호증 입출금 내역서).

3. 부당이득반환청구권의 성립

원고(송금의뢰인)와 피고(수취인) 사이에 계좌이체의 원인이 되는 법률관계가 존재하지 않음에도 불구하고 계좌이체에 의하여 피고는 계좌이체금액 상당의 예금채권을 취득하였으므로 원고는 피고에 대하여 위 금액 상당의 부당이득반환청구권을 가지게 된다 할 것입니다.

4. 불법행위 방조로 인한 손해배상

또한 피고는 자신 명의의 예금계좌가 전화금융사기(불법행위)에 이용될 것을 충분히 예상할 수 있었음에도 불구하고, 자신의 예금계좌에 대한 처분권을 성명불상의 보이스피싱 피의자에게 넘겨 위 2항과 같은 불법행위를 용이하게 하였는바, 성명불상의 보이스피싱 피의자와 함께 원고에 대하여 공동불법행위의 책임을 지게 된다 할 것입니다.

5. 결론

따라서 피고는 원고에게 부당이득금(또는 손해배상금) 3,000,000원 및 이에 대하여 피고가 법률상 원인 없이 송금을 받은(또는 위

불법행위일인) 2000. 00. 00.부터 이 사건 소장 부본 송달일까지 민법이 정한 연 5%의, 그 다음날부터 다 갚는 날까지 소송촉진등에관한특례법이 정한 연 15%의 비율에 의한 지연손해금을 지급할 의무가 있다 할 것입니다.

입 증 방 법

1. 갑 제1호증   사건사고사실확인원
1. 갑 제2호증   입출금 내역서

첨 부 서 류

1. 위 입증방법   각 1통
1. 주민등록표등본(원고)   1통
1. 소장부본   1통
1. 송달료납부서   1통

20○○.   ○.   ○.
위 원고   ○ ○ ○   (서명 또는 날인)

○○지방법원   귀중

[서식 예] 부당이득반환 청구의 소(보이스피싱 피해)

소 　 장

원　고　○○○ (주민등록번호)
　　　　○○시 ○○구 ○○길 ○○(우편번호)
　　　　전화·휴대폰번호:
　　　　팩스번호, 전자우편(e-mail)주소:
피　고　◇◇◇ (주민등록번호)
　　　　○○시 ○○구 ○○길 ○○(우편번호)
　　　　전화·휴대폰번호:
　　　　팩스번호, 전자우편(e-mail)주소:

부당이득반환 청구의 소

청 구 취 지

1. 피고는 원고에게 (　　　　　　　)원 및 이에 대한 이 사건 소장 부본 송달 다음날부터 다 갚는 날까지 연 15%로 계산한 돈을 지급하라.
2. 소송비용은 피고가 부담한다.
3. 위 제1항은 가집행 할 수 있다.
라는 판결을 구합니다.

청 구 원 인

1. 사실관계 - 전화금융사기에 따른 송금

　(생략)

2. 피고의 의무

가. 부당이득반환의무의 성립

본래 부당이득이란 공평관념에 위배되는 재산적 가치의 이동이 있는 경우 수익자로부터 그 이익을 되돌려 받아 손해자에게 주어 재산상태의 조정을 꾀하는 것이 그 목적입니다. 또한 송금의뢰인과 수취인 사이에 계좌이체의 원인이 되는 법률관계가 존재하지 않음에도 불구하고 계좌이체에 의하여 수취인이 계좌이체금액 상당의 예금채권을 취득하게 되는 경우에는 송금의뢰인은 수취인에 대하여 당해 금액상당의 부당이득반환청구권을 갖게 된다(대법원 2007. 11. 29. 선고 2007다51239)고 봄이 상당합니다.

이는 보이스피싱에 사용되는 예금계좌 혹은 통장의 명의자와 그에 대한 송금의뢰인에 대하여도 동일한 논리가 적용된다고 봄이 상당할 것이므로 응당 예금계좌 혹은 통장의 명의자는 송금의뢰인에 대하여 부당이득반환의무를 부담하게 된다고 봄이 상당합니다.

따라서 피고는 원고에게 부당이득금 (   )원 및 이에 대한 이 사건 소장 부본 송달일 다음날부터 다 갚는 날까지 소송촉진 등에 관한 특례법이 정한 연 15%의 비율에 의한 금원을 지급할 의무가 있습니다.

나. 불법행위에 기한 손해배상책임의 성립

무릇 수인이 공동하여 타인에게 손해를 가하는 민법 제760조의 공동불법행위의 성립에 있어서 행위자 상호간의 공모는 물론 공동의 인식을 필요로 하지 아니하고, 다만 객관적으로 그 공동행위가 관련 공동되어 있으면 족하고 그 관련 공동성 있는 행위에 의하여 손해가 발생함으로써 그에 대한 배상책임을 지는 공동불법행위가 성립한다고 봄이 상당합니다. 아울러 공동불법행위에 있어 방조라 함은 불법행위를 용이하게 하는 직접·간접의 모든 행위를 가리키는 것으로서 형법과 달리 손해의 전보를 목적으로 하여 과실을 원칙적으로 고의와 동일시하는 민법의 해석으로서는 과실에 의한 방조도 가능하다고 할 것이며, 이 경우의 과실의 내용은 불법행위에 도움을 주지 않아야 할 주의의무가 있음을 전제로 하여 이 의무에 위반하는 것을 말한다(대법원 2009. 4. 23. 선고 2009다1313 판결 등 참조)고 볼 것입니다.

그런데 오늘날 우리 사회에서 타인 명의의 계좌를 이용한 보이스피싱 내지 메신저피싱 사기범행이 매우 빈발하여 사회적으로 커다란 문제가 되고 있음은 주지의 실정인바, 비록 대출을 받을 목적이었다고는 하더라도 만연히 통장 기타 거래매체를 타인에게 양도하여 준 행위는 이러한 사회실정에 비추어 볼 때 객관적인 일반인이라면 충분히 범죄에 이용될 수 있다는 예견가능성을 갖고 있었다고 봄이 상당할 것입니다.

따라서 위와 같은 예견가능성에도 불구하고 통장 기타 거래매체를 제공한 위 각 피고의 행위는 방조로서 공동불법행위를 구성한다고 봄이 상당할 것이므로 불법행위에 기한 손해배상책임이 성립한다고 봄이 상당합니다.

따라서 피고는 원고에게 손해배상금 (   )원 및 이에 대한 이 사건 소장 부본 송달일 다음날부터 다 갚는 날까지 소송촉진 등에 관한 특례법이 정한 연 15%의 각 비율에 의한 금원을 지급할 의무가 있습니다.

3. 결어

이에 원고는 위 각 금원의 지급을 구하기 위하여 이 사건 소 제기에 이르렀습니다.

입 증 방 법
(생 략)

첨 부 서 류
(생 략)

3-3-2. 형사절차상 손해배상 청구

① 전자금융범죄로 인해 피해를 입은 피해자는 별도로 민사소송상 손해
   배상 청구를 하지 않더라도 해당 사건의 사기와 공갈의 죄에 대한
   형사공판 절차에서 피고인에 대해 유죄판결이 선고될 경우 배상명령
   을 신청하여 피고인으로부터 범죄행위로 인하여 발생한 손해를 배상
   받을 수 있습니다.

② 제1심 또는 제2심의 형사공판 절차에서 사기와 공갈의 죄(형법 제
   39장)로 유죄판결을 선고할 경우에 법원은 직권으로 또는 피해자나
   그 상속인의 신청에 의해 피고사건의 범죄행위로 인해 발생한 직접
   적인 물적(物的) 피해, 치료비 손해 및 위자료의 배상을 명할 수 있
   는데 이를 배상명령이라고 합니다(소송촉진 등에 관한 특례법 제25
   조제1항).

■ 동의없이 발급된 공인인증서로 피해를 입은 경우, 해당 은행에 손해배상을 청구할 수 있을까요?

Q. 누군가 제 공인인증서를 마음대로 재발급받아서 저도 모르는 사이에 제 예금을 모두 인출해 갔더라고요. 이렇게 제 동의없이 발급된 공인인증서로 피해를 입은 경우 해당 은행에 손해배상을 청구할 수 있을까요?

A. 네. 공인인증서 등의 접근매체의 위조나 변조로 발생한 사고 등에 대해 금융회사 등을 상대로 손해배상을 청구할 수 있습니다.

◇ 금융회사 등의 손해배상 책임

① 금융회사 또는 전자금융업자는 다음의 어느 하나에 해당하는 사고로 인하여 이용자에게 손해가 발생한 경우에는 그 손해를 배상할 책임을 집니다.

- 접근매체의 위조나 변조로 발생한 사고
- 계약체결 또는 거래지시의 전자적 전송이나 처리 과정에서 발생한 사고
- 전자금융거래를 위한 전자적 장치 또는 정보통신망에 침입하여 거짓이나 그 밖의 부정한 방법으로 획득한 접근매체의 이용으로 발생한 사고

② 다만, 금융회사 또는 전자금융업자는 다음의 어느 하나에 해당하는 경우에는 그 책임의 전부 또는 일부를 이용자가 부담하게 할 수 있습니다.

- 사고 발생에 있어서 이용자의 고의나 중대한 과실이 있는 경우로서 그 책임의 전부 또는 일부를 이용자의 부담으로 할 수 있다는 취지의 약정을 미리 이용자와 체결한 경우
- 법인인 이용자에게 손해가 발생한 경우로 금융회사 또는 전자금융업자가 사고를 방지하기 위하여 보안절차를 수립하고 이를 철저히 준수하는 등 합리적으로 요구되는 충분한 주의 의무를 다한 경우

■ 보이스피싱 피해자가 통장명의자를 상대로 불법행위 손해배상 청구가 인정될 때 보이스피싱 피해자의 과실이 참작되는가요?

Q. 보이스피싱 피해자가 통장명의자를 상대로 불법행위 손해배상 청구가 인정될 때 보이스피싱 피해자의 과실이 참작되는가요?

A. 법원은 현재 '보이스피싱' 범행이 사회적으로 큰 문제로 부각되고 있는 상황이므로 성명불상자의 말만을 믿고 제대로 된 확인절차 없이 경솔하게 통장명의자의 계좌로 돈을 송금하였다면, 이러한 보이스피싱 피해자의 과실이 이 사건 손해의 발생 내지 확대에 기여한 것으로 보고 있습니다(부산지방법원 2015. 1. 22. 선고 2014나5897 판결, 울산지방법원 2015. 8. 26. 선고 2014나7896 판결 등).

■ 보이스피싱 공동불법행위자로 손해배상책임을 지나요?

Q. 甲이 기존에 전혀 거래관계가 없던 성명불상자에게서 전화로 거액의 거래를 제안받은 후 乙명의 은행계좌에 송금하였는데, 필리핀 여행가이드업자 乙은 여행객 丙에게서 이른바 환치기의 방법으로 원화를 필리핀 화폐로 바꿔달라는 부탁을 받고 국내에 있는 乙의 예금계좌를 알려준 다음 위와 같이 계좌에 입금된 것을 확인하고 丙에게 환전해 주었는데, 甲이 보이스피싱 사기에 의한 송금이었음을 이유로 乙을 상대로 불법행위에 기한 손해배상을 구한 사안에서 乙은 공동불법행위자로 손해배상책임을 지나요?

A. 법원은 甲이 기존에 전혀 거래관계가 없던 성명불상자에게서 전화로 거액의 거래를 제안받은 후 乙명의 은행계좌에 송금하였는데, 필리핀 여행가이드업자 乙은 여행객 丙에게서 이른바 환치기의 방법으로 원화를 필리핀 화폐로 바꿔달라는 부탁을 받고 국내에 있는 乙의 예금계좌를 알려준 다음 위와 같이 계좌에 입금된 것을 확인하고 丙에게 환전해 주

었는데, 甲이 보이스피싱 사기에 의한 송금이었음을 이유로 乙을 상대로 불법행위에 기한 손해배상을 구한 사안에서, 乙이 성명불상자의 보이스피싱 범죄행위에 적극적으로 가담하지는 않았지만 위와 같은 환전행위가 외국환거래법상 금지되고, 乙이 신원을 잘 알지 못하는 자에게서 환전요청을 받아 환치기의 방법으로 환전해 주는 것이 국내의 범죄행위에 악용될 수도 있음을 예견할 수 있었을 것이라는 이유로, 적어도 과실로 성명불상자의 불법행위를 방조한 것이므로 공동불법행위자로서 甲에게 손해배상책임이 있다고 하였습니다(전주지방법원 2012. 5. 23. 선고 2011나9771 판결).

다만 전화를 이용한 보이스피싱 피해가 사회적 문제로 부각되고 있는 상황에서 甲이 별다른 신원확인절차 없이 고액을 송금한 점 등 제반 사정에 비추어 乙의 책임을 전체 손해의 30%로 제한하였습니다.

(관련판례)

[1] 피고인들이 불특정 다수의 피해자들에게 전화하여 금융기관 등을 사칭하면서 신용등급을 올려 낮은 이자로 대출을 해주겠다고 속여 신용관리비용 명목의 돈을 송금받아 편취할 목적으로 보이스피싱 사기 조직을 구성하고 이에 가담하여 조직원으로 활동함으로써 범죄단체를 조직하거나 이에 가입·활동하였다는 내용으로 기소된 사안에서, 위 보이스피싱 조직은 보이스피싱이라는 사기범죄를 목적으로 구성된 다수인의 계속적인 결합체로서 총책을 중심으로 간부급 조직원들과 상담원들, 현금인출책 등으로 구성되어 내부의 위계질서가 유지되고 조직원의 역할 분담이 이루어지는 최소한의 통솔체계를 갖춘 형법상의 범죄단체에 해당하고, 보이스피싱 조직의 업무를 수행한 피고인들에게 범죄단체 가입 및 활동에 대한 고의가 인정되며, 피고인들의 보이스피싱 조직에 의한 사기범죄 행위가 범죄단체 활동에 해당한다고 본 원심판단을 수긍한 사례.

[2] 피고인들이 보이스피싱 사기 범죄단체의 구성원으로 활동하면서 사기범죄의 피해자들로부터 제3자 명의의 계좌로 돈을 송금받는 방법으로 범죄수익 등의 취득에 관한 사실을 가장하였다고 하여 범죄수익은닉의 규제 및 처벌 등에 관한 법률 위반으로 기소된 사안에서, 피고

인들이 피해자들로부터 자신 또는 공범들의 계좌와 전혀 무관한 제3자 명의의 계좌로 송금받는 행위는 범죄수익 취득을 가장하는 행위에 해당하고, 이와 같은 범죄수익 은닉행위에 대한 고의도 있다고 본 원심판단을 수긍한 사례.

[3] 피고인들이 보이스피싱 사기 범죄단체의 구성원으로 활동하면서 사기범죄의 피해자들로부터 취득한 범죄수익에 대하여 범죄수익은닉의 규제 및 처벌 등에 관한 법률(이하 '범죄수익은닉규제법'이라 한다)에 따라 추징이 선고된 사안에서, 범죄수익은닉규제법 제8조 제3항, 제10조 제2항이 범죄수익 등의 재산이 범죄피해재산인 경우 이를 몰수 또는 추징할 수 없다고 규정하고 있으나 이는 재산에 관한 죄 외에 독자적 법익을 함께 침해한 경우까지 적용되는 것은 아니라고 보아, 위 범죄단체활동죄에 의한 범죄수익은 범죄수익은닉규제법 제2조 제1호, [별표] 제1의 (가)목, 제2호 (가)목, 제8조 제1항, 제10조 제1항에 의하여 각 추징의 대상이 되고, 그 범죄수익이 사기죄의 피해자로부터 취득한 재산에 해당하여도 마찬가지라고 본 원심판단을 수긍한 사례.

[4] 피고인이 보이스피싱 사기 범죄단체에 가입한 후 사기범죄의 피해자들로부터 돈을 편취하는 등 그 구성원으로서 활동하였다는 내용의 공소사실이 유죄로 인정된 사안에서, 범죄단체 가입행위 또는 범죄단체 구성원으로서 활동하는 행위와 사기행위는 각각 별개의 범죄구성요건을 충족하는 독립된 행위이고 서로 보호법익도 달라 법조경합 관계로 목적된 범죄인 사기죄만 성립하는 것은 아니라고 본 원심판단을 수긍한 사례.(대법원 2017. 10. 26. 선고 2017도8600 판결)

■ 보이스피싱에 사용된 통장을 제공한 사람들에 대하여 공동불법행위가 인정되는지요?

Q. 보이스피싱에 사용된 통장을 제공한 甲 등에 대하여 공동불법행위 책임이 인정될 수 있는지요?

A. 법원은 甲 등이 자신들 명의로 개설하여 성명불상자에게 양도한 통장이 이른바 '보이스피싱'에 사용된 사안에서, 甲 등은 위 양도 당시 성명불상자가 불특정 다수인들을 기망하여 통장에 돈을 입금하게 하는 '보이스피싱'에 위 통장이 사용될 수 있음을 충분히 예견할 수 있었다고 보이고, 비록 甲 등이 '보이스피싱'의 범죄 행위에 적극적으로 가담하지 않았다고 하더라도 적어도 위 통장을 양도함으로써 그와 같은 범죄행위를 용이하게 한 것이므로, 甲 등은 민법 제760조에 따라 공동불법행위자로서 손해배상책임이 있다고 판시한 바가 있습니다(서울동부지방법원 2011. 3. 28. 선고 2010가단50237 판결).

따라서 甲 등은 공동불법행위책임을 질 것으로 보입니다.

(관련판례)

갑 등이 자신들 명의로 개설하여 성명불상자에게 양도한 통장이 이른바 '보이스피싱'에 사용된 사안에서, 갑 등은 위 양도 당시 성명불상자가 불특정 다수인들을 기망하여 통장에 돈을 입금하게 하는 '보이스피싱'에 위 통장이 사용될 수 있음을 충분히 예견할 수 있었다고 보이고, 비록 갑 등이 '보이스피싱'의 범죄 행위에 적극적으로 가담하지 않았다고 하더라도 적어도 위 통장을 양도함으로써 그와 같은 범죄행위를 용이하게 한 것이므로, 갑 등은 민법 제760조에 따라 공동불법행위자로서 손해배상책임이 있다고 한 사례(단, 확인 절차 없이 경솔하게 돈을 입금한 피해자의 과실을 참작하여 책임을 70%로 제한함). (서울동부지방법원 2011. 3. 28. 선고 2010가단50237 판결)

■ 보이스피싱 가담자로 주된 역할을 하지 않은 자는 불법행위 책임의 범위가 어떻게 되나요?

Q. 보이스피싱 가담자로 주된 역할을 하지 않은 자는 불법행위 책임의 범위가 어떻게 되나요?

A. 보이스피싱 가담자가 이 사건 보이스피싱에서 주된 역할을 하지 않았고, 그로 인하여 취득한 이익도 거의 없으므로, 피해자가 입은 손해의 전부에 대한 책임을 지는 것은 부당하다는 취지로 주장한 사안에서, 법원은 공동불법행위로 인한 손해배상책임의 범위는 피해자에 대한 관계에서 가해자들 전원의 행위를 전체적으로 함께 평가하여 정하여야 하며, 그 손해배상액에 대하여는 가해자 각자가 그 금액의 전부에 대한 책임을 부담하는 것이고, 가해자 1인이 다른 가해자에 비하여 불법행위에 가공한 정도가 경미하다고 하더라도 피해자에 대한 관계에서 그 가해자의 책임 범위를 위와 같이 정하여진 손해배상액의 일부로 제한하여 인정할 수는 없으므로(대법원 2005. 11. 10. 선고 2003다66066 판결 등 참조), 위 주장은 이유 없다고 판시한 바 있습니다(서울중앙지방법원 2016. 7. 12. 선고 2015가단5335485 판결).

(관련판례)

갑이 기존에 전혀 거래관계가 없던 성명불상자에게서 전화로 거액의 거래를 제안받은 후 을 명의 은행계좌에 송금하였는데, 필리핀 여행가이드업자 을은 여행객 병에게서 이른바 환치기의 방법으로 원화를 필리핀 화폐로 바꿔달라는 부탁을 받고 국내에 있는 을의 예금계좌를 알려준 다음 위와 같이 계좌에 입금된 것을 확인하고 병에게 환전해 주었는데, 갑이 보이스피싱 사기에 의한 송금이었음을 이유로 을을 상대로 불법행위에 기한 손해배상을 구한 사안에서, 을이 성명불상자의 보이스피싱 범죄행위에 적극적으로 가담하지는 않았지만 위와 같은 환전행위가 외국환거래법상 금지되고, 을이 신원을 잘 알지 못하는 자에게서 환전요청을 받아 환치기의 방법으로 환전해 주는것이 국내의 범죄행위에 악용될 수도 있음을 예견할 수 있었을 것이라는 이유로, 적어도 과실로 성명불상자의 불법행위를 방조한 것이므로 공동불법행위자로서 갑에게 손해배상책임이 있다고 한 사례(다만 전화를 이용한 보이스피싱 피해가 사회적 문제로 부각되고 있는 상황에서 갑이 별다른 신원확인절차 없이 고액을 송금한 점 등 제반 사정에 비추어 을의 책임을 전체 손해의 30%로 제한함).(전주지방법원 2012. 5. 23. 선고 2011나9771 판결)

■ 보이스피싱에 사용된 통장의 명의자가 불법행위 손해배상책임을 지지 아니하는 경우가 있나요?

Q. 보이스피싱에 사용된 통장의 명의자(乙)가 피해자(甲)에 대해 불법행위 손해배상책임을 지지 않는 경우가 있나요?

A. 법원은 ① 금융기관 계좌 및 현금카드의 명의자인 乙도 대출을 받게 해주겠다는 성명불상자의 기망행위에 속아 乙 명의의 현금카드 등을 교부하게 되었고, 이 사건 보이스피싱 범행은 그 직후 발생한 점, ② 乙이 성명불상자에게 교부한 금융기관 계좌와 현금카드의 수가 1개에 불과한 점, 乙이 위와 같은 교부행위로 인하여 어떠한 금전적 대가를 득하였다고 인정할 만한 자료가 없는 점 등의 사실관계가 있는 경우, 피해자인 甲의 주장에 부합하는 일부 사정만으로 乙이 성명불상자에게 乙 명의의 현금카드 등을 교부할 당시 그 현금카드 등이 불특정 다수인들을 기망하여 그들로부터 돈을 이체하게 하여 이를 편취하는 전화금융사기, 이른바 보이스피싱 범행에 이용될 것이라는 점을 충분히 예견하면서도 이를 양도하였다고 인정하기 어렵고, 달리 이를 인정할 증거가 없다고 보았습니다. 또한 나아가 설령 乙에게 주의의무 위반이 인정된다 하더라도, 乙 명의의 계좌는 이미 甲이 성명불상자에게 기망당한 후 재산을 처분하는 데 이 돈을 송금하기에 이르렀다거나, 성명불상자가 乙의 계좌의 존재로 인하여 甲의 재산권에 대한 접근 및 침해가 가능하게 되었다고 보기 어려우므로 乙의 주의의무 위반과 甲의 손해 사이에 상당인과관계가 있다고 보기도 어렵다고 한 바 있습니다(대구지방법원 2015. 5. 20. 선고 2014나303714 판결).

[다수의견] 전기통신금융사기 피해 방지 및 피해금 환급에 관한 특별법(이하 '통신사기피해환급법'이라고 한다) 제15조의2 제1항(이하 '처벌조항'이라고 한다)이 처벌대상으로 삼고 있는 '통신사기피해환급법 제2조 제2호에서 정한 전기통신금융사기(이하 '전기통신금융사기'라고 한다)를 목적으로 하는 정보 또는 명령의 입력'이란 '타인에 대한 전기통신금융사기 행위에 의하여 자금을 다른 계좌(이하 '사기이용계좌'라고 한다)로 송금·이체하는 것을 목적으로 하는 정보 또는 명령의 입력'을 의미한다고 해석되며, 이러한 해석은 이른바 변종 보이스피싱 행위도 처벌할 수 있도록 하기 위하여 처벌조항을 신설하였다는 통신사기피해환급법의 개정이유에 의하여서도 뒷받침된다(대법원 2016. 2. 19. 선고 2015도15101 전원합의체 판결).

■ 보이스피싱 피해자가 통장명의자를 상대로 불법행위 손해배상 청구가 인정될 때 보이스피싱 피해자의 과실이 참작되는가요?

Q. 보이스피싱 피해자가 통장명의자를 상대로 불법행위 손해배상 청구가 인정될 때 보이스피싱 피해자의 과실이 참작되는가요?

A. 법원은 현재 '보이스피싱' 범행이 사회적으로 큰 문제로 부각되고 있는 상황이므로 성명불상자의 말만을 믿고 제대로 된 확인절차 없이 경솔하게 통장명의자의 계좌로 돈을 송금하였다면, 이러한 보이스피싱 피해자의 과실이 이 사건 손해의 발생 내지 확대에 기여한 것으로 보고 있습니다(부산지방법원 2015. 1. 22. 선고 2014나5897 판결, 울산지방법원 2015. 8. 26. 선고 2014나7896 판결 등).

■ 보이스피싱에서 은행이 반드시 손해배상책임을 지는가요?

Q. 甲은 보이스피싱 과정에서 성명불상자에게 주민등록번호를 확인해 주었고, 전화통화를 하면서 피싱사이트에 甲이 가지고 있는 모든 카드의 카드번호 및 비밀번호, 카드 cvc 번호, 乙은행의 계좌번호 및 비밀번호를 입력하였는데 乙은행이 손해배상책임을 지는가요?

A. 법원은 (1) 甲은 보이스피싱 사례가 빈발하고 이에 대한 경각심이 높아진 상황에서, 제3자에게 접근매체인 공인인증서를 발급받음에 있어서 필수적으로 필요한 계좌번호, 계좌비밀번호, 주민등록번호 등을 알려주었고, (2) ㉮ 개인정보를 탈취한 공격자라 하더라도 otp 단말기를 소지하지 않은 이상 매번 단말기의 38자리 숫자와 시각정보를 수학식을 통해 연산하여 암호화되어 생성된 후 소멸되는 otp 단말기 비밀번호의 조합 값 중 정확한 요청 값을 알아내기는 거의 불가능한 점, ㉯ otp 단말기 비밀번호가 해킹당하였다면 otp 단말기 자체, 乙은행의 인증서버, 금융보안연구원 서버 중 어느 한 곳에는 해킹한 기록이 남았을 것이라고 봄이 상당하고, 위 각 서버에 해킹한 흔적이나 otp 단말기 비밀번호 유출로 인한 피해사례가 드러나지 않은 점, ㉰ 甲은 이 사건 사고 과정에서 성명불상자와 통화를 하면서 모든 카드번호와 카드비밀번호 및 카드의 cvc 번호까지 모두 알려준 점, ㉱ 이 사건 사고 과정에서 단 세 번만 otp 단말기 비밀번호가 제대로 입력되지 않았을 뿐 대부분 정상적으로 입력된 점, ㉲ 甲이 알려주지 않았음에도 otp 단말기 비밀번호가 해킹되어 사고가 발생한 것이라면 otp 단말기를 폐기 혹은 교체하였으리라고 봄이 상당함에도, 그대로 계속 사용한 점 등에 비추어, 甲은 위 성명불상자에게 otp 단말기 비밀번호를 알려준 것으로 보이는 바, 위와 같은 사정들을 종합하면, 위와 같은 甲의 행위는 제3자가 권한 없이 자신의 접근매체인 공인인증서와 otp 단말기 비밀번호를 가지고 전자금융거래를 할 수 있음을 쉽게 알 수 있었음에도 이를 누설, 노출한 경우에 해당된다(서울중앙지방법원 2013. 4. 4. 선고 2012나42481 판결)고 보았습니다. 따라서 乙은행은 이 사건 사고로 발생한 책임을 면한 바 있습니다.

■ 보이스피싱을 당했을 경우, 통장을 빌려준 사람을 상대로 손해배상청구
가 받아들여질 수 있을까요?

Q. 보이스피싱을 당해 돈을 입금하였습니다. 통장을 빌려준 사람을 상
대로 손해배상청구를 하고 싶은데, 손해배상청구가 받아들여질 수
있을까요?

A. 우리 대법원은 "접근매체를 통하여 전자금융거래가 이루어진 경우에 그 전
자금융거래가 이루어진 경우에 그 전자금융거래에 의한 법률효과를 접근매
체의 명의자에게 부담시키는 것을 넘어 그 전자금융거래를 매개로 이루어
진 개별적인 거래가 불법행위에 해당한다는 이유로 접근매체를 양도한 명
의자에게 과실에 의한 방조로 인한 손해배상책임을 지우기 위해서는, 접근
매체 양도 당시의 구체적인 사정에 기초하여 접근매체를 통하여 이루어지
는 개별적인 거래가 불법행위에 해당한다는 점과 그 불법행위에 접근매체
를 이용하게 함으로써 그 불법행위를 용이하게 한다는 점을 명의자가 예견
할 수 있어 접근매체의 양도와 불법행위로 인한 손해 사이에 상당인과관계
가 인정되어야 한다"고 판시한 사례가 있습니다(대법원 2007. 7. 13. 선
고 2005다21821 판결). 그리고 이와 같은 예견가능성이 있는 여부는 접
근매체를 양도하게 된 목적 및 경위, 그 양도 목적의 실현 가능성, 양도의
대가나 이익의 존부, 양수인의 신원, 접근매체를 이용한 불법행위의 내용
및 그 불법행위에 대한 접근매체의 기여도, 접근매체 이용 상황에 대한 양
도인의 확인 여부 등을 종합적으로 고려하여 판단하여야 한다.

따라서 단순히 통장을 빌려준 사실이 불법행위로 인한 손해와 인과관계가
있다고 단정하기는 어렵고, 통장을 빌려준 것이 불법행위에 이용된다는 점
을 알았고, 그로 인한 이득을 얻었으며, 계속적으로 통장의 이용상황에 대
해 알고 있었다거나 하는 등의 사실을 모두 고려하여 판단될 수밖에 없습
니다. 그러나 대법원 판례의 취지상 이러한 인과관계가 쉽게 인정되지는
않을 것으로 보이고, 통상적으로는 상대방의 통장에 남아있는 잔존액만큼
을 부당이득으로 청구하여 회수 받는 경우가 많이 있습니다.

■ 과실에 의한 방조행위와 불법행위에 의한 손해 발생 사이의 상당인과관계를 판단하는 기준은 어떻게 되나요?

Q. 갑은 을에게 통장을 양도하였는데, 을은 해당 통장을 이용하여 보이스피싱 범죄를 저질렀습니다. 피해자 병은 갑이 보이스피싱에 직접 가담하지 않았고 갑이 자신의 통장이 범죄에 사용되리라고 인식하지 못한 경우에도 갑에게 손해배상을 청구할 수 있을까요?

A. 민법 제760조 제3항은 불법행위의 방조자를 공동불법행위자로 보아 방조자에게 공동불법행위의 책임을 지우고 있습니다. 방조는 불법행위를 용이하게 하는 직접, 간접의 모든 행위를 가리키는 것으로서 손해의 전보를 목적으로 하여 과실을 원칙적으로 고의와 동일시하는 민사법의 영역에서는 과실에 의한 방조도 가능하며, 이 경우의 과실의 내용은 불법행위에 도움을 주지 말아야 할 주의의무가 있음을 전제로 하여 그 의무를 위반하는 것을 말합니다. 그런데 타인의 불법행위에 대하여 과실에 의한 방조로서 공동불법행위의 책임을 지우기 위해서는 방조행위와 불법행위에 의한 피해자의 손해발생 사이에 상당인과관계가 인정되어야 하며, 상당인과관계를 판단할 때에는 과실에 의한 행위로 인하여 불법행위를 용이하게 한다는 사정에 관한 예견가능성과 아울러 과실에 의한 행위가 피해 발생에 끼친 영향, 피해자의 신뢰 형성에 기여한 정도, 피해자 스스로 쉽게 피해를 방지할 수 있었는지 등을 종합적으로 고려하여 책임이 지나치게 확대되지 않도록 신중을 기하여야 합니다(대법원 2016. 5. 12. 선고 2015다234985 판결).

따라서 병은 갑의 과실로 인하여 불법행위를 용이하게 한다는 사정에 관한 예견가능성과 과실에 의한 행위가 피해 발생에 영향을 끼친 것으로 인정되는 경우라면 갑에게 손해배상을 청구할 수 있을 것입니다.

■ 보이스피싱 사기범과 함께 통장명의자인 자신도 불법행위로 인한 손해
배상청구소송을 당하게 되었을 경우, 법적 책임을 져야 할까요?

Q. 직장을 잃고 편의점에서 아르바이트를 하고 있는 甲은 우연히 손님
乙에게 힘든 사정을 이야기하게 되었습니다. 乙은 자신이 대기업회
장을 잘 아는데 취업을 주선해줄 수 있다고 하며 甲명의의 통장,
현금카드, 비밀번호, 주민등록증 사본을 요청했고 甲은 반드시 취
업을 해야 한다는 생각에 이를 乙님에게 넘겨주었습니다. 그러나
甲의 통장은 보이스피싱범죄에 사용되었고 피해자로부터 보이스피
싱 사기범과 함께 통장명의자인 자신도 불법행위로 인한 손해배상
청구소송을 당하게 되었는데 과연 법적 책임을 져야 할까요?

A. 보이스피싱 범죄조직은 입출금이 가능한 통장을 확보하는 것이 최우선
과제라고 합니다. 이를 위하여, 노숙자에게 돈을 주고 통장 명의를 빌
리거나, 취업, 상품 판매, 자금 대출, 투자 등을 명목으로 통장 명의를
확보해서 범죄 목적으로 사용하는 사례가 많이 있습니다.

사례의 경우 먼저 형사책임과 관련하여, 「전자금융거래법」에 따르면
현금카드 등의 전자식 카드나 비밀번호 등과 같은 전자금융거래에서 사
용되는 접근매체를 양도하는 행위를 원칙적으로 금지하고, 그 위반행위
를 3년 이하의 징역 또는 2천만원 이하의 벌금으로 처벌하고 있습니다
(「전자금융거래법」 제6조제3항제1호 및 제49조제4항제1호). 구체적으
로 어떤 목적으로 사용될지 모른다고 하더라도 양도행위 자체를 처벌함
으로써 속칭 대포 통장이 생기지 않도록 하기 위한 조치로서, 甲이 모
르는 사람에게 통장과 현금카드를 건네주고 비밀번호까지 알려준 행위
는 이 법에 따라 형사처벌될 수 있습니다(대법원 2014.12.24.선고
2013다98222 판결).

문제는 민사책임, 즉, 보이스피싱 범죄의 피해자에 대한 손해배상책임을
인정할 것인가 여부입니다. 만약, 갑이 통장, 카드, 비밀번호 등을 제공
하지 않았다고 하면, 보이스피싱 범죄가 성공하지 못하였을 수 있고,

게다가, 보이스피싱 범죄 피해자 입장에서 보면, 돈을 입금 받은 예금주를 상대로 손해배상 청구를 할 수 있는가 또는 할 수 없는가의 문제이기 때문입니다.

이 문제를 대법원은 상당인과관계를 인정할 수 있는가의 문제로 보고 있습니다. 즉, 단순히 물리적인 원인과 결과 관계가 있는가 여부가 아니라, 사회적으로 보았을 때, 통장 명의를 준 행위와 범죄 행위간에 인과관계를 인정하는 것이 과연 상당한가에 대해서 판단하고 있습니다.

어느 범위에서 상당인과관계를 인정할 수 있는가에 대해서, 대법원은 통장 등의 양도 당시의 정황, 당시 취업을 목적으로 하였고, 통장 등의 양도 등에 대해서 별도의 이익 제공이 없었으며, 취업 목적 이외에 다른 용도로 써도 된다고 허락한 정황이 없다는 점을 고려하여, 통장 제공 행위와 보이스피싱 범죄에 따른 피해 발생간의 상당인과관계를 인정하지 않고, 손해배상 책임을 부정하였습니다(대법원 2014. 12. 24. 선고 2013다98222 판결).

대법원의 입장은 보이스피싱 범죄 행위에 대해서 전혀 관여한 바가 없고, 오히려 속아서 통장을 넘겨준 사람은 어느 정도 보호 받아야한다는 정책적인 고려도 있는 것으로 보입니다.

그러나, 만약, 甲이 손님이 보이스피싱 조직과 관련되는 일을 하고 있다고 충분히 의심할 수 있었거나, 통장제공에 대한 별도의 대가를 제공 받았거나, 취업 목적뿐만 아니라 그 손님의 개인적인 목적으로도 사용하도록 허락하였다면, 대법원은 상당인과관계를 인정하였을 수도 있었을 것입니다.

■ 보이스피싱으로 인해 제공된 개인정보로 인해 대출이 된 경우 명의자가 대출업자에 대해 손해배상책임을 지는지요?

Q. 보이스피싱으로 인해 개인정보를 제공한 자(甲 등)가 그 개인정보가 활용되어 피해자의 명의로 대출이 된 경우 명의자는 그 대출에 대해 대출업자(이하 乙)에게 손해배상책임을 지게 되나요?

A. 법원은 위와 같은 사례에 대해 다음과 같이 판시하였습니다.

甲 등은 모두 금융범죄 수사관 또는 검사를 사칭하는 자의 전화를 받고 그로부터 금융범죄 수사 중에 甲 등 명의의 계좌가 사용되었다는 설명에 속아 성명불상자가 알려 준 사이트에 접속하여 금융정보를 입력하여 성명불상자가 위 금융정보를 이용하여 위 각 대출계약을 체결하였는바, 甲 등은 전화를 이용한 보이스피싱 방식의 금융사기가 사회적으로 널리 알려진 상황에서 성명불상자의 신원 및 성명불상자가 알려준 인터넷 홈페이지가 실제 검찰청 또는 e-금융민원센터 등의 홈페이지인지 제대로 확인하지 않고 위 홈페이지에 접속하여 인적사항 및 금융정보를 입력한 잘못이 있고, 따라서 甲 등의 위와 같은 행위는 성명불상자가 권한 없이 甲 등의 명의로 乙과 각 대출계약을 체결하는 사기 범행을 쉽게 저지를 수 있도록 도와준 것으로서 자신의 금융정보를 노출시켜 타인의 범죄나 불법행위에 부당하게 이용되지 않도록 방지하여야 할 조치를 제대로 취하지 않은 잘못이 있고, 이는 성명불상자가 저지른 乙에 대한 위 불법행위를 방조한 것에 해당하므로, 甲 등은 乙이 위 불법행위로 입은 손해(각 대출금)를 배상할 책임이 있다.

이에 대하여 甲 등은, 위 성명불상자가 甲 등의 개인정보를 확인하면서 통화를 하게 되었을 뿐만 아니라 甲 등의 계좌가 범죄에 연루되어 있다며 개인정보 유출사례가 없었는지 확인까지 하고, 범죄자가 되지 않으려면 수사기관 홈페이지에 접속하여 정보를 입력하여야 한다고 하여 이 믿고서 금융정보를 입력한 것이므로, 甲 등은 과실이 없다고 주장하나, 보이스피싱 방식의 금융사기가 사회문제가 된 지 상당한기간이 경과하였을 뿐만 아니라 그동안 그 범행방법이 점점 지능화되고 있음은 언론을 통하여 많은 홍보가 이루어져 왔던 점, 甲 등의 연령이 모두 20대 중반부터 30대 중반인 점 등에 비추어 보면, 甲 등이 주장하는 위 사정만으로는 위 인정을 뒤집기에 부족하므로 위 주장은 받아들일 수 없다.

다만 乙로서도 '보이스피싱' 범죄가 우리 사회에서 커다란 문제로 이미 부각되어 금융감독원과 금융위원회가 앞서 본 바와 같이 위 보이스피싱 범죄가 일어나기 이전에 이미 신종 수법으로 카드론을 이용한 보이스피싱이 증가함에 따라 카드론 대출 실행절차를 보다 엄격히 운영하도록 지도하는 등 본인 확인절차를 강화하도록 지도를 하였음에도 공인인증서 등을 통한 본인 확인절차만을 거쳤고, 더욱이 위 각 대출계약의 신청서에 입력된 甲 등의 집 주소와 전화번호의 지역번호가 일치하지 아니하고 직장주소와 직장전화번호의 지역번호가 일치하지 아니하거나 집 주소로 입력된 번지가 통상적이지 않아 쉽게 의심할 수 있음에도 이를 간과하였을 뿐만 아니라 乙은 다른 금융기관과 달리 위 각 대출신청시 甲 등의 휴대전화에 대출신청이 있었다는 내용 없이 단지 '·····
·은행 [인증번호] 입력바랍니다. 타금융사 사칭 불법수수료 요구 주의!'라는 내용의 문자메세지만 전송한 잘못이 있고 乙의 이러한 잘못이 乙이 입은 손해의 발생과 확대에 크게 기여하였고, 성명불상자가 甲 등에게 甲 등의 이름 및 주민등록번호 등 개인정보를 미리 알고서 이를 확인하면서 통화를 하였던 점 등을 참작하여 乙의 손해에 관한 甲 등의 책임을 40%로 제한한다(서울중앙지방법원 2013. 2. 15. 선고 2012가단5088900, 2012가단340108(반소) 판결).

■ 보이스피싱에 사용된 통장명의자의 법적 책임을 져야 할까요?

Q. 직장을 잃고 편의점에서 아르바이트를 하고 있는 甲은 우연히 손님 乙에게 힘든 사정을 이야기하게 되었습니다.

乙은 자신이 대기업회장을 잘 아는데 취업을 주선해줄 수 있다고 하며 甲명의의 통장, 현금카드, 비밀번호, 주민등록증 사본을 요청했고 甲은 반드시 취업을 해야한다는 생각에 이를 乙녀에게 넘겨주었습니다. 그러나 甲의 통장은 보이스피싱범죄에 사용되었고 피해자로부터 보이스피싱 사기범과 함께 통장명의자인 자신도 불법행위로 인한 손해배상청구소송을 당하게 되었는데 과연 법적 책임을 져야 할까요?

A. 보이스피싱 범죄조직은 입출금이 가능한 통장을 확보하는 것이 최우선 과제라고 합니다. 이를 위하여, 노숙자에게 돈을 주고 통장 명의를 빌리거나, 취업, 상품 판매, 자금 대출, 투자 등을 명목으로 통장 명의를 확보해서 범죄 목적으로 사용하는 사례가 많이 있습니다.

사례의 경우 먼저 형사책임과 관련하여, 「전자금융거래법」에 따르면 현금카드 등의 전자식 카드나 비밀번호 등과 같은 전자금융거래에서 사용되는 접근매체를 양도하는 행위를 원칙적으로 금지하고, 그 위반행위를 3년 이하의 징역 또는 2천만원 이하의 벌금으로 처벌하고 있습니다 (「전자금융거래법」 제6조제3항제1호 및 제49조제4항제1호). 구체적으로 어떤 목적으로 사용될지 모른다고 하더라도 양도행위 자체를 처벌함으로써 속칭 대포 통장이 생기지 않도록 하기 위한 조치로서, 甲이 모르는 사람에게 통장과 현금카드를 건네주고 비밀번호까지 알려준 행위는 이 법에 따라 형사처벌될 수 있습니다(대법원 2014.12.24.선고 2013다98222 판결).

문제는 민사책임, 즉, 보이스피싱 범죄의 피해자에 대한 손해배상책임을 인정할 것인가 여부입니다. 만약, 갑이 통장, 카드, 비밀번호 등을 제공하지 않았다고 하면, 보이스피싱 범죄가 성공하지 못하였을 수 있고,

게다가, 보이스피싱 범죄 피해자 입장에서 보면, 돈을 입금 받은 예금주를 상대로 손해배상 청구를 할 수 있는가 또는 할 수 없는가의 문제이기 때문입니다.

이 문제를 대법원은 상당인과관계를 인정할 수 있는가의 문제로 보고 있습니다. 즉, 단순히 물리적인 원인과 결과 관계가 있는가 여부가 아니라, 사회적으로 보았을 때, 통장 명의를 준 행위와 범죄 행위간에 인과관계를 인정하는 것이 과연 상당한가에 대해서 판단하고 있습니다.

어느 범위에서 상당인과관계를 인정할 수 있는가에 대해서, 대법원은 통장 등의 양도 당시의 정황, 당시 취업을 목적으로 하였고, 통장 등의 양도 등에 대해서 별도의 이익 제공이 없었으며, 취업 목적 이외에 다른 용도로 써도 된다고 허락한 정황이 없다는 점을 고려하여, 통장 제공 행위와 보이스피싱 범죄에 따른 피해 발생간의 상당인과관계를 인정하지 않고, 손해배상 책임을 부정하였습니다(대법원 2014. 12. 24. 선고 2013다98222 판결).

대법원의 입장은 보이스피싱 범죄 행위에 대해서 전혀 관여한 바가 없고, 오히려 속아서 통장을 넘겨준 사람은 어느 정도 보호 받아야한다는 정책적인 고려도 있는 것으로 보입니다.

그러나, 만약, 甲이 손님이 보이스피싱 조직과 관련되는 일을 하고 있다고 충분히 의심할 수 있었거나, 통장제공에 대한 별도의 대가를 제공받았거나, 취업 목적뿐만 아니라 그 손님의 개인적인 목적으로도 사용하도록 허락하였다면, 대법원은 상당인과관계를 인정하였을 수도 있었을 것입니다.

■ 보이스피싱으로 편취당한 금액에 대해서도 압류금지채권의 범위변경이 가능한지요?

Q. 甲은 보이스피싱 범죄를 당하여 2○○만원을 보이스피싱 범죄의 공범이자 통장대여자인 乙의 계좌로 이체하였습니다. 甲은 乙을 상대로 한 손해배상청구 소송에서 승소확정판결을 받았고, 피해금액이 있는 乙 계좌의 예금채권에 대해 압류 및 추심명령을 신청하였습니다. 그러나 법원은 민사집행법 제246조 제1항 제8호와 동법 시행령 제7조에 따른 예금에 대하여 압류를 금지하였습니다. 甲은 어떠한 방법으로 구제를 받을 수 있을까요?

A. 민사집행법 제246조 제1항 제8호는 '채무자의 1월간 생계유지에 필요한 예금'은 압류금지채권으로 규정하고 있습니다. 그리고 같은 조 제3항에서는 '법원은 당사자가 신청하면 채권자와 채무자의 생활형편, 그 밖의 사정을 고려하여 압류명령의 전부 또는 일부를 취소하거나 제1항의 압류금지채권에 대하여 압류명령을 할 수 있다.'고 규정하고 있습니다.

속칭 보이스피싱 사건에서 채권자가 통장대여자인 채무자의 예금계좌를 압류할 때, 채무자의 예금채권은 채무자의 사기행위 내지 전자금융거래법 위반에 속하는 예금계좌 양도행위라는 범죄행위로 인하여 취득한 범죄수익에 해당한다고 볼 수 있고, 실제로 피해자인 채권자가 자신의 예금을 채무자의 계좌로 이체한 것에 불과한 것이라고 할 것입니다.

따라서 이는 민사집행법 제246조 제1항 제8호에서 정한 예금으로 보기가 어려우므로, 채권자 甲은 민사집행법 제246조 제3항에 따라 압류금지채권에 대한 압류명령을 하여 달라는 신청을 할 수 있을 것이라 사료됩니다.

■ 보이스피싱으로 인해 제공된 개인정보로 인해 대출이 된 경우 명의자에 대해 대출계약의 효력이 발생하는지요?

Q. 보이스피싱으로 인해 개인정보를 제공한 자(甲)가 그 개인정보가 활용되어 자신의 명의로 대출이 된 경우 명의자는 대출업자(乙)에 대해 계약자로서의 책임을 지게 되나요?

A. 법원은 성명불상자인 보이스피싱의 사기범이 甲들을 속여 계좌 및 카드 번호와 공인인증서 비밀번호 등의 정보를 얻었으므로 성명불상자에게 甲들을 대리할 기본대리권이 없을 뿐만 아니라 다음과 같은 사정 즉, ① 공인인증서는 공인인증기관이 발급자의 신원을 확인한 후 발급하는 것으로서(전자서명법 제15조), 전자문서에 서명하는 용도 이외에 본 인확인수단으로도 사용되며(같은 법 제18조의2), 다른 사람에게 공 인인증서를 양도·대여하거나 이용범위·용도를 벗어나 부정하게 사용 하는 것이 엄격하게 금지되어 있으므로(같은 법 제23조), 전자적 정 보의 형태로 저장된 공인인증서와 이를 이용하기 위한 비밀번호등의 정 보를 타인이 소지하는 것은 매우 이례적이기는 하나, 2006년경부터 보 이스피싱이나 해킹에 의한 금융정보 유출로 인한 금융사고의 발생이 빈 번한 점, 금융감독원과 금융위원회는 2011. 5. 30.경 신종 수법으로 카드론을 이용한 보이스피싱이 증가함에 따라 카드론 대출 실행절차를 보다 엄격히 운영하도록 지도하는 등 본인 확인절차를 강화하도록 금융 기관 등에 지도한다는 내용의 보도자료를 배포하고 그 무렵 금융기관등 에 위와 같은 지도를 한 것으로 보이는 점 등에 비추어 甲들 명의의 공인인증서가 위 각 대출계약에 사용되었다는 사정만으로는 乙이 본인 확인절차를 제대로 마쳤다고 보기는 어려운 점, ② 더욱이 위 각 대출 계약의 신청서에 입력된 甲들의 집주소와 전화번호의 지역번호가 일치 하지 아니하고 직장주소와 직장전화번호의 지역번호가 일치하지 아니하 거나 집 주소로 입력된 번지가 통상적이지 않아 제3자에 의한 행위임 을 쉽게 의심할 수 있음에도 乙은 본인 확인을 위한 다른 절차를 전혀

취하지 아니한 점 등을 종합하면, 乙은 위 성명불상자가 본인 자신으로서 본인의 권한을 행사하는 것으로 믿은 데 정당한 사유가 있었다고 인정할 수 없으므로, 위 각 대출계약은 甲들에 대하여 효력이 없다고 판시한 바 있습니다(서울중앙지방법원 2013. 2. 15. 선고 2012가단5088900, 2012가단340108(반소) 판결).

■ 보이스피싱에 속아 통장에 입금한 자가 통장 명의자를 상대로 하여 피해금액 전체 부당이득반환청구가 인정되는지요?

Q. 보이스피싱에 속아 통장에 입금한 자가 통장명의자를 상대로 하여 피해금액 전체에 대한 부당이득반환청구가 인정되는지요?

A. 대법원은 계약상 급부가 계약의 상대방뿐만 아니라 제3자의 이익으로 된 경우에 급부를 한 계약당사자가 계약 상대방에 대하여 계약상의 반대급부를 청구할 수 있는 이외에 그 제3자에 대하여 직접 부당이득반환청구를 할 수 있다고 보면, 자기 책임하에 체결된 계약에 따른 위험부담을 제3자에게 전가시키는 것이 되어 계약법의 기본원리에 반하는 결과를 초래할 뿐만 아니라, 채권자인 계약당사자가 채무자인 계약 상대방의 일반채권자에 비하여 우대받는 결과가 되어 일반채권자의 이익을 해치게 되고, 수익자인 제3자가 계약 상대방에 대하여 가지는 항변권 등을 침해하게 되어 부당하므로, 위와 같은 경우 계약상 급부를 한 계약당사자는 이익의 귀속 주체인 제3자에 대하여 직접 부당이득반환을 청구할 수는 없고(대법원 2010. 6. 24. 선고 2010다9269 판결 참조), 이는 제3자가 원인관계인 법률관계에 무효 등의 흠이 있었다는 사실을 알고 있었다고 할지라도 마찬가지(대법원 2008. 9. 11. 선고 2006다46278 판결 등 참조)라고 보고 있습니다.

따라서 통장명의자가 보이스피싱 사기범과 동일인이라거나, 피해자한테서 직접 법률상 원인 없이 이득을 얻었다는 점을 인정하기에 부족하다면, 보이스피싱 주범의 사기를 이유로 계약을 취소하였다고 하더라도, 이를 이유로 통장명의자에게 직접 부당이득의 반환을 구할 수는 없다고 할 것입니다(전주지방법원 2012. 5. 23. 선고 2011나9771 판결 참조).

■ 보이스피싱에 속아 통장에 입금한 자가 통장 명의자를 상대로 하여 피
해금액 중 통장에 남아있는 금액에 대한 부당이득반환청구가 인정될 수
있는지요?

Q. 보이스피싱에 속아 통장에 입금한 자가 통장명의자를 상대로 하여
피해금액 중 통장에 남아있는 금액에 대한 부당이득반환청구가 인
정될 수 있는지요?

A. 보이스피싱에 속아 통장에 입금한 경우, 통장에 보이스피싱으로 인한
피해금액이 남아있다면 이는 은행에 대해 예금반환청구권을 가지는 통
장명의자가 보이스피싱 피해자로부터 직접 법률상 원인 없이 재산상 이
익을 얻었다고 볼 수 있습니다. 따라서 보이스피싱에 속아 통장에 입금
한 피해자는 통장명의자를 상대로 하여 피해금액 중 통장에 남아있는
금액에 대해 부당이득반환청구가 인정될 수 있습니다(서울동부지방법원
2011. 3. 28. 선고 2010가단50237 판결 참조).

■ 보이스피싱 관련 전자금융거래법 제9조 제2항에서 정한 '이용자의 고의
나 중대한 과실'이 있는지 판단하는 기준이 어떻게 되나요?

Q. 보이스피싱 관련 전자금융거래법 제9조 제2항에서 정한 '이용자의
고의나 중대한 과실'이 있는지 판단하는 기준이 어떻게 되나요?

A. 대법원은 현재 보이스피싱 관련하여 전자금융거래법 제9조, 전자금융거
래법 시행령 제8조 등에서 정하는 '고의 또는 중대한 과실'이 있는지 여
부는 접근매체의 위조 등 금융사고가 일어난 구체적인 경위, 그 위조 등
수법의 내용 및 그 수법에 대한 일반인의 인식 정도, 금융거래 이용자의
직업 및 금융거래 이용경력 기타 제반 사정을 고려하여 판단하는 것으
로 보고 있습니다(대법원 2014. 1. 29. 선고 2013다86489 판결).

■ 은행이 공인인증서 재발급에 있어 이용자에게 이를 문자메세지 등을 이용하여 통지할 주의의무가 있는지요?

Q. 甲이 금융기관인 乙주식회사에서 예금계좌를 개설하여 금융거래를 하면서 인터넷뱅킹서비스를 이용하여 왔는데, 丙이 전화금융사기 (이른바 보이스피싱)를 통하여 甲에게서 취득한 금융거래정보를 이용하여 甲명의의 공인인증서를 재발급받아 다른 금융기관들로부터 대출서비스 등을 받은 사안에서 乙주식회사에게 공인인증서의 재발급에 있어서 甲에게 이를 문자메시지 등을 이용하여 통지할 주의의무가 있나요?

A. 대법원은 甲이 乙주식회사가 공인인증서가 재발급되는 경우에는 이용자에게 이를 통지하여야 할 주의의무가 있음에도 乙주식회사가 이를 게을리하여 甲이 이 사건 금융사고를 방지하지 못하게 하였으므로 乙주식회사는 민법 제760조 제3항이 규정한 과실에 의한 불법행위방조책임에 따라 甲이 입은 손해를 배상할 책임이 있다고 한 주장에 대해, 乙주식회사에게 공인인증서의 재발급에 있어서 甲에게 이를 문자메시지 등을 이용하여 통지할 주의의무가 있다고 할 수 없고 오히려 문자메시지 등을 이용한 통지는 乙주식회사가 이용자의 요청에 따라 제공하는 서비스로 보이는데 甲은 인터넷뱅킹서비스 신청 당시 보안SMS 신청을 하지 아니하였으며, 설령 乙주식회사에게 그러한 주의의무가 있다고 하더라도 이를 이행하지 아니함으로써 이 사건 금융사고가 발생하였다고 할 수 없으므로, 甲의 위 주장은 이유 없다고 판시한 바 있습니다(대법원 2014. 1. 29. 선고 2013다86489 판결).

■ 전자금융거래법에서 정한 '이용자의 고의나 중대한 과실'이 있는 경우에 해당하는지요?

Q. 甲이 금융기관인 乙주식회사 등에서 금융거래를 하면서 인터넷뱅킹 서비스를 이용했는데, 丙이 전화금융사기를 통하여 甲에게서 취득한 금융거래정보를 이용하여 甲명의의 공인인증서를 재발급받아 다른 금융기관들로부터 대출서비스 등을 받은 사안에서, 甲의 금융거래정보 노출행위가 금융사고의 발생에 이용자의 '중대한 과실'이 있는 경우에 해당하는지요?

A. 대법원은 위와 같은 사례에서 ① 이 사건 금융사고 당시에는 전화금융사기(이른바 보이스피싱)가 빈발하여 이에 대한 사회적인 경각심이 높아진 상태이었던 점, ② 甲은 이 사건 금융사고 당시 만 33세로서 공부방을 운영하는 등 사회경험이 있었고 1년 이상 인터넷뱅킹서비스를 이용하여 왔던 점, ③ 甲은 관련 형사사건의 조사과정에서 성명불상자로부터 '001'로 시작되는 국제전화를 받아 순간 이상하다는 생각을 하였다고 진술하고 있는 점, ④ 그럼에도 甲은 제3자에게 접근매체인 공인인증서 발급에 필수적인 계좌번호, 계좌비밀번호, 주민등록번호, 보안카드번호, 보안카드비밀번호를 모두 알려준 점 등에 비추어 보면, 甲은 '제3자가 권한 없이 접근매체를 이용하여 전자금융거래를 할 수 있음을 알았거나 쉽게 알 수 있었음에도 이를 노출'하였다고 볼 것이므로, 결국 甲의 위와 같은 금융거래정보 노출행위는 전자금융거래법 제9조 제2항, 제3항, 같은 법 시행령 제8조 제2호, 乙들의 전자금융거래 기본약관 제20조가 정하는 금융사고의 발생에 이용자의 '중대한 과실'이 있는 경우에 해당한다고 판단한 바 있습니다(대법원 2014. 1. 29. 선고 2013다86489 판결).

■ 구청장의 주민등록번호 변경신청 거부행위에 대해 항고소송을 제기할 수 있을까요?

Q. 甲 등이 인터넷 포털사이트 등의 개인정보 유출사고로 자신들의 주민등록번호 등 개인정보가 불법 유출되자 이를 이유로 관할 구청장에게 주민등록번호를 변경해 줄 것을 신청하였으나 구청장이 '주민등록번호가 불법 유출된 경우 주민등록법상 변경이 허용되지 않는다'는 이유로 주민등록번호 변경을 거부하였습니다. 이 경우 구청장의 주민등록번호 변경신청 거부행위에 대해 항고소송을 제기할 수 있을까요?

A. 국민의 적극적 신청행위에 대하여 행정청이 그 신청에 따른 행위를 하지 않겠다고 거부가 항고소송의 대상이 되는 행정처분에 해당하기 위해서는, 신청한 행위가 공권력의 행사 또는 이에 준하는 행정작용이어야 하고, 거부행위가 신청인의 법률관계에 어떤 변동을 일으키는 것이어야 하며, 국민에게 행위발동을 요구할 법규상 또는 조리상의 신청권이 있어야 합니다.

대법원은 주민등록번호 변경신청 거부처분에 대해 "피해자의 의사와 무관하게 주민등록번호가 불법 유출된 경우 개인의 사생활뿐만 아니라 생명?신체에 대한 위해나 재산에 대한 피해를 입을 우려가 있고, 실제 유출된 주민등록번호가 다른 개인정보와 연계되어 각종 광고 마케팅에 이용되거나 사기, 보이스피싱 등의 범죄에 악용되는 등 사회적으로 많은 피해가 발생하고 있는 것이 현실인 점, 반면 주민등록번호가 유출된 경우 그로 인하여 이미 발생하였거나 발생할 수 있는 피해 등을 최소화할 수 있는 충분한 권리구제방법을 찾기 어려운데도 구 주민등록법(2016. 5. 29. 법률 제14191호로 개정되기 전의 것)에서는 주민등록번호 변경에 관한 아무런 규정을 두고 있지 않은 점, 주민등록법령상 주민등록번호 변경에 관한 규정이 없다거나 주민등록번호 변경에 따른 사회적 혼란 등을 이유로 위와 같은 불이익을 피해자가 부득이한 것으로 받아들여야 한다고 보는 것은 피해자의 개인정보자기결정권 등 국민의 기본권 보장의 측면에서 타당하지 않은 점, 주민등록번호를 관리하는 국가로서는 주민등록번호가 유출된 경우 그로 인한 피해가 최소화되도록 제도를 정비하고 보완해야 할 의무가 있으며, 일률적으로 주민등록번호를 변경할 수 없도록 할 것이 아니라 만약 주민등록번호 변경이 필요한 경우가 있다면 그 변경에 관한 규정을 두어서 이를 허용해야 하는 점 등을 종합하면, 피해자의 의사와 무관하게 주민등록번호가 유출된 경우에는 조리상 주민등록번호의 변경을 요구할 신청권을 인정함이 타당하다"고 판시한 바 있습니다(대법원 2017. 6. 15. 선고 2013두2945 판결).

이러한 판례의 태도에 따르면, 구청장의 주민등록번호 변경신청 거부행위는 항고소송의 대상이 되는 행정처분에 해당한다고 볼 수 있습니다.

(관련판례)

갑 등이 인터넷 포털사이트 등의 개인정보 유출사고로 자신들의 주민등록번호 등 개인정보가 불법 유출되자 이를 이유로 관할 구청장에게 주민등록번호를 변경해 줄 것을 신청하였으나 구청장이 '주민등록번호가 불법 유출된 경우 주민등록법상 변경이 허용되지 않는다'는 이유로 주민등록번호 변경을 거부하는 취지의 통지를 한 사안에서, 피해자의 의사와 무관하게 주민등록번호가 불법 유출된 경우 개인의 사생활뿐만 아니라 생명·신체에 대한 위해나 재산에 대한 피해를 입을 우려가 있고, 실제 유출된 주민등록번호가 다른 개인정보와 연계되어 각종 광고 마케팅에 이용되거나 사기, 보이스피싱 등의 범죄에 악용되는 등 사회적으로 많은 피해가 발생하고 있는 것이 현실인 점, 반면 주민등록번호가 유출된 경우 그로 인하여 이미 발생하였거나 발생할 수 있는 피해 등을 최소화할 수 있는 충분한 권리구제방법을 찾기 어려운데도 구 주민등록법(2016. 5. 29. 법률 제14191호로 개정되기 전의 것)에서는 주민등록번호 변경에 관한 아무런 규정을 두고 있지 않은 점, 주민등록법령상 주민등록번호 변경에 관한 규정이 없다거나 주민등록번호 변경에 따른 사회적 혼란 등을 이유로 위와 같은 불이익을 피해자가 부득이한 것으로 받아들여야 한다고 보는 것은 피해자의 개인정보자기

결정권 등 국민의 기본권 보장의 측면에서 타당하지 않은 점, 주민등록번호를 관리하는 국가로서는 주민등록번호가 유출된 경우 그로 인한 피해가 최소화되도록 제도를 정비하고 보완해야 할 의무가 있으며, 일률적으로 주민등록번호를 변경할 수 없도록 할 것이 아니라 만약 주민등록번호 변경이 필요한 경우가 있다면 그 변경에 관한 규정을 두어서 이를 허용해야 하는 점 등을 종합하면, 피해자의 의사와 무관하게 주민등록번호가 유출된 경우에는 조리상 주민등록번호의 변경을 요구할 신청권을 인정함이 타당하고, 구청장의 주민등록번호 변경신청 거부행위는 항고소송의 대상이 되는 행정처분에 해당한다고 한 사례(대법원 2017. 6. 15. 선고 2013두2945 판결).

■ 보이스피싱으로 편취당한 금액에 대해서도 압류금지채권의 범위변경이
가능한지요?

Q. 甲은 보이스피싱 범죄를 당하여 200만원을 보이스피싱 범죄의 공
범이자 통장대여자인 乙의 계좌로 이체하였습니다. 甲은 乙을 상대
로 한 손해배상청구 소송에서 승소확정판결을 받았고, 피해금액이
있는 乙 계좌의 예금채권에 대해 압류 및 추심명령을 신청하였습니
다. 그러나 법원은 민사집행법 제246조 제1항 제8호와 동법 시행
령 제7조에 따른 예금에 대하여 압류를 금지하였습니다. 甲은 어떠
한 방법으로 구제를 받을 수 있을까요?

A. 민사집행법 제246조 제1항 제8호는 '채무자의 1월간 생계유지에 필요
한 예금'은 압류금지채권으로 규정하고 있습니다. 그리고 같은 조 제3항
에서는 '법원은 당사자가 신청하면 채권자와 채무자의 생활형편, 그 밖
의 사정을 고려하여 압류명령의 전부 또는 일부를 취소하거나 제1항의
압류금지채권에 대하여 압류명령을 할 수 있다.'고 규정하고 있습니다.
속칭 보이스피싱 사건에서 채권자가 통장대여자인 채무자의 예금계좌를
압류할 때, 채무자의 예금채권은 채무자의 사기행위 내지 전자금융거래
법 위반에 속하는 예금계좌 양도행위라는 범죄행위로 인하여 취득한 범
죄수익에 해당한다고 볼 수 있고, 실제로 피해자인 채권자가 자신의 예
금을 채무자의 계좌로 이체한 것에 불과한 것이라고 할 것입니다.
따라서 이는 민사집행법 제246조 제1항 제8호에서 정한 예금으로 보
기가 어려우므로, 채권자 甲은 민사집행법 제246조 제3항에 따라 압류
금지채권에 대한 압류명령을 하여 달라는 신청을 할 수 있을 것이라 사
료됩니다.

■ 보이스피싱에 가담한 자가 피해자의 돈을 임의 인출한 경우, 횡령죄가
성립하나요?

Q. 甲은 전기통신금융사기에 이용될 것을 알면서도 자신 계좌에 연결
된 접근매체를 양도한 후 그 계좌에 입금된 사기 피해자의 돈을 임
의로 인출하였습니다. 이 경우 甲에게 횡령죄가 성립하나요?

A. 전기통신금융사기(이른바 보이스피싱 범죄)의 범인이 피해자를 기망하
여 피해자의 돈을 사기이용계좌로 송금·이체받았다면 이로써 편취행위
는 기수에 이릅니다(대법원 2003. 7. 25. 선고 2003도2252 판결,
대법원 2010. 12. 9. 선고 2010도6256 판결 등 참조). 따라서 범인
이 피해자의 돈을 보유하게 되었다고 하더라도 이로 인하여 피해자와
사이에 어떠한 위탁 또는 신임관계가 존재한다고 할 수 없는 이상 피해
자의 돈을 보관하는 지위에 있다고 볼 수 없으며, 나아가 그 후에 범인
이 사기이용계좌에서 현금을 인출하였다고 하더라도 이는 이미 성립한
사기범행의 실행행위에 지나지 아니하여 새로운 법익을 침해한다고 보
기도 어려우므로, 위와 같은 인출행위는 사기의 피해자에 대하여 따로
횡령죄를 구성하지 아니한다. 그리고 이러한 법리는 사기범행에 이용되
리라는 사정을 알고서도 자신 명의 계좌의 접근매체를 양도함으로써 사
기범행을 방조한 종범이 사기이용계좌로 송금된 피해자의 돈을 임의로
인출한 경우에도 마찬가지로 적용됩니다(대법원 2017. 5. 31. 선고
2017도3045 판결). 그러므로 甲에게는 별도의 횡령죄가 성립하지 않
습니다.

(관련판례)
전기통신금융사기(이른바 보이스피싱 범죄)의 범인이 피해자를 기망
하여 피해자의 자금을 사기이용계좌로 송금·이체받으면 사기죄는 기
수에 이르고, 범인이 피해자의 자금을 점유하고 있다고 하여 피해자
와의 어떠한 위탁관계나 신임관계가 존재한다고 볼 수 없을 뿐만 아
니라, 그 후 범인이 사기이용계좌에서 현금을 인출하였더라도 이는
이미 성립한 사기범행이 예정하고 있던 행위에 지나지 아니하여 새로

운 법익을 침해한다고 보기도 어려우므로, 위와 같은 인출행위는 사기의 피해자에 대하여 별도의 횡령죄를 구성하지 아니한다. 이러한 법리는 사기범행에 이용되리라는 사정을 알고서 자신 명의 계좌의 접근매체를 양도함으로써 사기범행을 방조한 종범이 사기이용계좌로 송금된 피해자의 자금을 임의로 인출한 경우에도 마찬가지로 적용된다 (대법원 2017. 5. 31. 선고 2017도3894 판결).

■ 성명불상자에게 자기명의의 은행통장을 촬영하여 가도록 허락한 행위가 전자금융거래법에서의 접근매체양도에 해당하는지요?

Q. 甲은 성명불상자로부터 '당신 명의 통장에 들어온 돈을 인출해 주면 소정의 수수료를 주겠다.'는 내용의 아르바이트를 제안하는 문자를 받았고, 구직을 하고 싶은 마음에 성명불상자의 필요하다는 요청에 따라 甲 명의의 은행 통장과 신분증을 촬영해 가도록 허락하였습니다. 이 경우 갑은 전자금융거래법에서 정해진 접근매체양도 금지 규정에 위반하여 처벌되나요?

A. 전자금융거래법(이하 '법'이라 합니다)은 '대가를 수수·요구 또는 약속하면서 접근매체를 대여하는 행위'를 금지하고(법 제6조 제3항 제2호), 이를 위반하여 접근매체를 대여한 자를 처벌하고 있습니다(법 제49조 제4항 제2호).
여기에서 '접근매체'란 전자금융거래에서 거래지시를 하거나 이용자 및 거래내용의 진실성과 정확성을 확보하기 위하여 사용되는 전자식 카드 및 이에 준하는 전자적 정보[(가)목], 전자서명법 제2조 제4호 의 전자서명생성정보 및 같은 조 제7호의 인증서[(나)목], 금융회사 또는 전자금융업자에 등록된 이용자번호[(다)목], 이용자의 생체정보[(라)목], (가)목 또는 (나)목의 수단이나 정보를 사용하는 데 필요한 비밀번호 [(마)목] 중 어느 하나에 해당하는 수단 또는 정보를 말하는 것이고(법 제2조 제10호). '이용자'란 전자금융거래를 위하여 금융회사 또는 전자금융업자와 체결한 계약(이하 '전자금융거래계약'이라 한다)에 따라 전자금융거래를 이용하는 자를 말하며(같은 조 제7호), '거래지시'란 이용자가 전자금융거래계약에 따라 금융회사 또는 전자금융업자에게 전자금융거래의 처리를 지시하는 것을 말하는 것입니다(같은 조 제17호).

위 법의 규정들을 해석해 보면 일반적인 보이스피싱 범행에서의 수단과 같이 체크카드나 예금통장을 빌려준 경우라면 체크카드나 예금통장에 부착된 마그네틱 띠에 포함된 전자정보가 접근매체로서의 기능을 하게 되므로 접근매체의 대여라고 볼 수 있을 것입니다. 그러나 예금통장에 기재된 계좌번호를 제공한 것만으로는 전자금융거래 기능이 포함된 접근매체를 양도 또는 대여한 것으로 평가하기 어려울 것입니다.

판례도 "법 제6조 제3항 제2호 에서 정한 '접근매체의 대여'는 대가를 수수·요구 또는 약속하면서 일시적으로 다른 사람으로 하여금 접근매체 이용자의 관리·감독 없이 접근매체를 사용해서 전자금융거래를 할 수 있도록 접근매체를 빌려주는 행위를 가리킨다. 전자금융거래 기능이 포함된 예금통장에서 접근매체로서 기능을 하는 것은 그 통장에 부착된 마그네틱 띠이므로, 이용자가 대가를 수수·요구 또는 약속하면서 제3자에게 예금통장에 부착된 마그네틱 띠에 포함된 전자정보를 이용하여 전자금융거래를 할 수 있도록 예금통장을 빌려주었다면 이는 접근매체의 대여에 해당한다. 그러나 예금통장에 기재된 계좌번호가 포함된 면을 촬영하도록 허락한 것에 지나지 않는다면 이는 접근매체를 용도대로 사용하는 것이 애초에 불가능하므로, 접근매체의 대여에 해당한다고 볼 수 없다(대법원 2017. 8. 18. 선고 2016도8957 판결)."라고 판시하여 단순히 예금통장에 기재된 계좌번호가 포함된 면을 촬영하도록 허락한 경우에는 전자금융거래법 위반으로 처벌받지 않는다고 보았습니다.

(관련판례)

전기통신금융사기(이른바 보이스피싱 범죄)의 범인이 피해자를 기망하여 피해자의 자금을 사기이용계좌로 송금·이체받으면 사기죄는 기수에 이르고, 범인이 피해자의 자금을 점유하고 있다고 하여 피해자와의 어떠한 위탁관계나 신임관계가 존재한다고 볼 수 없을 뿐만 아니라, 그 후 범인이 사기이용계좌에서 현금을 인출하였더라도 이는 이미 성립한 사기범행이 예정하고 있던 행위에 지나지 아니하여 새로운 법익을 침해한다고 보기도 어려우므로, 위와 같은 인출행위는 사기의 피해자에 대하여 별도의 횡령죄를 구성하지 아니한다. 이러한 법리는 사기범행에 이용되리라는 사정을 알고서 자신 명의 계좌의 접근매체를 양도함으로써 사기범행을 방조한 종범이 사기이용계좌로 송금된 피해자의 자금을 임의로 인출한 경우에도 마찬가지로 적용된다 (대법원 2017. 5. 31. 선고 2017도3894 판결).

■ 착오송금의 송금인이 수취은행대하여 부당이득반환을 청구할 수 있는지요?

Q. 송금인이 착오로 타인의 은행계좌로 계좌이체하자 수취은행이 그 수취인에 대한 대출금반환채권을 위 예금반환채권과 상계한 경우, 계좌이체한 송금인이 수취은행에 대하여 부당이득반환을 청구할 수 있는지요?

A. 송금인이 착오로 타인의 은행계좌로 계좌이체하자 수취은행이 그 수취인에 대한 대출금반환채권을 위 예금반환채권과 상계한 경우, 계좌이체한 송금인이 수취은행에 대하여 부당이득반환을 청구할 수 없을 가능성이 있습니다(전주지방법원 2005. 9. 1. 선고 2005나1585 판결).

일반적으로 예금은 계좌이체의 방법, 즉 특정은행에 계좌를 개설하고 있는 자의 의뢰에 따라 송금의뢰인의 계좌에 예금된 일정금액을 다른 은행(이하 '수취은행'이라 한다)에 계좌를 개설하고 있는 자(이하 '수취인'이라 한다)의 계좌로 현실적인 현금의 수수없이 대체입금시키는 방법에 의하여도 행해질 수 있고, 이 경우 수취인의 예금반환채권은 수취은행이 수취인의 예금계좌에 입금기장을 함으로써 성립된다 할 것인바, 정○○의 피고에 대한 150만 원의 예금반환채권은 피고가 2004. 4.

29. 정○○의 계좌에 입금기장함으로써 일단 성립하였고, 피고가 정○○에 대하여 대출금반환채권을 가지고 있었는데 정○○가 이를 연체한 사실은 앞에서 인정한 바와 같으므로, 피고가 위 대출금반환채권을 자동채권으로 하여 위 예금반환채권과 상계한 것은 특별한 사정이 없는 한 정당하다 할 것이어서, 정○○가 원고에게 150만 원 상당의 부당이득반환의무를 부담하는지 여부는 별론으로 하고, 피고가 원고에게 동액 상당의 부당이득반환의무를 진다는 원고의 위 주장은 이유 없다.

(관련판례)

[다수의견] 전기통신금융사기 피해 방지 및 피해금 환급에 관한 특별법(이하 '통신사기피해환급법'이라고 한다) 제15조의2 제1항(이하 '처벌조항'이라고 한다)이 처벌대상으로 삼고 있는 '통신사기피해환급법 제2조 제2호에서 정한 전기통신금융사기(이하 '전기통신금융사기'라고 한다)를 목적으로 하는 정보 또는 명령의 입력'이란 '타인에 대한 전기통신금융사기 행위에 의하여 자금을 다른 계좌(이하 '사기이용계좌'라고 한다)로 송금·이체하는 것을 목적으로 하는 정보 또는 명령의 입력'을 의미한다고 해석되며, 이러한 해석은 이른바 변종 보이스피싱 행위도 처벌할 수 있도록 하기 위하여 처벌조항을 신설하였다는 통신사기피해환급법의 개정이유에 의하여서도 뒷받침된다(대법원 2016. 2. 19. 선고 2015도15101 전원합의체 판결).

제5장

전자금융범죄 피해자 지원 및 피해 예방은?

제5장 전자금융범죄 피해자 지원 및 피해 예방은?

1. 보이스피싱 피해자에 대한 금융지원

1-1. 새희망힐링론

신용회복위원회는 금융회사, 금융업협회 및 금융감독원의 법인카드 포인트 등을 기부 받은 조성된 새희망힐링펀드를 재원으로 금융 관련 피해로 인해 생계유지가 어려운 서민·취약계층에게 학자금, 의료비, 생계비 등 긴급자금을 대출하는 "새희망힐링론"을 운영하고 있습니다.

1-2. 새희망힐링론 지원대상

① 새희망힐링론은 보이스피싱에 따른 금융피해자로서 연소득 4천만원 이하이며, 신용등급 6등급 이하에 해당하거나, 신용등급에 관계 없이 연소득 2천만원 이하인 자를 대상으로 하고 있습니다.

② 지원내용

구분	조건
지원한도	금융피해 범위 내에서 최대 5백만원
대출내용	생활안정자금, 학자금
만　기	5년 이내
상환방법	2년 거치 3년 원리금균등 분할상환 (거치기간 중 이자납
금　리	연3%(원리금 24개월 이상 성실납부 시 2%)

③ 지원절차

신용회복위원회에 대출 신청 후 심사 적격자에 대하여 3영업일 이내 대출금을 지원하고 있습니다.

절 차	내 용
대출상담 및 신청	신용회복위원회 전국 44개 지부(출장소 포함) 대출신청서 및 서류 제출
심 사	적격여부 심사
약정체결	신용회복위원회 전국 44개 지부(출장소 포함)
대출금 지급	신청인 거래 은행에 입금

1-3. 새희망힐링론 신청

1-3-1. 대출신청서류

새희망힐링론을 신청할 때에는 다음의 서류를 제출해야 합니다.

1. 대출상담 및 대출신청서
2. 주민등록등본(최근 1개월), 신분증
3. 소득증빙서류(다음의 서류 중 하나)
   - 급여명세서(3개월분) 또는 통장사본
   - 근로소득원천징수영수증 또는 근로계약서
   - 소득확인서(사업주확인용)
4. 금융피해내용 및 입증서류

보이스피싱 피해자의 피해내용	증빙서류		발급기관
전기통신금융사기로 인한 개인정보유출 등으로 자금을 송금·이체함으로써 발생한 재산상의 피해	피해신고 확인서	택 1	경찰청
	사건사고 접수확인원		경찰청
	법원 판결문		법원

1-3-2. 신청방법

① 새희망힐링론을 신청하려는 보이스피싱 금융피해자는 신용회복위원회의 전국 지부상담소에서 상담 및 신청접수(☎1600-5500)를 할 수 있습니다.

② 신용회복위원회 전국 지부상담소에 대한 정보는 <신용회복위원회 (www.ccrs.or.kr) - 위원회 소개 - 지부상담소 위치안내>에서 확인할 수 있습니다.

2. 전자금융범죄 피해 예방 제도

2-1. 전자금융사기 예방서비스

2-1-1. 제도 개요

"전자금융사기 예방서비스"란 공인인증서 재발급 및 인터넷뱅킹을 통한 전자자금 이체 시 본인확인 절차를 강화함으로써 전자금융범죄에 따른 피해를 예방하는 제도를 말합니다.

2-1-2. 주요내용

① 적용 대상 : 개인고객(은행, 증권, 저축은행, 신협, 우체국 새마을금고, 농·수협 등)

② 대상 거래 : ㉠공인인증서를 재발급 받거나(유효기간 내 갱신은 제외함) 타행(기관) 발급 공인인증서를 등록하는 경우, ㉡ 인터넷뱅킹을 통해 300만원 이상(1일 누적기준) 이체 하는 경우

③ 신청 방법

개인 고객이 거래은행 인터넷뱅킹 홈페이지에서 신청할 수 있습니다.

④ 본인인증 방법

<"전자금융사기 예방서비스" 시행전·후 본인확인 방법 비교 >

■ "전자금융사기 예방서비스"에 가입하여 단말기를 지정하면, 추가 인증 절차를 거치지 않아도 되나요?

Q. "전자금융사기 예방서비스"에 가입하여 단말기를 지정하면 300만원 이상을 이체할 때, 추가 인증절차를 거치지 않아도 되나요?

A. 기존의 본인확인은 공인인증서와 보안카드 또는 OPT(일회용 비밀번호 생성기)를 통해 이루어지지만, "전자금융사기 예방서비스"를 신청하면 거래를 수행할 단말기를 지정하거나 추가로 휴대폰 문자 또는 전화 인증을 받아야 합니다.
이때, 지정된 단말기에서는 '추가 인증절차 없이'기존의 본인확인 방법대로 거래를 할 수 있습니다.
① 이용고객이 대상 거래를 수행할 단말기를 지정하는 경우
다음 방법 중 어느 하나의 본인인증 절차를 통해 지정한 이용고객의 거래이용 단말기(PC, 스마트폰 등 최대 5대)에서만 공인인증서 재발급 및 전자자금이체가 가능합니다.
1. 휴대폰 SMS 인증
2. 2채널 인증(인터넷뱅킹 이용 중인 PC 외에 유선전화 등 다른 채널을 통해 인증)
3. 영업점 방문(1회용 인증번호를 발급받아 신청화면에 입력함)
② 이용고객이 단말기를 지정하지 않는 경우
공인인증서 재발급 또는 타행 발급 공인인증서 등록 시
- 위 1, 2, 3 중 하나의 방법에 따라 추가로 본인인증을 받아야 합니다.
인터넷뱅킹을 통해 300만원 이상(1일 누적기준) 이체 시
- 위 1, 2 중 하나의 방법에 따라 추가로 본인인증을 받아야 합니다.
③ 추후에 고객이 추가인증을 원하지 않을 경우 위 1, 2 중 하나의 방법을 거쳐 'SMS 통지 서비스'도 이용 가능합니다.
④ 보안카드가 아닌 OTP 이용고객이 300만원 이상 이체시 추가 본인인증절차를 생략할 수 있습니다.

2-2. 비대면인출제한제도

2-2-1. 제도 개요

① "비대면인출제한제도"란 전자금융범죄의 추가 피해를 방지하기 위해 전자금융범죄 피해자의 지급정지 요청이 있는 경우 사기이용계좌 명의인의 정보를 교환하여 해당 계좌 명의인이 국내 금융회사에 개설한 예금계좌에 대해서 비대면인출거래를 제한하고 영업점 창구에서만 거래를 허용하는 제도를 말합니다.

② "비대면거래 채널"이란 자동화기기(CD/ATM기), 인터넷뱅킹, 텔레뱅킹, 모바일뱅킹 등을 말합니다.

2-2-2. 비대면인출거래 제한 조치 해제

① 비대면인출거래 제한 조치를 해제하기 위하여 사기이용계좌 명의인은 경찰·검찰·법원 등이 발행한 최종 처분결과서와 대여·양도한 예금계좌 일람표 등을 금융회사에 제출해야 합니다.

② 처분결과별 제출서류는 다음과 같습니다.

구분	제출서류
경찰에서 무혐의 처분을 받은 경우	해당 경찰서장이 발행한 무혐의 처분 공문 및 대여·양도된 예금계좌 일람표 예금계좌 일람표에 기재되어 있는 예금계좌에 대한 개설은행의 해지(또는 지급정지) 확인서
검찰에서 기소유예 처분을 받은 경우	기소유예 처분문서 사본 및 대여·양도된 예금계좌 일람표 예금계좌 일람표에 기재되어 있는 예금계좌에 대한 개설은행의 해지(또는 지급정지) 확인서
법원에서 벌금 등을 선고받은 경우	판결문 사본 및 대여·양도된 예금계좌 일람표 예금계좌 일람표에 기재되어 있는 예금계좌에 대한 개설은행의 해지 (또는 지급정지) 확인서

■ 비대면인출제한제도가 무엇인가요?

Q. 제 통장이 보이스피싱에 사용되었다고 하던데요. 그 뒤부터 제가 이용하던 모든 은행의 인터넷뱅킹을 할 수 없게 됐어요. 이게 어떻게 된 일이죠?

A. 전기통신금융사기 피해자가 사기에 이용된 계좌를 지급정지 요청하는 경우에 추가 피해를 예방하기 위하여 해당 금융회사 뿐 아니라 그 명의인이 개설한 예금 계좌 전부에 대해서 비대면인출거래를 제한하고 있습니다.
이것은 보이스피싱 사기에 이용된 계좌로 신고된 이상 해당 계좌 뿐 아니라, 명의인의 다른 계좌로 추가 피해가 발생할 우려가 있기 때문에 취하는 조치입니다.
그러므로 해당 계좌는 비대면인출이 제한된 상태예요. 이를 해제하려면 대여‥양도된 예금계좌가 해지되거나 지급정지 되었음을 확인할 수 있는 서류를 해당 금융회사에 제출해야 합니다.

2-3. 지연인출제도

2-3-1. 제도 개요

"지연인출제도"란 300만원 이상 현금입금(송금, 이체 등)된 통장에서 자동화기기(CD/ATM기 등)를 통해 현금카드 등으로 출금할 경우 10분 후에 인출할 수 있는 제도를 말합니다.

2-3-2. 주요내용

① 적용 대상 : 수취계좌(입금계좌) 기준 1회 300만원 이상 현금 입금된 건에 대해 카드 등으로 자동화기기에서 인출할 경우
② 지연 방법 : 1회 300만원 이상이 입금된 후 이체 등으로 잔액이 변동되어도 입금된 금액을 한도로 10분간 인출 지연
③ 참여 기관 : 입출금이 자유로운 예금(요구불예금) 취급기관(은행, 우

체국, 농·수·축협 및 산림조합, 신협, 새마을금고, 저축은행, 금융투자회사(증권사) 일부 등)

2-4. 카드론 지연 입금제도

2-4-1. 제도 개요

"카드론 입금 지연제도"란 카드론 최초 이용자가 300만원 이상 카드론을 신청한 경우 승인 후에 2시간 지연하여 입금시키는 제도입니다.

2-4-2. 주요내용

① 적용 대상 : 최초로 카드론을 이용하여 300만원 이상 대출받는 경우 (이용금액이 3백만원 이내이거나 과거에 해당 카드사에서 카드론을 이용한 적이 있으면 지연입금 대상에서 제외함)

② 지연 방법 : 300만원 이상 카드론 신청을 하고 승인을 받은 후에 2시간 지연 입금

2-5. 개인정보노출자 사고 예방시스템

2-5-1. 제도 개요

"개인정보노출자 사고 예방시스템"이란 주민등록증, 운전면허증 분실 등 개인정보가 노출된 금융소비자가 금융감독원 또는 은행 영업점에 노출사실을 신고하면 신청인의 개인정보를 금융정보 교환망(FINES)을 통해 타 금융회사와 공유하여, 신청인 명의의 특정 금융거래(신용카드 발급, 예금계좌 개설 등)시 본인확인절차를 강화하도록 하는 시스템입니다.

2-5-2. 주요내용

① 신청 대상자 : 신분증(주민등록증, 운전면허증 등) 분실자, 그 밖의 개인정보노출 피해자

② 신청 방법 : 각 거래은행 본지점 및 금융감독원(소비자보호센터)를

방문하여 본인여부 확인 및 "개인정보 노출사실 전파신청서"를 접수
합니다.

2-5-3. 등록내용에 대한 해제

본인임을 확인할 수 있는 신분증을 가지고 등록 신청한 은행으로 직접
방문하여"개인정보 노출사실 전파(해제)신청서"를 작성합니다.

2-6. 지연이체제도

2-6-1. 제도 개요

"지연이체제도"란 송금 착오 등으로 인한 전자자금 이체의 피해와 불편
을 줄이기 위해 이용자가 원하는 경우 거래지시를 한 때부터 일정 시간
이 지난 후에 전자자금이체의 지급 효력이 발생하는 제도입니다.

2-6-2. 주요 내용

「전자금융거래법」 제28조제2항에 따라 전자자금이체업무를 수행하는 금
융회사 또는 전자금융업자는 거래지시를 하는 때부터 일정 시간이 경과
한 후에 전자자금이체의 지급 효력이 발생(이하 "지연이체"라 함)하기를
원하는 이용자가 컴퓨터, 전화기, 그 밖에 금융위원회가 정하여 고시하는
전자적 장치를 통하여 지연이체가 되는 거래지시를 할 수 있도록 해야
하고, 이용자는 해당 금융기관 등에 별도로 신청을 하여 지연이체 제도
를 이용할 수 있습니다(전자금융거래법 제13조제2항 및 동법 시행령 제9
조의2 참조).

■ 공인인증서를 재발급 받거나 인터넷뱅킹을 할 때, 더 안전하게 거래할 수 있는 방법은 없을까요?

Q. 요즘 전자금융범죄로 인한 피해가 점점 증가하고 있는데요. 조심한다고는 하는데, 저도 모르는 사이에 사기를 당할 수도 있다고 생각하니 불안하더라고요. 공인인증서를 재발급 받거나 인터넷뱅킹을 할 때, 더 안전하게 거래할 수 있는 방법은 없을까요?

A. 네. "전자금융사기 예방서비스"에 가입하면 공인인증서 재발급 및 인터넷뱅킹을 통한 전자자금 이체 시 본인확인 절차가 강화됨으로써 전자금융범죄에 따른 피해를 예방할 수 있습니다.

◇ 전자금융사기 예방서비스

　　"전자금융사기 예방서비스"란 ① 공인인증서를 재발급 받거나(유효기간 내 갱신은 제외함) 타행(기관) 발급 공인인증서를 등록하는 경우, ② 인터넷뱅킹을 통해 300만원 이상(1일 누적기준) 이체 하는 경우에 본인확인 절차를 강화함으로써 전자금융범죄에 따른 피해를 예방하는 제도를 말하며, 개인 고객이 거래은행 인터넷뱅킹 홈페이지에서 신청할 수 있습니다.

◇ 전자금융사기 예방서비스의 본인인증 방법

① 이용고객이 대상 거래를 수행할 단말기를 지정하는 경우

- 다음 방법 중 어느 하나의 본인인증 절차를 통해 이용고객의 거래이용 단말기(PC, 스마트폰 등 최대 5대)를 지정합니다.

　　1. 휴대폰 SMS 인증, 2. 2채널 인증(인터넷뱅킹 이용 중인 PC 외에 유선전화 등 다른 채널을 통해 인증), 3. 모바일 앱 인증, 4. 영업점 방문(1회용 인증번호를 발급받아 신청화면에 입력함)

- 지정된 단말기에서는 '추가 인증절차 없이' 기존 방법(공인인증서 + 보안카드 또는 OTP)대로 거래가 가능합니다.

② 이용고객이 단말기를 지정하지 않는 경우

- 공인인증서 재발급 또는 타행 발급 공인인증서 등록 시

위 1., 2., 3. 중 하나의 방법에 따라 추가로 본인인증을 받아야 합니다.
- 인터넷뱅킹을 통해 300만원 이상(1일 누적기준) 이체 시
위 1., 2. 중 하나의 방법에 따라 추가로 본인인증을 받아야 합니다.

3. 전자금융범죄 피해 예방요령

3-1. 전자금융범죄 예방요령

3-1-1. 전자금융범죄 피해를 예방하기 위한 기본 요령

① 개인정보를 절대 알려주지 않습니다.

공공기관(검찰, 금감원 등)과 금융회사(은행, 카드사 등)는 어떠한 경우에도 전화나 문자메시지를 통해 개인정보와 금융거래정보를 알려달라거나, 특정 인터넷사이트에 접속하도록 유도하여 개인정보 및 금융거래정보 등의 입력을 요구하지 않습니다.

② 금융회사의 보안강화 서비스에 반드시 가입합니다.

1. 전자금융사기 예방서비스에 가입하여 타인에 의한 공인인증서 무단 재발급 제한

2. 나만의 은행주소(농협), 개인화 이미지(국민은행), 그래픽인증(우리은행) 등 금융회사별로 제공하는 보안서비스를 적극가입

③ 금융회사는 온라인을 통해 보안승급 등을 요구하지 않는 점을 명심합니다.

④ 인터넷뱅킹 거래 중 보안카드번호 등의 입력을 요구하는 팝업화면이 뜨는 경우 해당 정보를 입력하지 말고 거래 금융회사에 문의합니다.

⑤ 인터넷뱅킹 거래가 비정상 종료되는 경우에도 거래 금융회사에 문의합니다.

⑥ 금융회사의 인터넷뱅킹 사이트 이용 시 백신프로그램 등을 이용하여 악성프로그램을 탐지·제거합니다.

⑦ 무료 다운로드 사이트 이용 자제 및 출처가 불분명한 파일은 다운로

드를 받지 않습니다.

⑧ OTP(일회용 비밀번호 생성기)·보안토큰(비밀정보 장치외부 복사방지) 등 안전성이 높은 보안매체를 사용합니다.

⑨ 예금인출 사고를 당한 경우 즉시 해당 금융회사에 신고하고 지급정지 요청을 합니다.

3-1-2. 피싱 피해 예방요령

■ 보이스피싱 피해예방 10계명

① 전화로 정부기관이라며 자금이체를 요구하면 일단 보이스피싱 의심

검찰·경찰·금감원 등 정부기관은 어떠한 경우에도 전화로 자금의 이체 또는 개인의 금융거래정보를 요구하지 않습니다. 정부기관을 사칭, 범죄에 연루되었다며 금융거래 정보를 요구하거나 안전조치 등을 명목으로 자금의 이체 등을 요구하는 경우는 100% 보이스피싱이므로 이러한 전화를 받는 경우 전화를 끊고 해당 기관의 대표전화*로 전화하여 사실여부를 반드시 확인하시기 바랍니다.

   * 대검찰청(☎02-3480-2000), 경찰(☎112), 금감원(☎1332)

② 전화·문자로 대출 권유받는 경우 무대응 또는 금융회사 여부 확인

전화 또는 문자를 통한 대출광고는 대출빙자형 보이스피싱일 가능성이 높으므로 이러한 연락을 받은 경우 반드시 금융회사의 실제 존재여부를 우선 확인한 후, 대출을 권유하는 자가 금융회사 직원인지 또는 정식 등록된 대출모집인인지 여부를 확인하시기 바랍니다.

   * 제도권 금융회사 조회(http://www.fss.or.kr)

     대출모집인 등록 조회(http://www.loanconsultant.or.kr)

③ 대출 처리비용 등을 이유로 선입금 요구시 보이스피싱을 의심

정상적인 금융회사는 전산비용, 보증료, 저금리 전환 예치금, 선이자 등

어떠한 명목으로도 대출과 관련하여 선입금하라고 요구하지 않으므로, 이러한 요구에 절대로 응해서는 안 됩니다.

④ 저금리 대출 위한 고금리 대출 권유는 100% 보이스피싱
정상적인 금융회사는 저금리 대출을 받기 위해서 고금리 대출을 먼저 받으라고 요구하지 않습니다. 저금리 대출을 받기 위해서는 거래실적을 쌓아야 한다며 고금리대출을 먼저 받으라고 하는 경우는 100% 보이스피싱입니다. 또한 대출금 상환시에는 해당 금융회사의 계좌가 맞는지 여부를 반드시 확인하시기 바랍니다.

⑤ 납치·협박 전화를 받는 경우 자녀 안전부터 확인
자녀가 다쳤다거나 납치되었다는 전화를 받았을 때에는 침착하게 대처해야 합니다. 사기범의 요구대로 급하게 금전을 입금하기 보다는 먼저 준비해 둔 지인들의 연락처를 이용하여 자녀가 안전한지 여부부터 확인하시기 바랍니다.

⑥ 채용을 이유로 계좌 비밀번호 등 요구시 보이스피싱 의심
정상적인 기업의 정식 채용절차에서는 급여계좌 개설 또는 보안관련 출입증 등에 필요하다면서 체크카드 및 금융거래정보(비밀번호, 공인인증서, OTP 등)를 절대 요구하지 않습니다. 급여계좌 등록은 실제로 취업된 후에 이루어지는 것으로, 본인 명의 계좌번호만 알려주면 됩니다.

⑦ 가족 등 사칭 금전 요구시 먼저 본인 확인
가족 및 지인 등이 메신저로 금전을 요구하는 경우 반드시 유선으로 한번 더 본인임을 확인하시기 바랍니다. 만약 상대방이 통화할 수 없는 상황 등을 들어 본인 확인을 회피하고자 하는 경우 직접 신분을 확인할 때까지는 금전요구에 응하지 말아야 합니다.

⑧ 출처 불명 파일·이메일·문자는 클릭하지 말고 삭제

출처가 불분명한 파일을 다운받거나 의심스러운 인터넷 주소가 포함된 문자를 클릭하면 악성 코드에 감염되어 개인정보가 유출될 수 있습니다. 악성코드 감염은 금융거래시 파밍 등을 일으키는 주요 원인이므로 이러한 파일이나 문자는 즉시 삭제하시기 바랍니다.

* 악성코드 치료 방법 : 한국인터넷진흥원(KISA)의 "인터넷 보호나라"사이트>"자료실"메뉴>공지사항 109번 게시글 참고

⑨ 금감원 팝업창 뜨고 금융거래정보 입력 요구시 100% 보이스피싱

인터넷 포털사이트에 접속시, 보안관련 인증절차를 진행한다는 내용의 금감원 팝업창이 뜨며, 이를 클릭하면 보안승급을 위해서라며 계좌번호, 비밀번호, 보안카드번호 등 금융거래정보를 입력하라고 요구하면 보이스피싱(파밍)이니 절대 응해서는 안됩니다.

⑩ 보이스피싱 피해발생시 즉시 신고 후 피해금 환급 신청

사기범에게 속아 자금을 이체한 경우, 사기범이 예금을 인출하지 못하도록 신속히 경찰 또는 해당 금융회사에 전화하여 계좌에 대한 지급정지 조치를 하시기 바랍니다.

지급정지 조치 후 경찰서에 방문하여 피해 신고를 하고, 금융회사에 피해금 환급을 신청하시기 바랍니다. 해당 계좌에 피해금이 인출되지 않고 남아 있는 경우 피해금 환급제도에 따라 별도의 소송절차 없이 피해금을 되찾을 수 있습니다.

3-1-3. 스미싱 피해 예방요령

① 휴대폰 소액결제를 자주 사용하지 않으면, 이동통신사 인터넷 홈페이지나 고객센터(☎114)를 통해 이용한도를 최소를 줄이거나 소액결제를 차단합니다.

② 출처가 확인되지 않은 문자메시지의 인터넷주소는 클릭하지 않고, 지인에게서 온 문자메시지라도 인터넷주소가 포함된 경우에는 클릭 전에 확인 전화를 하는 것이 좋습니다.

③ 미확인 앱(App)이 함부로 설치되지 않도록 스마트폰의 보안설정을 강화합니다.

④ 스마트폰의 보안설정 강화방법 : 환경설정 > 보안 > 디바이스 관리 > '알 수 없는 출처'에 체크가 되어 있다면 체크를 해제합니다.

⑤ 스마트폰용 백신프로그램을 설치하고 주기적으로 업데이트합니다.

  1. 이동통신사 백신프로그램

  - SKT 'T가드', KT '스미싱 차단', LGU+ '고객센터 2.0'

  2. 보안업체 백신프로그램

  - 이스트소프트 '알약 모바일', 하우리 'Smishing Defender', 잉카인터넷 '뭐야 이 문자', 안랩 '안전한 문자' 등

 3. 한국인터넷진흥원(KISA) '폰키퍼'

⑥ T스토어·올레마켓·LGU+앱스토어 등 공인된 오픈마켓을 통해 앱(App)을 설치합니다.

3-1-4. 파밍 및 메모리해킹 피해 예방요령

① 이용자들은 정상적인 인터넷뱅킹 절차에 따라 이체가 완료되면 그 즉시 거래내역을 조회하여 소비자가 입력한 수취계좌 및 금액으로 이체가 되었는지 확인해야 합니다.

② 백신프로그램을 항상 최신버젼으로 유지하고 악성프로그램 탐지 및 제거를 생활화합니다.

③ 무료 다운로드 등 출처가 불분명한 파일은 다운로드를 받지 않습니다.

④ 컴퓨터·이메일 등에 공인인증서, 보안카드 사진, 비밀번호 등을 저장하지 않습니다.

3-2. 전자금융범죄 사고 발생 시 도움 요청 기관 및 신고 방법

구 분	피해신고 및 관련 기관
지급정지 요청 및 피해신고	경찰청 국번없이 ☎112 금융회사 콜센터
피싱사이트 신고	한국인터넷진흥원 인터넷침해대응센터 (www.krcert.or.kr / ☎118)
피해상담 및 환급금 환급안내	금융감독원 민원상담전화 국번없이 (☎1332)
소액결제서비스 차단 신청	이동통신사의 고객센터 (☎114)
소액결제 피해 구제 신청	과학기술정보통신부 CS센터 (www.epeople.go.kr / ☎1335) 휴대전화/ARS결제 중재센터 (www.spayment.org / ☎1644-2367)
PC원격점검 서비스	한국인터넷진흥원 보호나라 (www.boho.or.kr/ ☎118)
'파밍캅' 다운로드	경남지방경찰청 홈페이지 (www.gnpolice.go.kr)
사이버범죄 민원신고	경찰청 사이버안전국 (http://cyberbureau.police.go.kr/☎182)

부록(관련법령)

- 전자금융거래법
- 전자금융거래법시행령
- 전기통신금융사기 피해 방지 및 피해금 환급에 관한 특별법
- 전기통신금융사기 피해 방지 및 피해금 환급에 관한 특별법 시행령

전자금융거래법

[시행 2017.10.19.] [법률 제14828호, 2017.4.18., 일부개정]

제1장 총칙

제1조(목적) 이 법은 전자금융거래의 법률관계를 명확히 하여 전자금융거래의 안전성과 신뢰성을 확보함과 아울러 전자금융업의 건전한 발전을 위한 기반 조성을 함으로써 국민의 금융편의를 꾀하고 국민경제의 발전에 이바지함을 목적으로 한다.

제2조(정의) 이 법에서 사용하는 용어의 정의는 다음과 같다.

1. "전자금융거래"라 함은 금융회사 또는 전자금융업자가 전자적 장치를 통하여 금융상품 및 서비스를 제공(이하 "전자금융업무"라 한다)하고, 이용자가 금융회사 또는 전자금융업자의 종사자와 직접 대면하거나 의사소통을 하지 아니하고 자동화된 방식으로 이를 이용하는 거래를 말한다.

2. "전자지급거래"라 함은 자금을 주는 자(이하 "지급인"이라 한다)가 금융회사 또는 전자금융업자로 하여금 전자지급수단을 이용하여 자금을 받는 자(이하 "수취인"이라 한다)에게 자금을 이동하게 하는 전자금융거래를 말한다.

3. "금융회사"란 다음 각 목의 어느 하나에 해당하는 기관이나 단체 또는 사업자를 말한다.

　가. 「금융위원회의 설치 등에 관한 법률」 제38조제1호부터 제5호까지, 제7호 및 제8호에 해당하는 기관

　나. 「여신전문금융업법」에 따른 여신전문금융회사

　다. 「우체국예금·보험에 관한 법률」에 따른 체신관서

　라. 「새마을금고법」에 따른 새마을금고 및 새마을금고중앙회

　마. 그 밖에 법률의 규정에 따라 금융업 및 금융 관련 업무를 행하는 기관이나 단체 또는 사업자로서 대통령령이 정하는 자

4. "전자금융업자"라 함은 제28조의 규정에 따라 허가를 받거나 등록을 한 자(금융회사는 제외한다)를 말한다.

5. "전자금융보조업자"라 함은 금융회사 또는 전자금융업자를 위하여 전자금융거래를 보조하거나 그 일부를 대행하는 업무를 행하는 자 또는 결제

중계시스템의 운영자로서 「금융위원회의 설치 등에 관한 법률」제3조에 따른 금융위원회(이하 "금융위원회"라 한다)가 정하는 자를 말한다.

6. "결제중계시스템"이라 함은 금융회사와 전자금융업자 사이에 전자금융거래정보를 전달하여 자금정산 및 결제에 관한 업무를 수행하는 금융정보처리운영체계를 말한다.

7. "이용자"라 함은 전자금융거래를 위하여 금융회사 또는 전자금융업자와 체결한 계약(이하 "전자금융거래계약"이라 한다)에 따라 전자금융거래를 이용하는 자를 말한다.

8. "전자적 장치"라 함은 전자금융거래정보를 전자적 방법으로 전송하거나 처리하는데 이용되는 장치로서 현금자동지급기, 자동입출금기, 지급용단말기, 컴퓨터, 전화기 그 밖에 전자적 방법으로 정보를 전송하거나 처리하는 장치를 말한다.

9. "전자문서"라 함은 「전자문서 및 전자거래 기본법」 제2조제1호에 따른 작성, 송신·수신 또는 저장된 정보를 말한다.

10. "접근매체"라 함은 전자금융거래에 있어서 거래지시를 하거나 이용자 및 거래내용의 진실성과 정확성을 확보하기 위하여 사용되는 다음 각 목의 어느 하나에 해당하는 수단 또는 정보를 말한다.

가. 전자식 카드 및 이에 준하는 전자적 정보

나. 「전자서명법」 제2조제4호의 전자서명생성정보 및 같은 조제7호의 인증서

다. 금융회사 또는 전자금융업자에 등록된 이용자번호

라. 이용자의 생체정보

마. 가목 또는 나목의 수단이나 정보를 사용하는데 필요한 비밀번호

11. "전자지급수단"이라 함은 전자자금이체, 직불전자지급수단, 선불전자지급수단, 전자화폐, 신용카드, 전자채권 그 밖에 전자적 방법에 따른 지급수단을 말한다.

12. "전자자금이체"라 함은 지급인과 수취인 사이에 자금을 지급할 목적으로 금융회사 또는 전자금융업자에 개설된 계좌(금융회사에 연결된 계좌에 한한다. 이하 같다)에서 다른 계좌로 전자적 장치에 의하여 다음 각 목의 어느 하나에 해당하는 방법으로 자금을 이체하는 것을 말한다.

가. 금융회사 또는 전자금융업자에 대한 지급인의 지급지시

나. 금융회사 또는 전자금융업자에 대한 수취인의 추심지시(이하 "추심이

체"라 한다)

13. "직불전자지급수단"이라 함은 이용자와 가맹점간에 전자적 방법에 따라 금융회사의 계좌에서 자금을 이체하는 등의 방법으로 재화 또는 용역의 제공과 그 대가의 지급을 동시에 이행할 수 있도록 금융회사 또는 전자금융업자가 발행한 증표(자금을 융통받을 수 있는 증표를 제외한다) 또는 그 증표에 관한 정보를 말한다.

14. "선불전자지급수단"이라 함은 이전 가능한 금전적 가치가 전자적 방법으로 저장되어 발행된 증표 또는 그 증표에 관한 정보로서 다음 각 목의 요건을 모두 갖춘 것을 말한다. 다만, 전자화폐를 제외한다.

    가. 발행인(대통령령이 정하는 특수관계인을 포함한다) 외의 제3자로부터 재화 또는 용역을 구입하고 그 대가를 지급하는데 사용될 것

    나. 구입할 수 있는 재화 또는 용역의 범위가 2개 업종(「통계법」 제22조제1항의 규정에 따라 통계청장이 고시하는 한국표준산업분류의 중분류상의 업종을 말한다. 이하 이 조에서 같다)이상일 것

15. "전자화폐"라 함은 이전 가능한 금전적 가치가 전자적 방법으로 저장되어 발행된 증표 또는 그 증표에 관한 정보로서 다음 각 목의 요건을 모두 갖춘 것을 말한다.

    가. 대통령령이 정하는 기준 이상의 지역 및 가맹점에서 이용될 것

    나. 제14호 가목의 요건을 충족할 것

    다. 구입할 수 있는 재화 또는 용역의 범위가 5개 이상으로서 대통령령이 정하는 업종 수 이상일 것

    라. 현금 또는 예금과 동일한 가치로 교환되어 발행될 것

    마. 발행자에 의하여 현금 또는 예금으로 교환이 보장될 것

16. "전자채권"이라 함은 다음 각 목의 요건을 갖춘 전자문서에 기재된 채권자의 금전채권을 말한다.

    가. 채무자가 채권자를 지정할 것

    나. 전자채권에 채무의 내용이 기재되어 있을 것

    다. 「전자서명법」제2조제3호의 공인전자서명이 있을 것

    라. 금융회사를 거쳐 제29조제1항의 규정에 따른 전자채권관리기관(이하 "전자채권관리기관"이라 한다)에 등록될 것

    마. 채무자가 채권자에게 가목 내지 다목의 요건을 모두 갖춘 전자문서를

「전자문서 및 전자거래 기본법」 제6조제1항에 따라 송신하고 채권자가 이를 같은 법 제6조제2항의 규정에 따라 수신할 것

17. "거래지시"라 함은 이용자가 전자금융거래계약에 따라 금융회사 또는 전자금융업자에게 전자금융거래의 처리를 지시하는 것을 말한다.

18. "오류"라 함은 이용자의 고의 또는 과실 없이 전자금융거래가 전자금융거래계약 또는 이용자의 거래지시에 따라 이행되지 아니한 경우를 말한다.

19. "전자지급결제대행"이라 함은 전자적 방법으로 재화의 구입 또는 용역의 이용에 있어서 지급결제정보를 송신하거나 수신하는 것 또는 그 대가의 정산을 대행하거나 매개하는 것을 말한다.

20. "가맹점"이라 함은 금융회사 또는 전자금융업자와의 계약에 따라 직불전자지급수단이나 선불전자지급수단 또는 전자화폐에 의한 거래에 있어서 이용자에게 재화 또는 용역을 제공하는 자로서 금융회사 또는 전자금융업자가 아닌 자를 말한다.

21. "전자금융기반시설"이란 전자금융거래에 이용되는 정보처리시스템 및 「정보통신망 이용촉진 및 정보보호 등에 관한 법률」 제2조제1항제1호에 따른 정보통신망을 말한다.

22. "전자적 침해행위"란 해킹, 컴퓨터 바이러스, 논리폭탄, 메일폭탄, 서비스 거부 또는 고출력 전자기파 등의 방법으로 전자금융기반시설을 공격하는 행위를 말한다.

제3조(적용범위) ①이 법은 다른 법률에 특별한 규정이 있는 경우를 제외하고 모든 전자금융거래에 적용한다. 다만, 금융회사 및 전자금융업자간에 따로 정하는 계약에 따라 이루어지는 전자금융거래 가운데 대통령령이 정하는 경우에는 이 법을 적용하지 아니한다.

②제5장의 규정은 제2조제3호 다목 및 라목의 금융회사에 대하여는 이를 적용하지 아니한다.

③ 금융회사 중 전자금융거래의 빈도, 회사의 규모 등을 고려하여 대통령령으로 정하는 금융회사에 대하여는 다음 각 호를 적용하지 아니한다.

1. 제21조제2항의 인력, 시설, 전자적 장치 등의 정보기술부문 및 전자금융업무에 관하여 금융위원회가 정하는 기준 준수

2. 제21조제4항의 정보기술부문의 계획수립 및 제출

3. 제21조의2의 정보보호최고책임자 지정

4. 제21조의3의 전자금융기반시설의 취약점 분석·평가

제4조(상호주의) 외국인 또는 외국법인에 대하여도 이 법을 적용한다. 다만, 대한민국 국민 또는 대한민국 법인에 대하여 이 법에 준하는 보호를 하지 아니하는 국가의 외국인 또는 외국법인에 대하여는 그에 상응하여 이 법 또는 대한민국이 가입하거나 체결한 조약에 따른 보호를 제한할 수 있다.

제2장 전자금융거래 당사자의 권리와 의무

제1절 통칙

제5조(전자문서의 사용) ①전자금융거래를 위하여 사용되는 전자문서에 대하여는 「전자문서 및 전자거래 기본법」 제4조부터 제7조까지, 제9조 및 제10조를 적용한다.

②금융회사 또는 전자금융업자가 거래지시와 관련하여 수신한 전자문서는 각 문서마다 독립된 것으로 본다. 다만, 금융회사 또는 전자금융업자와 이용자 사이에 전자금융거래계약에 따라 확인절차를 거치는 경우에는 그 절차에 따른다.

제6조(접근매체의 선정과 사용 및 관리) ①금융회사 또는 전자금융업자는 전자금융거래를 위하여 접근매체를 선정하여 사용 및 관리하고 이용자의 신원, 권한 및 거래지시의 내용 등을 확인하여야 한다.

②금융회사 또는 전자금융업자가 접근매체를 발급할 때에는 이용자의 신청이 있는 경우에 한하여 본인임을 확인한 후에 발급하여야 한다. 다만, 다음 각 호의 어느 하나에 해당하는 경우에는 이용자의 신청이나 본인의 확인이 없는 때에도 발급할 수 있다.

1. 선불전자지급수단 또는 제16조제1항 단서의 규정에 따른 전자화폐인 경우
2. 접근매체의 갱신 또는 대체발급 등을 위하여 대통령령이 정하는 바에 따라 이용자의 동의를 얻은 경우

③ 누구든지 접근매체를 사용 및 관리함에 있어서 다른 법률에 특별한 규정이 없는 한 다음 각 호의 행위를 하여서는 아니 된다. 다만, 제18조에 따른 선불전자지급수단이나 전자화폐의 양도 또는 담보제공을 위하여 필요한 경우(제3호의 행위 및 이를 알선하는 행위는 제외한다)에는 그러하지 아니하다.

1. 접근매체를 양도하거나 양수하는 행위
2. 대가를 수수(授受)·요구 또는 약속하면서 접근매체를 대여받거나 대여하는 행위 또는 보관·전달·유통하는 행위
3. 범죄에 이용할 목적으로 또는 범죄에 이용될 것을 알면서 접근매체를 대여받거나 대여하는 행위 또는 보관·전달·유통하는 행위
4. 접근매체를 질권의 목적으로 하는 행위
5. 제1호부터 제4호까지의 행위를 알선하거나 광고하는 행위

제6조의2(불법 광고에 이용된 전화번호의 이용중지 등) ① 검찰총장, 경찰청장 또는 금융감독원장(「금융위원회의 설치 등에 관한 법률」 제29조에 따른 금융감독원장을 말한다. 이하 같다)은 제6조제3항제5호에 따른 불법광고에 이용된 전화번호를 확인한 때에는 과학기술정보통신부장관에게 해당 전화번호에 대한 전기통신역무 제공의 중지를 요청할 수 있다.

② 제1항에 따른 요청으로 전기통신역무 제공이 중지된 사람은 전기통신역무 제공의 중지를 요청한 자에게 이의신청을 할 수 있다.

③ 제2항에 따른 이의신청의 절차 등에 필요한 사항은 대통령령으로 정한다.

제7조(거래내용의 확인) ①금융회사 또는 전자금융업자는 이용자가 전자금융거래에 사용하는 전자적 장치(금융회사 또는 전자금융업자와 이용자 사이에 미리 약정한 전자적 장치가 있는 경우에는 그 전자적 장치를 포함한다)를 통하여 거래내용을 확인할 수 있도록 하여야 한다.

②금융회사 또는 전자금융업자는 이용자가 거래내용을 서면(전자문서를 제외한다. 이하 같다)으로 제공할 것을 요청하는 경우에는 그 요청을 받은 날부터 2주 이내에 거래내용에 관한 서면을 교부하여야 한다.

③제1항 및 제2항의 규정에 따라 제공하는 거래내용의 대상기간, 종류 및 범위 등에 관한 사항은 대통령령으로 정한다.

제8조(오류의 정정 등) ①이용자는 전자금융거래에 오류가 있음을 안 때에는 그 금융회사 또는 전자금융업자에게 이에 대한 정정을 요구할 수 있다.

②금융회사 또는 전자금융업자는 제1항의 규정에 따른 오류의 정정요구를 받은 때에는 이를 즉시 조사하여 처리한 후 정정요구를 받은 날부터 2주 이내에 오류의 원인과 처리 결과를 대통령령으로 정하는 방법에 따라 이용자에게 알려야 한다.

③금융회사 또는 전자금융업자는 스스로 전자금융거래에 오류가 있음을 안 때에는 이를 즉시 조사하여 처리한 후 오류가 있음을 안 날부터 2주 이내에 오류의 원인과 처리 결과를 대통령령으로 정하는 방법에 따라 이용자에게 알려야 한다.

제9조(금융회사 또는 전자금융업자의 책임) ①금융회사 또는 전자금융업자는 다음 각 호의 어느 하나에 해당하는 사고로 인하여 이용자에게 손해가 발생한 경우에는 그 손해를 배상할 책임을 진다.

1. 접근매체의 위조나 변조로 발생한 사고
2. 계약체결 또는 거래지시의 전자적 전송이나 처리 과정에서 발생한 사고
3. 전자금융거래를 위한 전자적 장치 또는 「정보통신망 이용촉진 및 정보보호 등에 관한 법률」 제2조제1항제1호에 따른 정보통신망에 침입하여 거짓이나 그 밖의 부정한 방법으로 획득한 접근매체의 이용으로 발생한 사고

②제1항의 규정에 불구하고 금융회사 또는 전자금융업자는 다음 각 호의 어느 하나에 해당하는 경우에는 그 책임의 전부 또는 일부를 이용자가 부담하게 할 수 있다.

1. 사고 발생에 있어서 이용자의 고의나 중대한 과실이 있는 경우로서 그 책임의 전부 또는 일부를 이용자의 부담으로 할 수 있다는 취지의 약정을 미리 이용자와 체결한 경우
2. 법인(「중소기업기본법」제2조제2항에 의한 소기업을 제외한다)인 이용자에게 손해가 발생한 경우로 금융회사 또는 전자금융업자가 사고를 방지하기 위하여 보안절차를 수립하고 이를 철저히 준수하는 등 합리적으로 요구되는 충분한 주의의무를 다한 경우

③제2항제1호의 규정에 따른 이용자의 고의나 중대한 과실은 대통령령이 정하는 범위 안에서 전자금융거래에 관한 약관(이하 "약관"이라 한다)에 기재된 것에 한한다.

④금융회사 또는 전자금융업자는 제1항의 규정에 따른 책임을 이행하기 위하여 금융위원회가 정하는 기준에 따라 보험 또는 공제에 가입하거나 준비금을 적립하는 등 필요한 조치를 하여야 한다.

제10조(접근매체의 분실과 도난 책임) ①금융회사 또는 전자금융업자는 이용자로부터 접근매체의 분실이나 도난 등의 통지를 받은 때에는 그 때부터 제3

자가 그 접근매체를 사용함으로 인하여 이용자에게 발생한 손해를 배상할 책임을 진다. 다만, 선불전자지급수단이나 전자화폐의 분실 또는 도난 등으로 발생하는 손해로서 대통령령이 정하는 경우에는 그러하지 아니하다.

②제1항 및 제9조의 규정에 불구하고 다른 법령에 이용자에게 유리하게 적용될 수 있는 규정이 있는 경우에는 그 법령을 우선 적용한다.

제11조(전자금융보조업자의 지위) ①전자금융거래와 관련하여 전자금융보조업자(전자채권관리기관을 포함한다. 이하 이 장에서 같다)의 고의나 과실은 금융회사 또는 전자금융업자의 고의나 과실로 본다.

②금융회사 또는 전자금융업자는 전자금융보조업자의 고의나 과실로 인하여 발생한 손해에 대하여 이용자에게 그 손해를 배상한 경우에는 그 전자금융보조업자에게 구상할 수 있다.

③이용자는 금융회사 또는 전자금융업자와의 약정에 따라 금융회사 또는 전자금융업자에게 행하는 각종 통지를 전자금융보조업자에게 할 수 있다. 이 경우 전자금융보조업자에게 한 통지는 금융회사 또는 전자금융업자에게 한 것으로 본다.

제2절 전자지급거래 등

제12조(전자지급거래계약의 효력) ①금융회사 또는 전자금융업자는 지급인 또는 수취인과 전자지급거래를 하기 위하여 체결한 약정에 따라 수취인이나 수취인의 금융회사 또는 전자금융업자에게 지급인 또는 수취인이 거래지시한 금액을 전송하여 지급이 이루어지도록 하여야 한다.

②금융회사 또는 전자금융업자는 제1항의 규정에 따른 자금의 지급이 이루어질 수 없게 된 때에는 전자지급거래를 하기 위하여 수령한 자금을 지급인에게 반환하여야 한다. 이 경우 지급인의 과실로 인하여 지급이 이루어지지 아니한 때에는 그 전송을 하기 위하여 지출한 비용을 공제할 수 있다.

제13조(지급의 효력발생시기) ①전자지급수단을 이용하여 자금을 지급하는 경우에는 그 지급의 효력은 다음 각 호의 어느 하나에서 정한 때에 생긴다.

1. 전자자금이체의 경우 : 거래지시된 금액의 정보에 대하여 수취인의 계좌가 개설되어 있는 금융회사 또는 전자금융업자의 계좌의 원장에 입금기록이 끝난 때
2. 전자적 장치로부터 직접 현금을 출금하는 경우 : 수취인이 현금을 수령한 때

3. 선불전자지급수단 및 전자화폐로 지급하는 경우 : 거래지시된 금액의 정보가 수취인이 지정한 전자적 장치에 도달한 때

4. 그 밖의 전자지급수단으로 지급하는 경우 : 거래지시된 금액의 정보가 수취인의 계좌가 개설되어 있는 금융회사 또는 전자금융업자의 전자적 장치에 입력이 끝난 때

② 총자산 등을 감안하여 대통령령으로 정하는 금융회사 또는 전자금융업자는 이용자가 원하는 경우 대통령령으로 정하는 절차와 방법에 따라 이용자가 거래지시를 하는 때부터 일정 시간이 경과한 후에 전자자금이체의 지급효력이 발생하도록 하여야 한다.

제14조(거래지시의 철회) ①이용자는 제13조제1항 각 호의 규정에 따라 지급의 효력이 발생하기 전까지 거래지시를 철회할 수 있다.

②제1항의 규정에 불구하고 금융회사 또는 전자금융업자와 이용자는 대량으로 처리하는 거래 또는 예약에 따른 거래 등의 경우에는 미리 정한 약정에 따라 거래지시의 철회시기를 달리 정할 수 있다.

③금융회사 또는 전자금융업자는 제1항의 규정에 따른 거래지시의 철회방법 및 절차와 제2항의 규정에 따른 약정에 관한 사항을 약관에 기재하여야 한다.

제15조(추심이체의 출금 동의) ①금융회사 또는 전자금융업자는 추심이체를 실행하기 위하여 대통령령이 정하는 바에 따라 미리 지급인으로부터 출금에 대한 동의를 얻어야 한다.

②지급인은 수취인의 거래지시에 따라 지급인의 계좌의 원장에 출금기록이 끝나기 전까지 금융회사 또는 전자금융업자에게 제1항의 규정에 따른 동의의 철회를 요청할 수 있다.

③제2항의 규정에 불구하고 금융회사 또는 전자금융업자는 대량으로 처리하는 거래 또는 예약에 따른 거래 등의 경우에는 미리 지급인과 정한 약정에 따라 동의의 철회시기를 달리 정할 수 있다.

④금융회사 또는 전자금융업자는 제2항 및 제3항의 규정에 따른 동의의 철회방법 및 절차와 약정에 관한 사항을 약관에 기재하여야 한다.

제16조(전자화폐의 발행과 사용 및 환금) ①전자화폐를 발행하는 금융회사 또는 전자금융업자(이하 "전자화폐발행자"라 한다)는 전자화폐를 발행할 경우 접근매체에 식별번호를 부여하고 그 식별번호와 「금융실명거래 및 비밀보장

에 관한 법률」 제2조제4호에서 규정한 이용자의 실지명의(이하 "실지명의"라 한다) 또는 예금계좌를 연결하여 관리하여야 한다. 다만, 발행권면 최고한도가 대통령령이 정하는 금액 이하인 전자화폐의 경우에는 그러하지 아니하다.

②전자화폐발행자는 현금 또는 예금과 동일한 가치로 교환하여 전자화폐를 발행하여야 한다.

③전자화폐발행자는 전자화폐보유자가 전자화폐를 사용할 수 있도록 발행된 전자화폐의 보관 및 사용 등에 필요한 조치를 하여야 한다.

④전자화폐발행자는 전자화폐보유자의 요청에 따라 전자화폐를 현금 또는 예금으로 교환할 의무를 부담한다.

⑤제1항 내지 제4항의 규정에 따른 전자화폐의 발행·교환의 방법 및 절차에 관하여는 대통령령으로 정한다.

제17조(전자화폐에 의한 지급의 효력) 전자화폐보유자가 재화를 구입하거나 용역을 제공받고 그 대금을 수취인과의 합의에 따라 전자화폐로 지급한 때에는 그 대금의 지급에 관한 채무는 변제된 것으로 본다.

제18조(전자화폐 등의 양도성) ①선불전자지급수단 보유자 또는 전자화폐 보유자는 발행자와의 약정에 따라 선불전자지급수단 또는 전자화폐를 타인에게 양도하거나 담보로 제공할 수 있다.

②제1항의 규정에 따라 선불전자지급수단 또는 전자화폐를 양도하거나 담보로 제공하는 경우에는 반드시 발행자의 중앙전산시스템을 경유하여야 한다. 다만, 실지명의가 확인되지 아니하는 선불전자지급수단 또는 제16조제1항 단서의 규정에 따른 전자화폐의 경우에는 그러하지 아니하다.

제19조(선불전자지급수단의 환급) ①선불전자지급수단을 발행한 금융회사 또는 전자금융업자는 선불전자지급수단보유자가 선불전자지급수단에 기록된 잔액의 환급을 청구하는 경우에는 미리 약정한 바에 따라 환급하여야 한다.

②금융회사 또는 전자금융업자는 제1항의 규정에 따른 환급과 관련된 약정을 약관에 기재하고, 다음 각 호의 어느 하나에 해당하는 경우에는 선불전자지급수단에 기록된 잔액의 전부를 지급한다는 내용을 약관에 포함시켜야 한다.

1. 천재지변 등의 사유로 가맹점이 재화 또는 용역을 제공하기 곤란하여 선불전자지급수단을 사용하지 못하게 된 경우

2. 선불전자지급수단의 결함으로 가맹점이 재화 또는 용역을 제공하지 못하
   는 경우

3. 선불전자지급수단에 기록된 잔액이 일정비율 이하인 경우. 이 경우 일정비
   율은 100분의 20 미만으로 정할 수 없다.

제20조(전자채권양도의 대항요건) ①전자채권의 양도는 다음 각 호의 요건을
모두 갖춘 때에 「민법」 제450조제1항의 규정에 따른 대항요건을 갖춘 것으
로 본다.

1. 양도인의 채권양도의 통지 또는 채무자의 승낙이 「전자서명법」제2조제3호
   의 공인전자서명을 한 전자문서에 의하여 이루어질 것

2. 제1호의 규정에 따른 통지 또는 승낙이 기재된 전자문서가 전자채권관리
   기관에 등록될 것

②제1항의 규정에 따른 통지 또는 승낙이 기재된 전자문서에 「전자서명법」
제20조의 규정에 따른 시점확인이 있고 제1항의 요건을 모두 갖춘 때에 「민
법」 제450조제2항의 규정에 따른 대항요건을 갖춘 것으로 본다.

제3장 전자금융거래의 안전성 확보 및 이용자 보호

제21조(안전성의 확보의무) ①금융회사·전자금융업자 및 전자금융보조업자(이
하 "금융회사등"이라 한다)는 전자금융거래가 안전하게 처리될 수 있도록 선
량한 관리자로서의 주의를 다하여야 한다.

②금융회사등은 전자금융거래의 안전성과 신뢰성을 확보할 수 있도록 전자
적 전송이나 처리를 위한 인력, 시설, 전자적 장치, 소요경비 등의 정보기술
부문, 전자금융업무 및 「전자서명법」에 의한 인증서의 사용 등 인증방법에
관하여 금융위원회가 정하는 기준을 준수하여야 한다.

③ 금융위원회는 제2항의 기준을 정할 때 특정 기술 또는 서비스의 사용을
강제하여서는 아니 되며, 보안기술과 인증기술의 공정한 경쟁이 촉진되도록
노력하여야 한다.

④ 대통령령으로 정하는 금융회사 및 전자금융업자는 안전한 전자금융거래
를 위하여 대통령령으로 정하는 바에 따라 정보기술부문에 대한 계획을 매
년 수립하여 대표자의 확인·서명을 받아 금융위원회에 제출하여야 한다.

제21조의2(정보보호최고책임자 지정) ① 금융회사 또는 전자금융업자는 전자금

융업무 및 그 기반이 되는 정보기술부문 보안을 총괄하여 책임질 정보보호
최고책임자를 지정하여야 한다.

② 총자산, 종업원 수 등을 감안하여 대통령령으로 정하는 금융회사 또는
전자금융업자는 정보보호최고책임자를 임원(「상법」 제401조의2제1항제3호에
따른 자를 포함한다)으로 지정하여야 한다.

③ 총자산, 종업원 수 등을 감안하여 대통령령으로 정하는 금융회사 또는
전자금융업자의 정보보호최고책임자는 제4항의 업무 외의 다른 정보기술부문
업무를 겸직할 수 없다.

④ 제1항에 따른 정보보호최고책임자는 다음 각 호의 업무를 수행한다.

1. 제21조제2항에 따른 전자금융거래의 안정성 확보 및 이용자 보호를 위한
   전략 및 계획의 수립

2. 정보기술부문의 보호

3. 정보기술부문의 보안에 필요한 인력관리 및 예산편성

4. 전자금융거래의 사고 예방 및 조치

5. 그 밖에 전자금융거래의 안정성 확보를 위하여 대통령령으로 정하는 사항

⑤ 정보보호최고책임자의 자격요건 등에 필요한 사항은 대통령령으로 정한다.

제21조의3(전자금융기반시설의 취약점 분석·평가) ① 금융회사 및 전자금융업
자는 전자금융거래의 안전성과 신뢰성을 확보하기 위하여 전자금융기반시설
에 대한 다음 각 호의 사항을 분석·평가하고 그 결과(「정보통신기반 보호
법」 제9조에 따른 취약점 분석·평가를 한 경우에는 그 결과를 말한다)를
금융위원회에 보고하여야 한다.

1. 정보기술부문의 조직, 시설 및 내부통제에 관한 사항

2. 정보기술부문의 전자적 장치 및 접근매체에 관한 사항

3. 전자금융거래의 유지를 위한 침해사고 대응조치에 관한 사항

4. 그 밖에 대통령령으로 정하는 사항

② 금융회사 및 전자금융업자는 제1항에 따른 전자금융기반시설의 취약점
분석·평가 결과에 따른 필요한 보완조치의 이행계획을 수립·시행하여야
한다.

③ 금융위원회는 소속 공무원으로 하여금 제1항에 따른 전자금융기반시설의
취약점 분석·평가 결과 및 제2항에 따른 보완조치의 이행실태를 점검하게
할 수 있다.

④ 제1항에 따른 전자금융기반시설의 취약점 분석·평가의 내용 및 절차와 제2항에 따른 이행계획의 수립·시행, 그 밖에 필요한 사항은 대통령령으로 정한다.

제21조의4(전자적 침해행위 등의 금지) 누구든지 다음 각 호의 어느 하나에 해당하는 행위를 하여서는 아니 된다.

1. 접근권한을 가지지 아니하는 자가 전자금융기반시설에 접근하거나 접근권한을 가진 자가 그 권한을 넘어 저장된 데이터를 조작·파괴·은닉 또는 유출하는 행위
2. 전자금융기반시설에 대하여 데이터를 파괴하거나 전자금융기반시설의 운영을 방해할 목적으로 컴퓨터 바이러스, 논리폭탄 또는 메일폭탄 등의 프로그램을 투입하는 행위
3. 전자금융기반시설의 안정적 운영을 방해할 목적으로 일시에 대량의 신호, 고출력 전자기파 또는 데이터를 보내거나 부정한 명령을 처리하도록 하는 등의 방법으로 전자금융기반시설에 오류 또는 장애를 발생하게 하는 행위

제21조의5(침해사고의 통지 등) ① 금융회사 및 전자금융업자는 전자적 침해행위로 인하여 전자금융기반시설이 교란·마비되는 등의 사고(이하 "침해사고"라 한다)가 발생한 때에는 금융위원회에 지체 없이 이를 알려야 한다.

② 금융회사 및 전자금융업자는 침해사고가 발생하면 그 원인을 분석하고 피해의 확산을 방지하기 위하여 필요한 조치를 하여야 한다.

제21조의6(침해사고의 대응) ① 금융위원회는 침해사고에 대응하기 위하여 다음 각 호의 업무를 수행한다.

1. 침해사고에 관한 정보의 수집·전파
2. 침해사고의 예보·경보
3. 침해사고에 대한 긴급조치
4. 그 밖에 침해사고 대응을 위하여 대통령령으로 정하는 사항

② 제1항에 따른 업무를 수행하는 데 필요한 절차·방법 등은 대통령령으로 정한다.

제22조(전자금융거래기록의 생성·보존 및 파기) ①금융회사등은 전자금융거래의 내용을 추적·검색하거나 그 내용에 오류가 발생할 경우에 이를 확인하거나 정정할 수 있는 기록(이하 이 조에서 "전자금융거래기록"이라 한다)을

생성하여 5년의 범위 안에서 대통령령이 정하는 기간동안 보존하여야 한다.

② 금융회사등은 제1항에 따라 보존하여야 하는 기간이 경과하고 금융거래 등 상거래관계가 종료된 경우에는 5년 이내에 전자금융거래기록(「신용정보의 이용 및 보호에 관한 법률」에 따른 신용정보는 제외한다. 이하 이 항에서 같다)을 파기하여야 한다. 다만, 다음 각 호의 경우에는 그러하지 아니하다.

1. 다른 법률에 따른 의무를 이행하기 위하여 불가피한 경우

2. 그 밖에 전자금융거래기록을 보관할 필요성이 있는 경우로서 금융위원회 가 정하는 경우

③제1항 및 제2항에 따라 금융회사등이 보존하여야 하는 전자금융거래기록 의 종류, 보존방법, 파기절차·방법 및 상거래관계가 종료된 날의 기준 등은 대통령령으로 정한다.

제23조(전자지급수단 등의 발행과 이용한도) ① 금융위원회는 전자지급수단의 특성을 감안하여 대통령령이 정하는 바에 따라 금융회사 또는 전자금융업자 에게 다음 각 호에 규정된 한도를 제한하거나 그 밖에 필요한 조치를 할 수 있다.

1. 전자화폐 및 선불전자지급수단의 발행권면 최고한도

2. 전자자금이체의 이용한도

3. 직불전자지급수단의 이용한도

② 금융위원회는 대통령령으로 정하는 바에 따라 금융회사 또는 전자금융업 자에게 전자적 장치로부터의 현금 출금 최고한도를 제한하거나 그 밖에 필 요한 조치를 할 수 있다.

제24조(약관의 명시와 변경통지 등) ①금융회사 또는 전자금융업자는 이용자와 전자금융거래의 계약을 체결함에 있어서 약관을 명시하여야 하고, 이용자의 요청이 있는 경우에는 금융위원회가 정하는 방법에 따라 그 약관의 사본을 교부하고 그 약관의 내용을 설명하여야 한다.

②금융회사 또는 전자금융업자는 제1항의 규정을 위반하여 계약을 체결한 때에는 당해 약관의 내용을 계약의 내용으로 주장할 수 없다.

③금융회사 또는 전자금융업자는 약관을 변경하는 때에는 변경되는 약관의 시행일 1월 전에 금융위원회가 정하는 방법에 따라 이를 게시하고 이용자에 게 알려야 한다. 다만, 법령의 개정으로 인하여 긴급하게 약관을 변경하는

때에는 금융위원회가 정하는 방법에 따라 이를 즉시 게시하고 이용자에게
알려야 한다.

④이용자는 제3항의 규정에 따른 약관의 변경내용이 게시되거나 통지된 후
부터 변경되는 약관의 시행일 전의 영업일까지 전자금융거래의 계약을 해지
할 수 있다. 전단의 기간 안에 이용자가 약관의 변경내용에 대하여 이의를
제기하지 아니하는 경우에는 약관의 변경을 승인한 것으로 본다.

제25조(약관의 제정 및 변경) ①금융회사 또는 전자금융업자가 전자금융거래에
관한 약관을 제정하거나 변경하고자 하는 경우에는 미리 금융위원회에 보고
하여야 한다. 다만, 이용자의 권익이나 의무에 불리한 영향이 없는 경우로서
금융위원회가 정하는 경우에는 약관의 제정 또는 변경 후 10일 이내에 금융
위원회에 보고할 수 있다.

②금융위원회는 건전한 전자금융거래질서를 유지하기 위하여 필요한 경우에
는 금융회사 또는 전자금융업자에 대하여 제1항의 규정에 따른 약관의 변경
을 권고할 수 있다.

③금융위원회는 제1항의 규정에 따른 약관의 제정 또는 변경에 대한 보고의
시기·절차 그 밖에 필요한 사항을 정할 수 있다.

④제1항 내지 제3항의 규정은 제2조제3호 다목 및 라목의 금융회사에 대하
여는 이를 적용하지 아니한다.

제26조(전자금융거래정보의 제공 등) 전자금융거래와 관련한 업무를 수행함에
있어서 다음 각 호의 어느 하나에 해당하는 사항을 알게 된 자는 이용자의
동의를 얻지 아니하고 이를 타인에게 제공·누설하거나 업무상 목적 외에
사용하여서는 아니된다. 다만, 「금융실명거래 및 비밀보장에 관한 법률」 제4
조제1항 단서의 규정에 따른 경우 그 밖에 다른 법률에서 정하는 바에 따
른 경우에는 그러하지 아니하다.

1. 이용자의 인적 사항

2. 이용자의 계좌, 접근매체 및 전자금융거래의 내용과 실적에 관한 정보 또
   는 자료

제27조(분쟁처리 및 분쟁조정) ①금융회사 또는 전자금융업자는 대통령령이 정
하는 바에 따라 전자금융거래와 관련하여 이용자가 제기하는 정당한 의견이
나 불만을 반영하고 이용자가 전자금융거래에서 입은 손해를 배상하기 위한

절차를 마련하여야 한다.

②이용자는 전자금융거래의 처리에 관하여 이의가 있을 때에는 제1항에서 정한 절차에 따라 손해배상 등 분쟁처리를 요구하거나 금융감독원 또는 한 국소비자원 등을 통하여 분쟁조정을 신청할 수 있다.

③제1항 및 제2항의 규정에 따른 분쟁처리 및 분쟁조정의 신청을 위한 구체 적인 절차와 방법 등은 대통령령으로 정한다.

④금융회사 또는 전자금융업자는 전자금융거래의 계약을 체결하는 때에는 제1항 내지 제3항의 규정에 따른 절차를 명시하여야 한다.

제4장 전자금융업의 허가와 등록 및 업무

제28조(전자금융업의 허가와 등록) ①전자화폐의 발행 및 관리업무를 행하고자 하는 자는 금융위원회의 허가를 받아야 한다. 다만, 「은행법」에 따른 은행 그 밖에 대통령령이 정하는 금융회사는 그러하지 아니하다.

②다음 각 호의 업무를 행하고자 하는 자는 금융위원회에 등록하여야 한다. 다만, 「은행법」에 따른 은행 그 밖에 대통령령이 정하는 금융회사는 그러하 지 아니하다.

1. 전자자금이체업무
2. 직불전자지급수단의 발행 및 관리
3. 선불전자지급수단의 발행 및 관리
4. 전자지급결제대행에 관한 업무
5. 그 밖에 대통령령이 정하는 전자금융업무

③제2항의 규정에 불구하고 다음 각 호의 어느 하나에 해당하는 자는 금융 위원회에 등록하지 아니하고 같은 항 각 호의 업무를 행할 수 있다.

1. 다음 각 목의 어느 하나의 경우에 해당하는 선불전자지급수단을 발행하는 자
   가. 특정한 건물 안의 가맹점 등 대통령령이 정하는 기준에 해당하는 가 맹점에서만 사용되는 경우
   나. 총발행잔액이 대통령령이 정하는 금액 이하인 경우
   다. 이용자가 미리 직접 대가를 지불하지 아니한 선불전자지급수단으로서 이용자에게 저장된 금전적 가치에 대한 책임을 이행하기 위하여 대통 령령이 정하는 방법에 따라 상환보증보험 등에 가입한 경우

2. 자금이동에 직접 관여하지 아니하고 전자지급거래의 전자적 처리를 위한 정보만을 전달하는 업무 등 대통령령이 정하는 전자지급결제대행에 관한 업무를 수행하는 자

④제3항제1호 다목의 규정에 따라 등록이 면제된 선불전자지급수단을 발행하는 자에 대하여는 제4조, 제2장(제19조는 제외한다) 및 제3장(제21조제4항, 제21조의2, 제21조의3, 제23조 및 제25조는 제외한다), 제37조, 제38조, 제39조제1항·제6항, 제41조제1항, 제43조제2항·제3항, 제46조, 제46조의2 및 제47조의 전자금융업자에 관한 규정을 준용한다. 다만, 소속 임직원의 위법·부당한 행위로 지급불능 상태가 되는 등 대통령령이 정하는 금융사고가 발생하는 경우에는 제25조, 제39조제2항 내지 제5항 및 제40조제2항·제3항을 준용한다.

⑤금융위원회는 제1항의 규정에 따른 허가에 조건을 붙일 수 있다.

제29조(전자채권관리기관의 등록) ①전자채권의 등록 및 관리업무를 행하고자 하는 자는 금융위원회에 등록하여야 한다.

②제21조, 제22조, 제39조, 제41조 및 제43조의 규정은 제1항의 규정에 따라 전자채권의 등록 및 관리업무를 행하기 위하여 등록한 전자채권관리기관에 대하여 이를 준용한다.

③전자채권관리기관의 전자채권 등록에 관한 절차와 방법 그 밖에 필요한 사항은 대통령령으로 정한다.

제30조(자본금) ①제28조제1항의 규정에 따라 허가를 받고자 하는 자는 주식회사로서 자본금이 50억원 이상이어야 한다.

② 제28조제2항제1호부터 제3호까지의 규정에 따라 등록할 수 있는 자는 다음 각 호의 어느 하나에 해당하는 자로 하되, 업무의 종류별로 자본금 또는 출자총액이 20억원 이상으로서 대통령령으로 정하는 금액 이상이어야 한다.

1. 「상법」 제170조에서 정한 회사
2. 특별법에 따라 설립된 법인(해당 법률에서 정한 업무를 수행하기 위하여 행하는 제28조제2항제3호의 선불전자지급수단의 발행 및 관리업무로 한정한다)

③제28조제2항제4호·제5호 및 제29조의 규정에 따라 등록할 수 있는 자는 「상법」제170조에서 정한 회사 또는 「민법」제32조에서 정한 법인으로서 업무

의 종류별로 자본금·출자총액 또는 기본재산이 다음 각 호의 구분에 따른 금액 이상이어야 한다.

1. 분기별 전자금융거래 총액이 30억원 이하의 범위에서 금융위원회가 정하는 기준 이하로 운영하고자 하는 자(제29조에 따라 등록을 하고자 하는 자는 제외한다): 3억원 이상으로 대통령령으로 정하는 금액

2. 제1호 외의 자: 5억원 이상으로 대통령령으로 정하는 금액

④ 제3항제1호에 해당하는 자가 제28조에 따라 등록을 한 후 2분기 이상 계속하여 제3항제1호의 금융위원회가 정하는 기준을 초과하는 경우에는 그 내용을 금융위원회에 신고하고 금융위원회가 정하는 기한 내에 제3항제2호에서 정하는 자본금요건을 갖추어야 한다.

제31조(허가 및 등록의 요건) ①제28조 및 제29조의 규정에 따라 허가를 받거나 등록을 하고자 하는 자는 다음 각 호의 요건을 모두 갖추어야 한다. 제4호 및 제5호는 허가의 경우에 한한다.

1. 제30조의 규정에 의한 자본금 또는 기본재산을 보유할 것

2. 이용자의 보호가 가능하고 행하고자 하는 업무를 수행함에 있어서 충분한 전문인력과 전산설비 등 물적 시설을 갖추고 있을 것

3. 대통령령이 정하는 재무건전성 기준을 충족할 것

4. 사업계획이 타당하고 건전할 것

5. 대통령령이 정하는 주요출자자가 충분한 출자능력, 건전한 재무상태 및 사회적 신용을 갖추고 있을 것

②제1항의 규정에 따른 허가 및 등록의 세부요건에 관하여 필요한 사항은 금융위원회가 정한다.

제32조(허가와 등록의 결격사유) 다음 각 호의 어느 하나에 해당하는 자는 제28조 및 제29조의 규정에 따른 허가를 받거나 등록을 할 수 없다.

1. 제34조의 규정에 따라 등록이 말소된 날부터 1년이 지나지 아니한 법인 및 그 등록이 말소될 당시 그 법인의 대주주(대통령령이 정하는 출자자를 말한다. 이하 같다)이었던 자로서 그 말소된 날부터 1년이 지나지 아니한 자

2. 제43조제1항의 규정에 따른 허가 또는 등록의 취소가 있은 날부터 3년이 지나지 아니한 법인 및 그 취소 당시 그 법인의 대주주이었던 자로서 그 취소가 있은 날부터 3년이 지나지 아니한 자

3. 「채무자 회생 및 파산에 관한 법률」에 따른 회생절차 중에 있는 회사 및 그 회사의 대주주

4. 금융거래 등 상거래에 있어서 약정한 기일 내에 채무를 변제하지 아니한 자로서 금융위원회가 정하는 자

5. 허가 또는 등록 신청일을 기준으로 최근 3년간 대통령령이 정하는 금융관계법령을 위반하여 벌금형 이상의 처벌을 받은 사실이 있는 자

6. 제1호 내지 제5호에 해당하는 자가 대주주인 법인

제33조(허가·등록 및 인가의 신청 등) ①제28조, 제29조 및 제45조에 따라 허가·인가를 받거나 등록을 하고자 하는 자는 대통령령이 정하는 바에 따라 신청서를 금융위원회에 제출하여야 한다.

②금융위원회는 제1항의 규정에 따라 신청서를 접수한 때에는 대통령령이 정하는 바에 따라 허가, 등록 또는 인가를 하고 그 결과를 신청인에게 통보하여야 한다.

③금융위원회는 제28조, 제29조 및 제45조에 따라 허가, 등록 또는 인가를 한 때에는 지체 없이 그 내용을 관보에 공고하고 컴퓨터통신 등을 이용하여 일반인에게 알려야 한다.

제33조의2(예비허가) ① 제28조제1항에 따른 허가(이하 이 조에서 "본허가"라 한다)를 받으려는 자는 미리 금융위원회에 예비허가를 신청할 수 있다.

② 금융위원회는 제1항에 따른 예비허가 여부를 결정할 때에는 예비허가를 받으려는 자가 본허가 요건을 모두 충족할 수 있는지를 확인하여야 한다.

③ 금융위원회는 제2항에 따른 예비허가에 조건을 붙일 수 있다.

④ 금융위원회는 예비허가를 받은 자가 본허가를 신청하는 경우에는 제3항에 따른 예비허가 조건을 이행하였는지와 본허가 요건을 모두 충족하는지를 확인한 후 본허가 여부를 결정하여야 한다.

⑤ 예비허가에 관하여는 제33조제1항 및 제2항을 준용한다.

제34조(신청에 따른 등록의 말소) ①제28조제2항 및 제29조의 규정에 따라 등록을 한 자는 대통령령이 정하는 바에 따라 그 등록의 말소를 신청할 수 있다.

②금융위원회는 제1항의 규정에 따른 신청이 있는 때에는 지체 없이 그 등록을 말소한다.

③금융위원회는 제2항의 규정에 따라 등록을 말소한 때에는 지체 없이 그 내

용을 관보에 공고하고 컴퓨터통신 등을 이용하여 일반인에게 알려야 한다.

제35조(겸업제한) ①제28조제1항의 규정에 따라 허가를 받은 전자금융업자는 다음 각 호의 업무가 아닌 업무는 이를 겸영하지 못한다.

1. 제28조제2항 각 호의 업무(등록한 경우에 한한다)
2. 제28조제1항의 규정에 따라 허가를 받은 업무 및 제1호의 업무를 행하기 위하여 필요한 업무로서 대통령령이 정하는 업무

②제1항의 규정에 불구하고 제28조제1항의 규정에 따라 허가를 받은 전자금융업자는 전자화폐 미상환잔액 전부에 대하여 대통령령이 정하는 금융회사로부터 지급보증을 받거나 상환보증보험에 가입한 경우에는 제1항 각 호의 규정에서 정한 업무 아닌 업무를 행할 수 있다.

제36조(유사명칭의 사용금지) ①제2조제15호의 전자화폐가 아닌 것에는 전자화폐라는 명칭을 사용하지 못한다.

②제28조제1항의 규정에 따라 허가를 받지 아니한 자는 그 상호 중에 전자화폐라는 명칭을 사용하지 못한다.

제37조(가맹점의 준수사항 등) ①가맹점은 직불전자지급수단이나 선불전자지급수단 또는 전자화폐(이하 "전자화폐등"이라 한다)에 의한 거래를 이유로 재화 또는 용역의 제공 등을 거절하거나 이용자를 불리하게 대우하여서는 아니된다.

②가맹점은 이용자로 하여금 가맹점수수료를 부담하게 하여서는 아니 된다.

③가맹점은 다음 각 호의 어느 하나에 해당하는 행위를 하여서는 아니 된다.

1. 재화 또는 용역의 제공 등이 없이 전자화폐등에 의한 거래를 한 것으로 가장(假裝)하는 행위
2. 실제 매출금액을 초과하여 전자화폐등에 의한 거래를 하는 행위
3. 다른 가맹점 이름으로 전자화폐등에 의한 거래를 하는 행위
4. 가맹점의 이름을 타인에게 빌려주는 행위
5. 전자화폐등에 의한 거래를 대행하는 행위

④가맹점이 아닌 자는 가맹점의 이름으로 전자화폐등에 의한 거래를 하여서는 아니 된다.

제38조(가맹점의 모집 등) ①금융회사 또는 전자금융업자가 가맹점을 모집하는 경우에는 가맹점이 되고자 하는 자의 영업여부 등을 확인하여야 한다. 다만,

「여신전문금융업법」제16조의2의 규정에 따라 이미 확인을 한 가맹점인 경우에는 그러하지 아니하다.

②금융회사 또는 전자금융업자는 다음 각 호의 어느 하나에 해당하는 거래에 따른 손실을 가맹점에 떠넘길 수 없다. 다만, 금융회사 또는 전자금융업자가 그 거래에 대하여 그 가맹점의 고의 또는 중대한 과실을 증명하는 경우에는 그 손실의 전부 또는 일부를 가맹점의 부담으로 할 수 있다는 취지의 계약을 가맹점과 체결한 경우에는 그러하지 아니하다.

1. 분실되거나 도난된 전자화폐등에 의한 거래

2. 위조되거나 변조된 전자화폐등에 의한 거래

③금융회사 또는 전자금융업자는 다음 각 호의 사항을 금융위원회가 정하는 방법에 따라 가맹점에 알려야 한다.

1. 가맹점수수료

2. 제2항의 규정에 따른 가맹점에 대한 책임

3. 제37조의 규정에 따른 가맹점의 준수사항

④금융회사 또는 전자금융업자는 가맹점이 제37조의 규정을 위반하여 형의 선고를 받거나 관계 행정기관으로부터 위반사실에 대하여 서면통보를 받는 등 대통령령이 정하는 사유에 해당하는 때에는 특별한 사유가 없는 한 지체없이 가맹점계약을 해지하여야 한다.

제5장 전자금융업무의 감독

제39조(감독 및 검사) ①금융감독원(「금융위원회의 설치 등에 관한 법률」제24조제1항의 규정에 따른 "금융감독원"을 말한다. 이하 같다)은 금융위원회의 지시를 받아 금융회사 및 전자금융업자에 대하여 이 법 또는 이 법에 의한 명령의 준수여부를 감독한다.

②금융감독원장은 제1항의 규정에 따른 감독을 위하여 필요한 때에는 금융회사 또는 전자금융업자로 하여금 그 업무 및 재무상태에 관한 보고를 하게 할 수 있다.

③금융감독원장은 금융회사 및 전자금융업자의 전자금융업무와 그와 관련된 재무상태를 검사하고, 검사를 위하여 필요하다고 인정하는 때에는 금융회사 및 전자금융업자에 대하여 업무와 재무상태에 관한 자료의 제출 또는 관계

인의 출석을 요구할 수 있다.

④제3항의 규정에 따라 검사를 하는 자는 그 권한을 표시하는 증표를 지니고 이를 관계인에게 내보여야 한다.

⑤금융감독원장은 제3항의 규정에 따라 검사를 한 때에는 그 결과를 금융위원회가 정하는 바에 따라 금융위원회에 보고하여야 한다.

⑥금융위원회는 금융회사 또는 전자금융업자가 이 법 또는 이 법에 따른 명령을 위반하여 금융회사 또는 전자금융업자의 건전한 운영을 해할 우려가 있다고 인정하는 때에는 금융감독원장의 건의에 따라 다음 각 호의 어느 하나에 해당하는 조치를 하거나 금융감독원장으로 하여금 제1호부터 제3호까지에 해당하는 조치를 하게 할 수 있다.

1. 위반행위에 대한 시정명령
2. 금융회사 또는 전자금융업자에 대한 주의 또는 경고
3. 임원과 직원에 대한 주의, 경고 또는 문책의 요구
4. 임원(「금융회사의 지배구조에 관한 법률」 제2조제5호에 따른 업무집행책임자는 제외한다. 이하 제39조의2에서 같다)의 해임권고 또는 직무정지

제39조의2(퇴임한 임원 등에 대한 조치 내용의 통보) ① 금융위원회(제39조제6항에 따라 조치를 할 수 있는 금융감독원장을 포함한다)는 금융회사 또는 전자금융업자의 퇴임한 임원 또는 퇴직한 직원(「금융회사의 지배구조에 관한 법률」 제2조제5호에 따른 업무집행책임자를 포함한다)이 재임 또는 재직 중이었더라면 제39조제6항제3호 또는 제4호에 해당하는 조치를 받았을 것으로 인정되는 경우에는 그 조치의 내용을 해당 금융회사 또는 전자금융업자의 장에게 통보할 수 있다.

② 제1항에 따른 통보를 받은 금융회사 또는 전자금융업자의 장은 이를 퇴임·퇴직한 해당 임직원에게 통보하고, 그 내용을 기록·유지하여야 한다.

제40조(외부주문등에 대한 감독 및 검사) ①금융회사 및 전자금융업자는 전자금융거래와 관련하여 전자금융보조업자와 제휴, 위탁 또는 외부주문(이하 이 조에서 "외부주문등"이라 한다)에 관한 계약을 체결하거나 변경하는 때(전자금융보조업자가 다른 전자금융보조업자와 외부주문등에 관한 계약을 체결하거나 변경하는 때를 포함한다)에는 전자금융거래의 안전성 및 신뢰성과 금융회사 및 전자금융업자의 건전성을 확보할 수 있도록 금융위원회가 정하는 기

준을 준수하여야 한다.

②금융위원회는 제1항의 규정에 따른 계약 내용이 금융회사 또는 전자금융업자의 경영의 건전성 및 이용자의 권익을 침해하는 것이라고 인정하는 때에는 그 금융회사 또는 전자금융업자에 대하여 관련 계약 내용의 시정 또는 보완을 지시할 수 있다.

③금융감독원장은 제1항의 규정에 따른 외부주문등과 관련하여 금융회사 또는 전자금융업자에 대한 검사를 하는 경우에는 금융위원회가 정하는 기준에 따라 그 전자금융보조업자에 대한 자료제출을 요구할 수 있다.

④ 금융감독원장은 전자금융보조업자가 제3항에 따른 자료를 제출하지 아니하거나 부실한 자료를 제출한 경우에는 해당 전자금융보조업자에 대하여 조사를 할 수 있다.

⑤ 금융감독원장은 제4항에 따른 조사를 위하여 필요하다고 인정하는 경우에는 전자금융보조업자에게 다음 각 호의 사항을 요구할 수 있다.

1. 조사사항에 관한 진술서의 제출
2. 조사에 필요한 장부·서류, 그 밖의 물건의 제출
3. 관계인의 출석

⑥ 정보기술부문의 정보보호와 관련된 업무를 위탁받은 전자금융보조업자는 해당 업무를 제3자에게 재위탁하여서는 아니 된다. 다만, 전자금융거래정보의 보호 및 안전한 처리를 저해하지 아니하는 범위에서 금융위원회가 인정하는 경우에는 그러하지 아니하다.

⑦ 제4항에 따른 조사에 관하여는 제39조제4항을 준용한다.

제41조(한국은행의 자료제출 요구 등) ①한국은행은 금융통화위원회가 전자지급거래와 관련하여 통화신용정책의 수행 및 지급결제제도의 원활한 운영을 위하여 필요하다고 인정하는 때에는 금융회사 및 전자금융업자에 대하여 자료제출을 요구할 수 있다. 이 경우 요구하는 자료는 금융회사 및 전자금융업자의 업무부담을 고려하여 필요한 최소한의 범위로 한정하여야 한다.

②한국은행은 금융통화위원회가 통화신용정책의 수행을 위하여 필요하다고 인정하는 때에는 전자화폐발행자 및 제28조제2항제1호의 업무를 행하기 위하여 등록한 금융회사 및 전자금융업자에 대하여 금융감독원에 검사를 요구하거나 한국은행과의 공동검사를 요구할 수 있다.

③제1항 및 제2항의 요구 방법 및 절차는 「한국은행법」 제87조 및 제88조의

규정과 「금융위원회의 설치 등에 관한 법률」제62조의 규정을 준용한다.

제42조(회계처리 구분 및 건전경영지도) ①금융회사 및 전자금융업자는 자금운용과 전자금융거래와 관련한 업무의 성과를 분석할 수 있도록 제28조제1항 및 제2항에 규정된 업무별로 다른 업무와 구분하여 회계처리하고, 금융위원회가 정하는 바에 따라 전자금융거래와 관련한 업무 및 경영실적에 관한 보고서를 작성하여 금융위원회에 제출하여야 한다.

②금융위원회는 전자금융거래와 관련한 업무를 수행하는 금융회사 또는 전자금융업자의 건전경영을 지도하고 전자금융사고를 예방하기 위하여 대통령령이 정하는 바에 따라 다음 각 호의 사항에 관한 경영지도기준을 정할 수 있다.

1. 자본의 적정성에 관한 사항
2. 자산의 건전성에 관한 사항
3. 유동성에 관한 사항
4. 그 밖에 경영의 건전성 확보를 위하여 필요한 사항

③금융위원회는 제28조제1항의 규정에 따라 허가를 받은 금융회사 또는 전자금융업자가 제2항의 경영지도기준을 충족하지 못하는 등 경영의 건전성을 크게 해할 우려가 있다고 인정하는 때에는 자본금의 증액, 이익배당의 제한 등 경영개선을 위하여 필요한 조치를 요구할 수 있다.

④제28조제1항의 규정에 따라 허가를 받은 금융회사 또는 전자금융업자의 재무상태가 제2항의 경영지도기준에 미달하거나 거액의 금융사고 또는 부실채권의 발생으로 인하여 제2항의 경영지도기준에 미달하게 될 것이 명백하다고 판단되는 때에 필요한 조치 등에 관하여는 「금융산업의 구조개선에 관한 법률」제10조, 제11조제1항·제4항·제5항, 제13조의2, 제14조, 제14조의2부터 제14조의4까지, 제14조의7, 제15조부터 제19조까지, 제27조 및 제28조를 준용한다.

제43조(허가와 등록의 취소 등) ①금융위원회는 금융회사 또는 전자금융업자가 다음 각 호의 어느 하나에 해당하는 때에는 제28조의 규정에 따른 허가 또는 등록을 취소할 수 있다.

1. 허위 그 밖의 부정한 방법으로 제28조의 규정에 따른 허가를 받거나 등록을 한 때

2. 제32조제1호 내지 제5호에 해당하는 때

3. 제2항의 규정에 따른 업무의 정지명령을 위반한 때

4. 정당한 사유 없이 1년 이상 계속하여 영업을 하지 아니한 때

5. 법인의 합병이나 파산이나 영업의 폐지 등으로 사실상 영업을 종료한 때

②금융위원회는 금융회사 또는 전자금융업자가 다음 각 호의 어느 하나에 해당하는 때에는 6월의 범위 안에서 기간을 정하여 관련 업무의 전부 또는 일부의 정지를 명할 수 있다.

1. 제6조제1항·제2항, 제16조제1항부터 제4항까지, 제19조제1항, 제21조제 1항·제2항, 제21조의5제2항, 제35조, 제36조 또는 제38조제3항·제4항 의 규정을 위반한 때

2. 제8조제2항 및 제3항을 위반하여 오류를 조사하여 처리를 하지 아니한 때

3. 제23조, 제39조제6항, 제40조제2항 또는 제42조제3항의 규정에 따른 금 융위원회의 조치나 지시 또는 명령을 어긴 때

4. 제30조제4항에서 정한 신고를 하지 아니하거나 기한 내 요건을 갖추지 아니한 때

③금융회사 또는 전자금융업자는 제1항 및 제2항의 규정에 따라 업무의 전부 또는 일부가 정지되거나 허가 또는 등록이 취소된 경우에도 그 처분 전에 행하여진 전자금융거래의 지급 및 결제를 위한 업무를 계속하여 행할 수 있다.

④금융위원회는 제1항의 규정에 따라 허가 또는 등록을 취소한 때에는 지체없이 그 내용을 관보에 공고하고 컴퓨터통신 등을 이용하여 일반인에게 알려야 한다.

제44조(청문) 금융위원회는 제43조제1항의 규정에 따라 허가 또는 등록을 취소하고자 하는 경우에는 청문을 실시하여야 한다.

제45조(합병·해산·폐업 등의 인가) ①제28조제1항의 규정에 따라 허가를 받은 전자금융업자가 다음 각 호의 어느 하나에 해당하는 행위를 하고자 하는 때에는 대통령령이 정하는 바에 따라 금융위원회의 인가를 받아야 한다.

1. 다른 금융회사 또는 전자금융업자와의 합병

2. 해산 또는 전자금융업무의 폐지

3. 영업의 전부 또는 일부의 양도와 양수

②금융위원회는 제1항의 규정에 따른 인가에 조건을 붙일 수 있다.

제45조의2(예비인가) ① 제45조제1항에 따른 인가(이하 이 조에서 "본인가"라 한다)를 받으려는 자는 미리 금융위원회에 예비인가를 신청 할 수 있다.

② 금융위원회는 제1항에 따른 예비인가 여부를 결정할 때에는 예비인가를 받으려는 자가 본인가 요건을 모두 충족할 수 있는지를 확인하여야 한다.

③ 금융위원회는 제2항에 따른 예비인가에 조건을 붙일 수 있다.

④ 금융위원회는 예비인가를 받은 자가 본인가를 신청하는 경우에는 제3항에 따른 예비인가 조건을 이행하였는지와 본인가 요건을 모두 충족하는지를 확인한 후 본인가 여부를 결정하여야 한다.

⑤ 예비인가에 관하여는 제33조제1항 및 제2항을 준용한다.

제46조(과징금) ① 금융위원회는 금융회사 또는 전자금융업자가 제21조제1항 또는 제2항을 위반하여 전자금융거래정보를 타인에게 제공 또는 누설하거나 업무상 목적 외에 사용한 경우에는 50억원 이하의 과징금을 부과할 수 있다.

②금융위원회는 금융회사 또는 전자금융업자가 제43조제2항 각 호의 어느 하나(제1항에 따라 과징금을 부과하는 경우는 제외한다)에 해당하게 된 때에는 대통령령이 정하는 바에 따라 업무정지명령에 갈음하여 5천만원 이하의 과징금을 부과할 수 있다.

③제1항 또는 제2항에 따른 과징금을 부과하는 위반행위의 종별과 정도 등에 따른 과징금의 금액 그 밖에 필요한 사항은 대통령령으로 정한다.

④금융위원회는 제1항 또는 제2항에 따른 과징금을 기한 이내에 납부하지 아니하는 때에는 국세체납처분의 예에 따라 이를 징수한다.

⑤금융위원회는 대통령령이 정하는 바에 따라 과징금의 징수 및 체납처분에 관한 업무를 국세청장에게 위탁할 수 있다.

제46조의2(과오납금의 환급) ① 금융위원회는 과징금납부의무자가 이의신청의 재결 또는 법원의 판결 등의 사유로 과징금 과오납금의 환급을 청구하는 경우에는 지체 없이 환급하여야 하며, 과징금납부의무자의 청구가 없는 경우에도 금융위원회가 확인한 과오납금은 환급하여야 한다.

② 금융위원회는 제1항에 따라 과오납금을 환급하는 경우 환급받을 자가 금융위원회에 납부하여야 하는 다른 과징금이 있으면 환급하는 금액을 그 과징금에 충당할 수 있다.

③ 금융위원회가 제1항에 따라 과오납금을 환급하는 경우에는 과징금을 납

부한 날의 다음 날부터 환급하는 날까지의 기간에 대하여 대통령령으로 정하는 가산금 이율을 적용하여 산정한 환급가산금을 환급받을 자에게 지급하여야 한다.

제6장 보칙

제47조(전자금융거래 통계조사) ①한국은행은 전자금융거래의 현황 파악과 효과적인 통화신용정책의 수립 및 시행을 위하여 전자금융업 및 전자금융거래에 관한 통계조사를 할 수 있다. 이 경우 필요한 자료를 정부기관, 금융회사등과 전자금융거래 관련 법인과 단체에 요구할 수 있다.

②제1항의 규정에 따라 자료의 제출을 요구받은 정부기관, 금융회사등과 전자금융거래 관련 법인과 단체는 정당한 사유가 없는 한 이에 응하여야 한다.

③제1항의 규정에 따른 통계조사의 대상과 방법 및 절차에 관하여 필요한 사항은 대통령령으로 정한다.

제48조(권한의 위탁) 금융위원회는 이 법에 따른 권한의 일부를 대통령령이 정하는 바에 따라 금융감독원장에게 위탁할 수 있다.

제7장 벌칙

제49조(벌칙) ① 다음 각 호의 어느 하나에 해당하는 자는 10년 이하의 징역 또는 1억원 이하의 벌금에 처한다.

1. 제21조의4제1호를 위반하여 전자금융기반시설에 접근하거나 저장된 데이터를 조작·파괴·은닉 또는 유출한 자
2. 제21조의4제2호를 위반하여 데이터를 파괴하거나 컴퓨터 바이러스, 논리폭탄 또는 메일폭탄 등의 프로그램을 투입한 자
3. 제21조의4제3호를 위반하여 일시에 대량의 신호, 고출력 전자기파 또는 데이터를 보내거나 전자금융기반시설에 오류 또는 장애를 발생시킨 자
4. 제26조를 위반하여 전자금융거래정보를 타인에게 제공 또는 누설하거나 업무상 목적 외에 사용한 자(제28조제4항에 따라 이를 준용하는 선불전자지급수단을 발행하는 자를 포함한다)

②다음 각 호의 어느 하나에 해당하는 자는 7년 이하의 징역 또는 5천만원

이하의 벌금에 처한다.

1. 접근매체를 위조하거나 변조한 자

2. 위조되거나 변조된 접근매체를 판매알선·판매·수출 또는 수입하거나 사용한 자

3. 분실되거나 도난된 접근매체를 판매알선·판매·수출 또는 수입하거나 사용한 자

4. 전자금융기반시설 또는 전자금융거래를 위한 전자적 장치에 침입하여 거짓이나 그 밖의 부정한 방법으로 접근매체를 획득하거나 획득한 접근매체를 이용하여 전자금융거래를 한 자

5. 강제로 빼앗거나, 횡령하거나, 사람을 속이거나 공갈하여 획득한 접근매체를 판매알선·판매·수출 또는 수입하거나 사용한 자

6. 삭제

③전자화폐는「형법」제214조 내지 제217조에 정한 죄의 유가증권으로 보아 각 그 죄에 정한 형으로 처벌한다. <개정 2014.10.15.>

④다음 각 호의 어느 하나에 해당하는 자는 3년 이하의 징역 또는 2천만원 이하의 벌금에 처한다.

1. 제6조제3항제1호를 위반하여 접근매체를 양도하거나 양수한 자

2. 제6조제3항제2호 또는 제3호를 위반하여 접근매체를 대여받거나 대여한 자 또는 보관·전달·유통한 자

3. 제6조제3항제4호를 위반한 질권설정자 또는 질권자

4. 제6조제3항제5호를 위반하여 알선하거나 광고하는 행위를 한 자

5. 제28조 또는 제29조의 규정에 따라 허가를 받거나 등록을 하지 아니하고 그 업무를 행한 자

6. 허위 그 밖의 부정한 방법으로 제28조 또는 제29조의 규정에 따라 허가를 받거나 등록을 한 자

7. 제37조제3항제3호의 규정을 위반하여 다른 가맹점의 이름으로 전자화폐등에 의한 거래를 한 자

8. 제37조제3항제5호의 규정을 위반하여 전자화폐등에 의한 거래를 대행한 자

9. 제37조제4항의 규정을 위반하여 가맹점의 이름으로 전자화폐등에 의한 거래를 한 자

10. 허위 그 밖의 부정한 방법으로 전자금융거래정보를 열람하거나 제공받

은 자

⑤다음 각 호의 어느 하나에 해당하는 자는 1년 이하의 징역 또는 1천만원 이하의 벌금에 처한다.

1.~2. 삭제

3. 제37조제1항의 규정을 위반하여 전자화폐등에 의한 거래를 이유로 재화 또는 용역의 제공을 거절하거나 이용자를 불리하게 대우한 자

4. 제37조제2항의 규정을 위반하여 이용자에게 가맹점수수료를 부담하게 한 자

5. 제37조제3항제4호의 규정을 위반하여 가맹점의 이름을 타인에게 빌려준 자

6. 제45조제1항의 규정에 따른 인가를 받지 아니하고 동항 각 호의 어느 하나에 해당하는 행위를 한 자

⑥ 제1항제1호·제2호 및 제3호와 제2항제1호·제2호 및 제4호의 미수범은 처벌한다.

⑦제1항 내지 제6항의 징역형과 벌금형은 병과할 수 있다.

제50조(양벌규정) ① 법인의 대표자나 법인 또는 개인의 대리인, 사용인, 그 밖의 종업원이 그 법인 또는 개인의 업무에 관하여 제49조제1항, 제2항, 제3항(「형법」 제216조에서 정한 형으로 처벌하는 경우로 한정한다), 제4항부터 제6항까지의 어느 하나에 해당하는 위반행위를 하면 그 행위자를 벌하는 외에 그 법인 또는 개인에게도 해당 조문의 벌금형을 과(科)한다. 다만, 법인 또는 개인이 그 위반행위를 방지하기 위하여 해당 업무에 관하여 상당한 주의와 감독을 게을리하지 아니한 경우에는 그러하지 아니하다.

② 법인의 대표자나 법인 또는 개인의 대리인, 사용인, 그 밖의 종업원이 그 법인 또는 개인의 업무에 관하여 제49조제3항(「형법」 제214조, 제215조 또는 제217조에서 정한 형으로 처벌하는 경우로 한정한다)의 위반행위를 하면 그 행위자를 벌하는 외에 그 법인 또는 개인을 5천만원 이하의 벌금에 처한다. 다만, 법인 또는 개인이 그 위반행위를 방지하기 위하여 해당 업무에 관하여 상당한 주의와 감독을 게을리하지 아니한 경우에는 그러하지 아니하다.

제51조(과태료) ① 다음 각 호의 어느 하나에 해당하는 자(제3호의 경우에는 제28조제4항 단서에 따라 해당 규정을 준용하는 선불전자지급수단을 발행하는 자를 포함한다)에게는 5천만원 이하의 과태료를 부과한다.

1. 제21조제1항 또는 제2항을 위반하여 선량한 관리자로서의 주의를 다하지

아니하거나 금융위원회가 정하는 기준을 준수하지 아니한 자
2. 제36조를 위반하여 전자화폐의 명칭을 사용한 자
3. 제39조제3항(제29조제2항에서 준용하는 경우를 포함한다) 또는 제40조제 3항·제4항에 따른 검사, 자료제출, 출석요구 및 조사를 거부 또는 방해하거나 기피한 자
4. 제42조제1항을 위반하여 보고서를 제출하지 아니하거나 거짓의 보고서를 제출한 자
② 다음 각 호의 어느 하나에 해당하는 자에게는 2천만원 이하의 과태료를 부과한다. <개정 2014.10.15., 2017.4.18.>
1. 제13조제2항을 위반하여 전자자금이체의 지급 효력이 발생하도록 하지 아니한 자
2. 제21조의2제1항 또는 제2항을 위반하여 정보보호최고책임자를 지정하지 아니하거나 정보보호최고책임자를 임원으로 지정하지 아니한 자
3. 제21조의2제3항을 위반하여 같은 조 제4항의 업무 외의 다른 정보기술부문 업무를 정보보호최고책임자로 하여금 겸직하게 하거나 겸직한 자
4. 제21조의3제1항을 위반하여 전자금융기반시설의 취약점을 분석·평가하지 아니한 자
5. 제21조의3제2항을 위반하여 보완조치의 이행계획을 수립·시행하지 아니한 자
6. 제22조제2항을 위반하여 전자금융거래기록을 파기하지 아니한 자
7. 제40조제6항을 위반하여 제3자에게 재위탁을 한 자
③ 다음 각 호의 어느 하나에 해당하는 자(제1호, 제6호부터 제8호까지 및 제10호의 경우에는 제28조제4항에 따라 해당 규정을 준용하는 선불전자지급수단을 발행하는 자를 포함한다)에게는 1천만원 이하의 과태료를 부과한다.
1. 제7조제2항을 위반하여 거래내용에 관한 서면을 교부하지 아니한 자
2. 제8조제2항 및 제3항을 위반하여 오류의 원인과 처리 결과를 알리지 아니한 자
3. 제18조제2항을 위반하여 선불전자지급수단 또는 전자화폐를 양도하거나 담보로 제공한 자
4. 제21조제4항을 위반하여 정보기술부문에 대한 계획을 제출하지 아니한 자
5. 제21조의3제1항을 위반하여 전자금융기반시설의 취약점 분석·평가의 결

과를 보고하지 아니한 자

6. 제21조의5제1항을 위반하여 침해사고를 알리지 아니한 자

7. 제22조제1항(제29조제2항에서 준용하는 경우를 포함한다)을 위반하여 기록을 생성하거나 보존하지 아니한 자

8. 제24조제1항 또는 제3항을 위반하여 약관의 명시, 설명, 교부를 하지 아니하거나 게시 또는 통지하지 아니한 자

9. 제25조제1항을 위반하여 금융위원회에 보고하지 아니한 자

10. 제27조제1항을 위반하여 분쟁처리 절차를 마련하지 아니한 자

11. 삭제 <2017.4.18.>

12. 제42조제1항을 위반하여 제28조제1항 및 제2항의 업무별로 다른 업무와 구분하여 회계처리를 하지 아니한 자

④ 제1항부터 제3항까지의 규정에 따른 과태료는 대통령령으로 정하는 바에 따라 금융위원회가 부과·징수한다.

부칙 <제14839호, 2017.7.26.> (정부조직법)

제1조(시행일) ① 이 법은 공포한 날부터 시행한다. 다만, 부칙 제5조에 따라 개정되는 법률 중 이 법 시행 전에 공포되었으나 시행일이 도래하지 아니한 법률을 개정한 부분은 각각 해당 법률의 시행일부터 시행한다.

제2조부터 제6조까지 생략

전자금융거래법 시행령

[시행 2017.10.19.] [대통령령 제28388호, 2017.10.17., 일부개정]

제1조(목적) 이 영은 「전자금융거래법」에서 위임된 사항과 그 시행에 관하여 필요한 사항을 규정함을 목적으로 한다.

제2조(금융회사의 범위) 「전자금융거래법」(이하 "법"이라 한다) 제2조제3호마목에서 "대통령령이 정하는 자"라 함은 다음 각 호의 어느 하나에 해당하는 자를 말한다.

1. 「한국산업은행법」에 따른 한국산업은행

1의2. 삭제

2. 「중소기업은행법」에 따른 중소기업은행

3. 「한국수출입은행법」에 따른 한국수출입은행

4. 「산림조합법」에 따른 조합과 그 중앙회의 신용사업부문

5. 「농업협동조합법」에 따른 조합

6. 「수산업협동조합법」에 따른 조합

7. 「자본시장과 금융투자업에 관한 법률」에 따른 거래소

8. 「자본시장과 금융투자업에 관한 법률」에 따른 한국예탁결제원

9. 「금융지주회사법」에 따른 금융지주회사와 「금융지주회사법 시행령」 제2조제2항제1호에 해당하는 회사

10. 「보험업법」에 따른 보험협회와 보험요율산출기관

11. 「화재로 인한 재해보상과 보험가입에 관한 법률」에 따른 한국화재보험협회

12. 「자본시장과 금융투자업에 관한 법률」에 따른 한국금융투자협회

13. 삭제

14. 「신용정보의 이용 및 보호에 관한 법률」에 따른 신용정보회사와 종합신용정보집중기관

15. 「금융회사부실자산 등의 효율적 처리 및 한국자산관리공사의 설립에 관한 법률」에 따른 한국자산관리공사

16. 「한국주택금융공사법」에 따른 한국주택금융공사

17. 「신용보증기금법」에 따른 신용보증기금

18. 「기술보증기금법」에 따른 기술보증기금

제3조(선불전자지급수단의 요건) 법 제2조제14호가목에서 "대통령령이 정하는 특수관계인"이라 함은 발행인과 다음 각 호의 어느 하나에 해당하는 관계에 있는 자를 말한다.
1. 「상법」제342조의2에 따른 모회사 또는 자회사
2. 「독점규제 및 공정거래에 관한 법률」제2조제1호의2 또는 제1호의3에 따른 지주회사 또는 자회사
3. 「금융지주회사법」제2조제1항제1호에 따른 금융지주회사 또는 동항제2호에 따른 자회사

제4조(전자화폐의 범용성 요건) ①법 제2조제15호가목에서 "대통령령이 정하는 기준 이상의 지역 및 가맹점"이라 함은 2개 이상의 광역지방자치단체(「지방자치법」제2조제1항제1호에 따른 지방자치단체를 말한다. 이하 같다) 및 500개 이상의 가맹점을 말한다.
②법 제2조제15호다목에서 "대통령령이 정하는 업종 수"라 함은 5개 업종을 말한다.

제5조(적용범위의 예외) ①법 제3조제1항 단서에서 "대통령령이 정하는 경우"라 함은 다음 각 호의 어느 하나에 해당하는 경우를 말한다.
1. 법 제2조제6호에 따른 결제중계시스템을 이용하는 전자금융거래
2. 「한국은행법」제81조제1항에 따라 한국은행이 운영하는 지급결제제도를 이용하는 전자금융거래
② 법 제3조제3항 각 호 외의 부분에서 "대통령령으로 정하는 금융회사"란 다음 각 호의 어느 하나에 해당하는 금융회사로서 법 제2조제1호에 따른 전자금융업무를 하지 아니하는 금융회사를 말한다.
1. 법 제2조제3호가목부터 라목까지의 금융회사
2. 제2조제4호부터 제6호까지의 금융회사
3. 제2조제14호에 따른 신용정보회사

제6조(접근매체의 갱신 또는 대체발급) 금융회사 또는 전자금융업자는 법 제6조제2항 각 호 외의 부분 단서 및 같은 항 제2호에 따라 다음 각 호의 어느 하나에 해당하는 경우에는 이용자의 신청이나 본인의 확인이 없는 때에도 접근매체를 갱신 또는 대체발급할 수 있다.

1. 갱신 또는 대체발급 예정일 전 6월 이내에 사용된 적이 없는 접근매체는 이용자로부터 갱신 또는 대체발급에 대하여 서면동의(「전자서명법」 제2조 제3호에 따른 공인전자서명(이하 "공인전자서명"이라 한다)이 있는 전자문서에 의한 동의를 포함한다)를 얻은 경우
2. 갱신 또는 대체발급 예정일 전 6월 이내에 사용된 적이 있는 접근매체는 그 예정일부터 1월 이전에 이용자에게 발급 예정사실을 알린 후 20일 이내에 이용자로부터 이의 제기가 없는 경우

제6조의2(이의신청의 절차 등) ① 법 제6조의2제1항에 따른 요청으로 전기통신역무 제공이 중지된 사람이 같은 조 제2항에 따라 이의신청을 하려면 전기통신역무 제공이 중지된 날부터 30일 이내에 다음 각 호의 사항을 적은 문서를 같은 조 제1항에 따른 전기통신역무 제공의 중지를 요청한 기관(이하 이 조에서 "제공중지요청기관"이라 한다)에 제출하여야 한다.
1. 이의신청인의 명칭 또는 성명과 주소 및 연락처
2. 이의신청의 사유
3. 전기통신역무 제공이 중지된 날
② 제공중지요청기관은 제1항에 따라 이의신청을 받은 날부터 15일 이내에 그 이의신청에 대하여 결정을 하고 그 결과를 이의신청인에게 문서로 통지하여야 한다. 다만, 부득이한 사유로 그 기간 이내에 결정을 할 수 없을 때에는 15일의 범위에서 그 기간을 연장할 수 있으며, 연장사유와 연장기간을 이의신청인에게 통지하여야 한다.
③ 제공중지요청기관은 제1항에 따라 제출된 문서에 흠결이 있거나 추가적인 사실 확인이 필요한 경우 보완을 요청할 수 있다. 이 경우 그 보완에 소요된 기간은 제2항 본문의 기간에 산입(算入)되지 아니한다.
④ 제공중지요청기관은 법 제6조의2제2항에 따른 이의신청이 이유가 있다고 인정할 때에는 지체 없이 과학기술정보통신부장관에게 해당 전기통신역무 제공의 중지를 해제하도록 요청하여야 한다.

제7조(거래내용의 확인 등) ①금융회사 또는 전자금융업자는 법 제7조제1항에 따라 이용자가 전자적 장치를 통하여 거래내용을 확인할 수 있도록 하는 경우에 전자적 장치의 운영장애, 그 밖의 사유로 거래내용을 확인하게 할 수 없는 때에는 인터넷 등을 이용하여 즉시 그 사유를 알리고, 그 사유가 종료

된 때부터 이용자가 거래내용을 확인할 수 있도록 하여야 한다.

②금융회사 또는 전자금융업자는 법 제7조제2항에 따라 이용자로부터 거래내용을 서면(전자문서를 제외한다. 이하 같다)으로 제공할 것을 요청받은 경우 전자적 장치의 운영장애, 그 밖의 사유로 거래내용을 제공할 수 없는 때에는 그 이용자에게 즉시 이를 알려야 한다. 이 경우 법 제7조제2항의 거래내용에 관한 서면의 교부기간을 산정함에 있어서 전자적 장치의 운영장애, 그 밖의 사유로 거래내용을 제공할 수 없는 기간은 산입하지 아니한다.

③법 제7조제3항에 따른 거래내용의 대상기간은 제12조제1항 각 호에 따른 전자금융거래기록의 보존기간으로 한다. <개정 2015.4.14.>

④법 제7조제3항에 따른 거래내용의 종류(조회거래를 제외한다. 이하 이 조에서 같다) 및 범위는 다음 각 호와 같다.

1. 전자금융거래의 종류(보험계약의 경우에는 보험계약의 종류를 말한다) 및 금액, 전자금융거래의 상대방에 관한 정보

2. 전자금융거래의 거래일시, 전자적 장치의 종류 및 전자적 장치를 식별할 수 있는 정보

3. 전자금융거래가 계좌를 통하여 이루어지는 경우 거래계좌의 명칭 또는 번호(보험계약의 경우에는 보험증권번호를 말한다)

4. 금융회사 또는 전자금융업자가 전자금융거래의 대가로 받은 수수료

5. 법 제15조제1항에 따른 지급인의 출금 동의에 관한 사항

6. 그 밖에 이용자의 전자금융거래내용 확인에 필요한 사항으로서 금융위원회가 정하여 고시하는 사항

⑤금융회사 또는 전자금융업자는 법 제7조제2항에 따른 거래내용의 서면 제공과 관련하여 그 요청의 방법·절차, 접수창구의 주소(전자우편주소를 포함한다) 및 전화번호 등을 전자금융거래와 관련한 약관(이하 "약관"이라 한다)에 규정하여야 한다.

제7조의2(오류의 정정 통지 방법) 법 제8조제2항 및 제3항에서 "대통령령으로 정하는 방법"이란 문서, 전화 또는 전자우편으로 알리는 것을 말한다. 다만, 이용자가 문서로 알려줄 것을 요청하는 경우에는 문서로 알려야 한다.

제8조(고의나 중대한 과실의 범위) 법 제9조제3항에 따른 고의나 중대한 과실의 범위는 다음 각 호와 같다.

1. 이용자가 접근매체를 제3자에게 대여하거나 그 사용을 위임한 경우 또는 양도나 담보의 목적으로 제공한 경우(법 제18조에 따라 선불전자지급수단 이나 전자화폐를 양도하거나 담보로 제공한 경우를 제외한다)
2. 제3자가 권한 없이 이용자의 접근매체를 이용하여 전자금융거래를 할 수 있음을 알았거나 쉽게 알 수 있었음에도 불구하고 접근매체를 누설하거나 노출 또는 방치한 경우
3. 금융회사 또는 전자금융업자가 법 제6조제1항에 따른 확인 외에 보안강화를 위하여 전자금융거래 시 요구하는 추가적인 보안조치를 이용자가 정당한 사유 없이 거부하여 법 제9조제1항제3호에 따른 사고가 발생한 경우
4. 이용자가 제3호에 따른 추가적인 보안조치에 사용되는 매체·수단 또는는 정보에 대하여 다음 각 목의 어느 하나에 해당하는 행위를 하여 법 제9조 제1항제3호에 따른 사고가 발생한 경우
   가. 누설·노출 또는 방치한 행위
   나. 제3자에게 대여하거나 그 사용을 위임한 행위 또는 양도나 담보의 목 적으로 제공한 행위

제9조(선불전자지급수단이나 전자화폐의 분실과 도난 책임) 법 제10조제1항 단 서에서 "대통령령이 정하는 경우"라 함은 선불전자지급수단이나 전자화폐의 분실 또는 도난의 통지를 하기 전에 저장된 금액에 대한 손해에 대하여 그 책임을 이용자의 부담으로 할 수 있다는 취지의 약정이 금융회사 또는 전자 금융업자와 이용자 간에 미리 체결된 경우를 말한다.

제9조의2(전자자금이체의 지급 효력 발생시기의 지연) ① 법 제13조제2항에서 "대통령령으로 정하는 금융회사 또는 전자금융업자"란 법 제28조제2항에 따 라 같은 항 제1호의 전자자금이체업무를 수행하는 금융회사 또는 전자금융 업자를 말한다.

② 제1항에 따른 금융회사 또는 전자금융업자는 법 제13조제2항에 따라 거 래지시를 하는 때부터 일정 시간이 경과한 후에 전자자금이체의 지급 효력이 발생(이하 이 항에서 "지연이체"라 한다)하기를 원하는 이용자가 컴퓨터, 전 화기, 그 밖에 금융위원회가 정하여 고시하는 전자적 장치를 통하여 지연이 체가 되는 거래지시를 할 수 있도록 하여야 한다.

제10조(출금 동의의 방법) 법 제15조제1항에 따라 지급인으로부터 출금에 대

한 동의를 얻는 방법은 다음 각 호와 같다.

1. 금융회사 또는 전자금융업자가 지급인으로부터 서면(금융위원회가 정하여 고시하는 전자문서를 포함한다. 이하 이 조에서 같다) 또는 녹취 등 금융위원회가 정하는 방법으로 출금 동의를 받는 방법

2. 수취인이 지급인으로부터 서면 또는 녹취 등 금융위원회가 정하는 방법으로 출금 동의를 받아 금융회사 또는 전자금융업자에게 전달(전자적 방법으로 출금의 동의내역을 전송하는 것을 포함한다)하는 방법

제11조(전자화폐의 발행 및 환금방법) ①법 제16조제1항 단서에서 "대통령령이 정하는 금액"이라 함은 5만원을 말한다.

②전자화폐발행자는 법 제16조제1항·제2항 및 제4항에 따라 전자화폐를 발행하거나 현금 또는 예금과 교환하는 경우에는 그 전자화폐발행자의 중앙전산시스템을 경유하여야 하며, 다음 각 호의 사항을 기록·관리하여야 한다. 다만, 법 제16조제1항 단서에 따른 전자화폐의 경우에는 전자화폐발행자의 중앙전산시스템을 경유하지 아니할 수 있으며, 제2호의 사항을 기록·관리하지 아니할 수 있다.

1. 전자화폐의 발행 또는 교환의 일시와 금액

2. 전자화폐의 발행신청인 또는 교환신청인

3. 전자화폐 접근매체의 식별번호

4. 그 밖에 전자화폐의 발행 또는 교환에 관한 사항

③전자화폐발행자는 전자화폐보유자가 전자화폐를 현금 또는 예금으로 교환하여 줄 것을 요청하는 경우에는 이를 발행하는 모든 장소에서 그 교환에 응하여야 한다. 다만, 법 제16조제1항 단서에 따른 전자화폐의 경우 교환의 편의성을 해치지 아니하는 범위에서 그 이용자에게 교환장소를 별도로 정하여 알린 경우에는 그 장소에서만 교환에 응할 수 있다.

④전자화폐발행자는 전자화폐보유자가 교환을 요구하면 교환요구금액 전부를 즉시 현금으로 지급하거나 전자화폐보유자의 예금계좌로 지급하여야 한다. 다만, 전자화폐의 파손 등으로 인하여 교환요구금액을 확인할 수 없으면 교환을 요구받은 날부터 15일 이내에 해당 전자화폐 가맹점의 대금청구와 이에 따른 결제내역 등을 확인한 후 즉시 그 금액을 지급하여야 한다.

제11조의2(정보기술부문 계획수립의 대상 금융회사 등) ① 법 제21조제4항에

서 "대통령령으로 정하는 금융회사 및 전자금융업자"란 다음 각 호의 자를 말한다.

1. 법 제2조제3호가목·나목·마목의 금융회사

2. 전자금융업자

② 법 제21조제4항에 따른 정보기술부문에 대한 계획에는 다음 각 호의 사항이 포함되어야 한다.

1. 정보기술부문의 추진목표 및 추진전략

2. 정보기술부문의 직전 사업연도 추진실적 및 해당 사업연도 추진계획

3. 정보기술부문의 조직 등 운영 현황

4. 정보기술부문의 직전 사업연도 및 해당 사업연도 예산

5. 그 밖에 안전한 전자금융거래를 위하여 정보기술부문에 필요한 사항으로 서 금융위원회가 정하여 고시하는 사항

③ 법 제21조제4항에 따른 정보기술부문에 대한 계획은 매 사업연도 초일 (初日)부터 3개월 이내에 금융위원회에 제출하여야 한다.

④ 제2항에 따라 정보기술부문에 대한 계획에 포함되어야 하는 사항의 세부내용이나 제출방법 등에 관하여 필요한 사항은 금융위원회가 정하여 고시한다.

제11조의3(정보보호최고책임자 지정대상 금융회사 등) ① 법 제21조의2제2항에서 "대통령령으로 정하는 금융회사 또는 전자금융업자"란 직전 사업연도 말을 기준으로 총자산이 2조원 이상이고, 상시 종업원 수가 300명 이상인 금융회사 또는 전자금융업자를 말한다. 이 경우 상시 종업원 수의 산정방식은 금융위원회가 정하여 고시한다.

② 법 제21조의2제3항에서 "대통령령으로 정하는 금융회사 또는 전자금융업자"란 직전 사업연도 말을 기준으로 총자산이 10조원 이상이고, 상시 종업원 수가 1,000명 이상인 금융회사를 말한다. 이 경우 상시 종업원 수의 산정방식은 제1항 후단을 준용한다.

③ 법 제21조의2제4항제5호에서 "대통령령으로 정하는 사항"이란 다음 각 호의 사항을 말한다.

1. 전자금융업무 및 그 기반이 되는 정보기술부문 보안을 위한 자체심의에 관한 사항

2. 정보기술부문 보안에 관한 임직원 교육에 관한 사항

④ 법 제21조의2제5항에 따른 정보보호최고책임자의 자격요건은 별표 1과 같다.

제11조의4(전자금융기반시설 취약점 분석·평가의 내용) 법 제21조의3제1항제4호에서 "대통령령으로 정하는 사항"이란 다음 각 호의 사항을 말한다.

1. 정보기술부문과 연계된 전자금융보조업자의 정보처리시스템 등에 관한 사항

2. 그 밖에 전자금융거래의 안정성과 신뢰성을 확보하기 위하여 필요한 사항으로서 금융위원회가 정하여 고시하는 사항

제11조의5(전자금융기반시설 취약점 분석·평가의 절차 및 방법 등) ① 금융회사 및 전자금융업자는 법 제21조의3제1항에 따라 전자금융기반시설의 취약점 분석·평가를 하려는 경우에는 자체전담반을 구성하여 실시하거나 전문성을 갖춘 외부 기관에 의뢰하여 실시하여야 한다. 이 경우 자체전담반의 구성기준과 의뢰할 수 있는 외부 기관의 기준은 금융위원회가 정하여 고시한다.

② 법 제21조의3제1항에 따른 전자금융기반시설의 취약점 분석·평가는 사업연도마다 1회 이상 하여야 한다. 다만, 다음 각 호의 어느 하나에 해당하는 경우에는 지체 없이 취약점 분석·평가를 하여야 한다.

1. 법 제21조의5제1항에 따른 침해사고가 발생하여 그 피해 및 피해 확산을 방지하기 위한 긴급한 조치가 필요한 경우

2. 정보처리시스템이나 인터넷 홈페이지 구축 등 정보기술부문 관련 사업을 실시하였거나 정보기술부문의 기능개선·변경을 수행한 경우

③ 금융회사 및 전자금융업자는 법 제21조의3제1항에 따라 전자금융기반시설의 취약점 분석·평가를 하였을 때에는 다음 각 호의 사항이 포함된 결과 보고 및 보완조치 이행계획서를 그 취약점 분석·평가 종료 후 30일 이내에 금융위원회에 제출하여야 한다.

1. 취약점 분석·평가의 사유, 대상, 기간 등 실시개요

2. 취약점 분석·평가의 세부 수행방법

3. 취약점 분석·평가 결과

4. 취약점 분석·평가 결과에 따른 필요한 보완조치의 이행계획

5. 그 밖에 취약점 분석·평가의 적정성을 확보하기 위하여 필요한 사항으로서 금융위원회가 정하여 고시하는 사항

④ 제1항부터 제3항까지의 규정에도 불구하고 금융위원회는 전자금융거래의 빈도, 총자산 및 상시 종업원 수 등을 고려하여 금융위원회가 정하여 고시하는 기준에 미달하는 금융회사 및 전자금융업자에 대하여 다음 각 호의 사항

을 완화하여 적용할 수 있는 기준을 정하여 고시할 수 있다.

1. 제1항에 따른 취약점 분석·평가의 방법
2. 제2항 각 호 외의 부분 본문에 따른 취약점 분석·평가의 실시 주기
3. 제3항에 따른 결과보고 및 보완조치 이행계획서의 제출 시기 및 제출 시 포함되어야 하는 사항

제11조의6(침해사고 대응을 위한 금융위원회의 업무 등) ① 법 제21조의6제1항제4호에서 "대통령령으로 정하는 사항"이란 다음 각 호의 사항을 말한다.

1. 침해사고 대응을 총괄·관리하는 침해사고 대책본부의 운영 및 침해사고 긴급대응을 위한 침해사고 대응기관의 지정에 관한 사항
2. 침해사고 대응을 위한 비상계획의 수립 및 훈련 등에 관한 사항
3. 침해사고 조사 및 관련 금융회사·전자금융업자·전자금융보조업자 등에 대한 정보제공 등 요청에 관한 사항
4. 금융회사 및 전자금융업자가 사용하고 있는 소프트웨어 중 침해사고와 관련 있는 소프트웨어를 제작한 자 및 관계 행정기관 등에 대한 보안취약점 통보 등에 관한 사항

② 금융위원회는 법 제21조의6제1항에 따른 업무를 수행하기 위하여 필요한 경우 관계 행정기관 등에 관련 정보제공 등의 협조를 요청할 수 있다.

제12조(전자금융거래기록의 보존기간·보존방법 및 파기 절차·방법 등) ①법 제22조제1항 및 제3항에 따른 전자금융거래기록의 종류별 보존기간은 다음 각 호와 같다.

1. 다음 각 목의 전자금융거래기록은 5년간 보존하여야 한다.
   가. 제7조제4항제1호 내지 제5호에 관한 사항
   나. 해당 전자금융거래와 관련한 전자적 장치의 접속기록
   다. 전자금융거래의 신청 및 조건의 변경에 관한 사항
   라. 건당 거래금액이 1만원을 초과하는 전자금융거래에 관한 기록
2. 다음 각 목의 전자금융거래기록은 1년간 보존하여야 한다.
   가. 건당 거래금액이 1만원 이하인 전자금융거래에 관한 기록
   나. 전자지급수단의 이용과 관련된 거래승인에 관한 기록
   다. 그 밖에 금융위원회가 정하여 고시하는 전자금융거래기록

②금융회사 또는 전자금융업자와 동일한 전자금융거래기록을 생성·보존하

는 전자금융보조업자가 제1항제1호 각 목의 전자금융거래기록을 보존하여야
하는 기간은 같은 호에도 불구하고 3년으로 한다.

③금융회사·전자금융업자 및 전자금융보조업자(이하 "금융회사등"이라 한다)
는 제1항 및 제2항의 전자금융거래기록을 서면, 마이크로필름, 디스크 또는
자기테이프, 그 밖의 전산정보처리조직을 이용한 방법으로 보존하여야 한다.

④금융회사등은 제3항에 따라 전자금융거래기록을 디스크, 자기테이프, 그
밖의 전산정보처리조직을 이용하여 보존하는 경우에는 「전자문서 및 전자거
래 기본법」 제5조제1항 각 호의 요건을 모두 갖추어야 한다.

⑤ 금융회사등이 법 제22조제2항에 따라 전자금융거래기록을 파기할 때 그
절차와 방법에 관하여는 「개인정보 보호법 시행령」 제16조를 준용한다.

⑥ 법 제22조제3항에 따른 상거래관계가 종료된 날의 기준은 금융회사등과
거래상대방 간의 상거래관계가 관계 법령, 약관 또는 합의 등에 따라 계약
기간의 만료, 해지권·해제권·취소권의 행사, 소멸시효의 완성, 변제 등으로
인한 채권의 소멸, 그 밖의 사유로 종료된 날을 그 기준으로 한다.

제13조(이용한도 등) ① 법 제23조제1항제1호에 따른 전자화폐의 발행권면 최
고한도는 200만원으로, 선불전자지급수단의 발행권면 최고한도는 50만원으
로 한다. 다만, 「금융실명거래 및 비밀보장에 관한 법률」 제2조제4호에 따른
실지명의로 발행된 선불전자지급수단의 발행권면 최고한도는 200만원으로
한다.

②법 제23조제1항제2호에 따른 전자자금이체의 이용한도는 100억원의 범위에
서 금융위원회가 정하여 고시한다. 다만, 금융회사 또는 전자금융업자와 이용
자 간에 별도의 계약이 있는 경우에는 그 이용한도를 달리 정할 수 있다.

③법 제23조제1항제3호에 따른 직불전자지급수단의 이용한도는 1억원의 범위
에서 금융위원회가 정하여 고시한다. 다만, 금융회사 또는 전자금융업자와 이
용자 간에 별도의 계약이 있는 경우에는 그 이용한도를 달리 정할 수 있다.

④ 법 제23조제2항에 따른 전자적 장치로부터의 현금 출금 최고한도는 1천
만원의 범위에서 금융위원회가 정하여 고시한다. 다만, 금융회사 또는 전자
금융업자와 이용자 간에 별도의 계약이 있는 경우에는 그 최고한도를 달리
정할 수 있다.

⑤제2항 본문 및 제3항 본문에 따른 이용한도와 제4항 본문에 따른 최고한
도의 구체적인 사항은 전자자금이체의 방법, 이용횟수나 이용기간 등을 고려

하여 금융위원회가 정하여 고시한다.

제14조(분쟁처리 및 분쟁조정 신청절차 등) ①금융회사 또는 전자금융업자는 법 제27조제1항에 따라 손해배상 등의 분쟁처리를 위한 분쟁처리책임자 및 담당자를 지정하고, 그 연락처(전화번호·모사전송번호·전자우편주소 등을 말한다)를 인터넷 등을 통하여 이용자에게 알려야 한다.

②이용자는 법 제27조제2항에 따라 손해배상 등의 분쟁처리를 요구하는 경우에는 서면(전자문서를 포함한다) 또는 전자적 장치를 이용하여 금융회사 또는 전자금융업자의 본점이나 영업점에 분쟁의 처리를 신청할 수 있다. 이 경우 금융회사 또는 전자금융업자는 15일 이내에 손해배상 등 분쟁처리에 대한 조사 또는 처리 결과를 이용자에게 알려야 한다.

③이용자는 법 제27조제2항에 따라 「금융위원회의 설치 등에 관한 법률」에 따른 금융감독원의 금융분쟁조정위원회 또는 「소비자기본법」에 따른 한국소비자원의 소비자분쟁조정위원회에 분쟁조정을 신청할 수 있다.

제15조(허가 또는 등록면제 등) ①법 제28조제1항 단서에서 "대통령령이 정하는 금융회사"란 다음 각 호의 어느 하나에 해당하는 금융회사를 말한다.

1. 법 제2조제3호다목 및 라목에 따른 금융회사

2. 「금융위원회의 설치 등에 관한 법률」 제38조제4호·제5호·제7호 및 제8호에 따른 기관

3. 「여신전문금융업법」에 따른 여신전문금융회사 중 신용카드사업자

4. 제2조제1호, 제1호의2, 제2호부터 제6호까지의 기관

5. 삭제

②법 제28조제2항 각 호 외의 부분 단서에서 "대통령령이 정하는 금융회사"란 다음 각 호의 어느 하나에 해당하는 금융회사를 말한다.

1. 제1항 각 호의 어느 하나에 해당하는 금융회사. 다만, 제1항제3호의 자는 법 제28조제2항제1호의 전자자금이체업무를 금융위원회에 등록하지 아니하고 행할 수 있는 금융회사에서 제외한다.

2. 다음 각 목의 어느 하나에 해당하는 금융회사(법 제28조제2항제1호에 따른 전자자금이체업무로 제한한다)

  가. 「자본시장과 금융투자업에 관한 법률」에 따른 투자매매업자·투자중개업자 및 증권금융회사

나. 삭제

다. 「자본시장과 금융투자업에 관한 법률」에 따른 종합금융회사

라. 「보험업법」에 따른 보험회사

③법 제28조제2항제5호에서 "대통령령이 정하는 전자금융업무"라 함은 전자금융거래와 관련하여 자금을 수수(授受)하거나 수수를 대행하는 전자금융업무로서 다음 각 호의 어느 하나에 해당하는 업무를 말한다.

1. 「전자상거래 등에서의 소비자보호에 관한 법률」 제13조제2항제10호에 따라 결제대금을 예치받는 업무

2. 수취인을 대행하여 지급인이 수취인에게 지급하여야 할 자금의 내역을 전자적인 방법으로 지급인에게 고지하고, 자금을 직접 수수하며 그 정산을 대행하는 업무

④법 제28조제3항제1호가목에서 "대통령령이 정하는 기준"이라 함은 다음 각 호의 어느 하나에 해당하는 것을 말한다.

1. 가맹점이 1개의 기초자치단체(「지방자치법」 제2조제1항제2호에 따른 지방자치단체를 말하며, 제주특별자치도의 경우에는 행정시를 말한다) 안에만 위치할 것

2. 가맹점 수가 10개 이하일 것

3. 가맹점이 1개의 건축물(「건축법」 제2조제1항제2호에 따른 건축물을 말한다) 안에만 위치할 것

4. 가맹점이 1개의 사업장(「부가가치세법 시행령」 제8조 및 제10조에 따른 사업장을 말한다) 안에만 위치할 것

⑤법 제28조제3항제1호나목에서 "대통령령이 정하는 금액"이라 함은 30억원을 말한다. 이 경우 법 제28조제3항제1호나목에 따른 총발행잔액의 구체적인 산정방법은 금융위원회가 정하여 고시한다.

⑥법 제28조제3항제1호다목에서 "대통령령이 정하는 방법에 따라 상환보증보험 등에 가입한 경우"라 함은 선불전자지급수단의 미상환잔액 전부에 대하여 제22조제2항 각 호의 어느 하나에 해당하는 금융회사로부터 지급보증을 받거나 상환보증보험(이에 상당하는 공제를 포함한다)에 가입한 경우를 말한다.

⑦법 제28조제3항제2호에서 "대통령령이 정하는 전자지급결제대행에 관한 업무"라 함은 전자금융거래와 관련된 자금을 수수하거나 수수를 대행하지

아니하고 전자지급거래에 관한 정보만을 단순히 전달하는 업무를 말한다.

⑧법 제28조제4항 단서에서 "대통령령이 정하는 금융사고가 발생한 경우"라 함은 다음 각 호의 어느 하나에 해당하는 경우를 말한다.

1. 해당 법인 임직원의 위법하거나 부당한 행위로 이용자 또는 가맹점에 대한 환급 또는 정산이 사실상 불가능하게 된 경우

2. 해당 전자금융업무와 관련된 접근매체의 위조 또는 변조로 이용자 또는 가맹점에 손해가 발생한 경우

3. 해당 지급수단의 관리를 위한 정보처리시스템의 장애로 이용자 또는 가맹점에 손해가 발생한 경우

4. 해당 법인의 임직원 또는 가맹점이 이용자의 전자금융거래정보를 노출하거나 그 밖에 다른 법령에 따른 개인정보 또는 신용정보보호 관련 규정을 위반한 것이 명백한 경우

제16조(전자채권 등록에 관한 절차와 방법 등) ①전자채권을 전자채권관리기관 (법 제29조제1항에 따라 전자채권의 등록 및 관리업무를 행하기 위하여 등록한 자를 말한다. 이하 이 조에서 같다)에 등록하려는 자는 미리 금융회사와 전자채권의 발행 및 채무의 이행을 위한 계좌개설약정을 체결하여야 한다.

②전자채권관리기관은 금융회사를 거쳐 전자채권의 등록을 신청받은 때에는 그 전자채권의 발행 내역의 이상 유무를 확인하고, 이상이 없으면 전자채권 등록원장에 등록한 후 이를 채권자에게 통지하여야 한다.

③전자채권관리기관이 제2항에 따라 전자채권을 등록하는 경우 그 등록사항은 다음 각 호와 같다.

1. 전자채권의 채권번호와 종류(보증채권인지 무보증채권인지 여부)

2. 채권자 및 채무자와 그 거래 금융회사에 관한 사항

3. 전자채권의 발행일 및 변제기

4. 전자채권의 발행한도 및 발행금액

5. 그 밖에 전자채권의 등록에 필요한 사항

④전자채권관리기관은 등록된 전자채권에 대하여 다음 각 호의 사항을 관리하여야 한다.

1. 전자채권의 변제기와 관련된 사항의 채무자에 대한 통지

2. 전자채권의 변제내역 및 미변제내역

3. 전자채권의 양도내역

4. 금융회사 간 전자채권 관련 결제내역

5. 전자채권 관련 거래의 정지에 관한 사항

6. 그 밖에 전자채권의 관리와 관련된 사항

제17조(자본금 요건) ①법 제30조제2항 각 호 외의 부분에서 "대통령령으로 정하는 금액"이란 다음 각 호의 구분에 따른 금액을 말한다.

1. 법 제28조제2항제1호의 전자자금이체업무의 경우 : 30억원

2. 법 제28조제2항제2호의 직불전자지급수단의 발행 및 관리의 경우 : 20억원

3. 법 제28조제2항제3호의 선불전자지급수단의 발행 및 관리의 경우 : 20억원

② 법 제30조제3항제1호에서 "대통령령으로 정하는 금액"이란 다음 각 호의 구분에 따른 금액을 말한다. <신설 2016.6.28.>

1. 법 제28조제2항제4호의 전자지급결제대행에 관한 업무의 경우: 3억원

2. 제15조제3항제1호의 업무의 경우: 3억원

3. 제15조제3항제2호의 업무의 경우: 3억원

③법 제30조제3항제2호에서 "대통령령으로 정하는 금액"이란 다음 각 호의 구분에 따른 금액을 말한다. <개정 2016.6.28.>

1. 법 제28조제2항제4호의 전자지급결제대행에 관한 업무의 경우 : 10억원

2. 제15조제3항제1호의 업무의 경우 : 10억원

3. 제15조제3항제2호의 업무의 경우 : 5억원

4. 법 제29조의 전자채권의 등록 및 관리업무의 경우 : 30억원

④법 제28조 및 법 제29조에 따른 업무를 둘 이상 영위하려는 경우에는 제1항부터 제3항까지의 구분에 따른 금액의 합계액을 자본금·출자총액 또는 기본재산으로 한다. 다만, 그 합계액이 50억원 이상이면 50억원으로 한다.

제18조(재무건전성 기준 등) ①법 제28조 및 법 제29조에 따른 허가를 받거나 등록을 하려는 자(이하 이 조에서 "신청인"이라 한다)가 「금융위원회의 설치 등에 관한 법률」 제38조에 규정된 금융감독원의 검사대상기관인 경우에는 그 기관의 설립·운영 등에 관한 법령에서 정하는 경영건전성에 관한 기준 등을 감안하여 금융위원회가 정하여 고시하는 재무건전성 기준에 적합하여야 한다.

②신청인이 제1항의 검사대상기관이 아닌 경우에는 신청인[신청인의 대주주가 「독점규제 및 공정거래에 관한 법률」 제2조제2호에 따른 기업집단(동법

시행령 제17조제1항제1호 및 제2호에 해당하는 기업집단을 제외한다. 이하 이 조에서 "기업집단"이라 한다)에 속하는 기업이면 금융업 또는 보험업을 영위하는 회사를 제외한 그 기업집단을 포함한다]의 자기자본·출자총액 또는 기본재산에 대한 부채총액의 비율이 100분의 200의 범위 안에서 금융위원회가 정하여 고시하는 비율 이하이어야 한다. 다만, 다음 각 호의 요건을 모두 갖춘 신청인에 대하여는 금융위원회가 그 비율을 달리 정하여 고시할 수 있다.

1. 정부 또는 광역지방자치단체(이하 "정부등"이라 한다)가 자본금·출자총액 또는 기본재산의 100분의 10 이상을 소유하고 있거나 출자하고 있을 것
2. 신청인의 사업 수행이 곤란하게 되는 경우 정부등이 해당 사업을 인수할 것을 확약하는 등 그 사업의 연속성에 대하여 정부등이 보장하고 있을 것
3. 금융위원회가 정하여 고시하는 요건에 맞추어 재무구조개선계획을 제출할 것
③법 제31조제1항제5호에서 "대통령령이 정하는 주요출자자"라 함은 다음 각 호와 같다.

1. 의결권 있는 발행주식총수 또는 출자총액을 기준으로 본인 및 그와 「금융회사의 지배구조에 관한 법률 시행령」 제3조제1항 각 호의 어느 하나에 해당하는 관계에 있는 자(이하 "특수관계인"이라 한다)가 소유하는 주식의 수 또는 출자지분이 가장 많은 경우의 그 본인(이하 "최대주주"라 한다). 다만, 최대주주가 법인인 경우에는 다음 각 목의 어느 하나에 해당하는 자를 포함한다.
   가. 최대주주인 법인의 최대주주(최대주주인 법인을 사실상 지배하는 자가 그 법인의 최대주주와 다른 경우에는 그 사실상 지배하는 자를 포함한다)
   나. 최대주주인 법인의 대표자
2. 최대주주의 특수관계인인 주주 또는 출자자
3. 누구의 명의로 하든지 자기의 계산으로 소유한 주식 또는 출자지분의 합계액이 의결권 있는 발행주식총수 또는 출자총액의 100분의 10 이상에 해당하는 자
4. 임원의 임면(任免) 등 해당 법인의 주요 경영사항에 대하여 사실상 영향력을 행사하고 있는 주주 또는 출자자

제19조(대주주인 출자자 등) ① 법 제32조제1호에서 "대통령령이 정하는 출자

자"란 제18조제3항에 따른 주요출자자를 말한다.

②법 제32조제5호에서 "대통령령이 정하는 금융관계법령"이라 함은 별표 1의2 각 호의 법령을 말한다.

제20조(허가와 등록의 신청방법 등) ①법 제28조 및 법 제29조에 따라 허가를 받거나 등록을 하려는 자는 다음 각 호의 사항을 기재한 허가 또는 등록신청서를 금융위원회에 제출하여야 한다.

1. 상호 및 주된 사무소의 소재지
2. 임원에 관한 사항
3. 자본금 및 출자자(금융위원회가 정하여 고시하는 소액출자자를 제외한다)의 성명 또는 명칭과 그 지분율
4. 영위하려는 전자금융업무
5. 전자금융업무 외의 사업을 영위하고 있거나 영위하려는 자의 경우에는 해당 사업의 내용(허가의 경우에 한한다)

② 제1항에 따른 신청서에는 다음 각 호의 서류를 첨부하여야 한다. 이 경우 금융위원회는 「전자정부법」 제36조제1항에 따른 행정정보의 공동이용을 통하여 법인 등기사항증명서(신청인이 법인인 경우로 한정한다)를 확인하여야 한다.

1. 정관 및 자본금 납입 증명서류
2. 재무제표와 그 부속서류
3. 주주의 구성(허가의 경우만 해당한다)
4. 업무개시 후 3년 간의 사업계획서(추정 재무제표 및 예산수지 계산서를 포함한다)
5. 전문인력 및 시설현황을 기재한 서류
6. 영업현황(허가의 경우만 해당한다)을 기재한 서류
7. 삭제
8. 그 밖에 허가 또는 등록에 필요한 서류로서 금융위원회가 정하여 고시하는 서류

③금융위원회는 제1항에 따라 허가신청서를 제출받은 날부터 3월 이내에 허가 여부를 결정하고, 신청인에게 통보하여야 한다.

④금융위원회는 제1항에 따라 등록신청서를 제출한 자가 법 제31조의 등록요건을 갖춘 경우에는 지체 없이 등록을 하고, 그 사실을 신청인에게 통보

하여야 한다.

⑤금융위원회는 제1항 및 제2항에 따라 제출받은 서류에 흠결이 있는 경우에는 서류를 제출받은 날부터 10일 이내에 보완할 것을 요청할 수 있다. 이 경우 보완에 걸린 기간은 제3항에 따른 기간에 산입하지 아니한다.

⑥ 금융위원회는 제1항에 따른 신청서류의 서식을 정하여 고시한다.

제21조(등록말소신청) ①법 제34조제1항에 따라 등록의 말소를 신청하려는 자는 금융위원회가 정하여 고시하는 바에 따라 이용자 보호조치를 마친 후, 다음 각 호의 사항을 기재한 등록말소신청서를 금융위원회에 제출하여야 한다.

1. 상호 및 주된 사무소 소재지
2. 등록을 말소하려는 전자금융업무의 종류
3. 등록말소의 사유
4. 등록말소에 따른 이용자 보호조치내역

② 금융위원회는 제1항에 따른 등록말소신청서류의 서식을 정하여 고시한다.

제22조(겸업가능 업무 등) ①법 제35조제1항제2호에서 "대통령령이 정하는 업무"라 함은 다음 각 호의 어느 하나에 해당하는 업무를 말한다.

1. 전자금융업과 관련된 정보처리시스템 및 소프트웨어의 개발·판매·대여
2. 금융회사 및 전자금융업자를 위한 전자금융업무의 일부 대행
3. 그 밖에 법 제28조 또는 법 제29조에 따른 허가를 받거나 등록을 한 업무를 수행하기 위하여 필요한 업무로서 금융위원회가 정하여 고시하는 업무

②법 제35조제2항에서 "대통령령이 정하는 금융회사"란 다음 각 호의 어느 하나에 해당하는 금융회사를 말한다.

1. 「금융위원회의 설치 등에 관한 법률」 제38조제1호·제2호(종합금융회사만 해당한다)·제7호 및 제8호의 기관
2. 「신용보증기금법」에 따른 신용보증기금
3. 「기술보증기금법」에 따른 기술보증기금
4. 「보험업법」에 따른 보험회사
5. 제2조제1호 및 제2호의 금융회사

제23조(전자금융업 가맹점계약 해지 사유) 법 제38조제4항에서 "대통령령이 정하는 사유"라 함은 다음 각 호의 어느 하나에 해당하는 경우를 말한다.

1. 가맹점이 법 제26조 또는 법 제37조제3항제3호 내지 제5호를 위반하여

형을 선고받은 경우

2. 가맹점이 법 제37조제1항·제2항 또는 제3항제3호 내지 제5호를 위반한 사실에 관하여 관계 행정기관으로부터 서면통보가 있는 경우

3. 관계 행정기관으로부터 해당 가맹점의 폐업사실을 서면으로 통보받은 경우

제24조(경영지도의 기준) 법 제42조제2항에 따른 경영지도의 기준에는 다음 각 호의 사항이 포함되어야 한다.

1. 법 제28조 또는 법 제29조에 따른 허가 또는 등록의 요건인 자본금의 유지에 관한 사항

2. 자기자본의 보유기준에 관한 사항

3. 유동성부채에 대한 유동성자산의 보유기준에 관한 사항

4. 총자산 대비 투자위험성이 낮은 자산의 비율에 관한 사항(선불전자지급수단의 발행인 및 전자화폐발행자의 경우는 제외한다)

5. 미상환잔액 대비 자기자본의 비율에 관한 사항(선불전자지급수단의 발행인 및 전자화폐발행자에 한한다)

제25조(합병·해산·폐업 등의 인가) ①금융위원회는 법 제45조제1항에 따라 합병·해산 또는 폐지의 인가를 하는 경우에는 다음 각 호의 사항을 고려하여야 한다.

1. 법 제45조제1항제1호에 따른 합병의 경우

가. 전자금융산업의 효율화와 신용질서의 유지에 지장을 주지 아니할 것

나. 합병에 따른 영업계획 및 조직운영계획이 적정할 것

다. 합병으로 인하여 설립되는 회사 또는 합병 후 존속하는 회사 등이 법 제30조 내지 제32조를 위반하지 아니할 것

라. 「상법」과 「자본시장과 금융투자업에 관한 법률」, 그 밖의 관계 법령에 따른 절차이행에 하자가 없을 것

2. 법 제45조제1항제2호에 따른 해산 또는 폐지의 경우

가. 해당 금융회사의 경영 및 재무상태 등에 비추어 부득이한 사정이 있을 것

나. 전자화폐 이용자 및 가맹점 보호와 신용질서유지에 지장을 주지 아니할 것

다. 「상법」과 「자본시장과 금융투자업에 관한 법률」, 그 밖에 관계 법령에

따른 절차이행에 하자가 없을 것

②법 제45조제1항제3호에 따른 영업의 전부 또는 일부의 양수 인가에 관하여는 제1항제1호를, 영업의 전부 또는 일부의 양도 인가에 관하여는 제1항제2호를 각각 준용한다.

③금융위원회는 법 제45조제1항에 따른 인가의 세부요건, 신청서류, 그 밖에 필요한 사항을 정하여 고시할 수 있다.

제26조(업무정지 및 과징금부과의 기준 등) ① 법 제46조제1항에 따른 과징금의 부과기준은 별표 1의3과 같다.

②법 제43조제2항에 따라 업무정지를 명하거나 법 제46조제2항에 따라 과징금을 부과할 수 있는 위반행위의 종별에 따른 업무정지의 기간 및 과징금의 금액은 별표 2와 같다.

③금융위원회는 위반행위의 정도 및 위반횟수 등을 참작하여 제2항에 따른 업무정지의 기간 또는 업무정지명령에 갈음하여 부과하는 과징금의 금액의 2분의 1의 범위 안에서 가중하거나 감경할 수 있다. 다만, 가중하는 경우에도 업무정지의 기간은 6개월을, 업무정지명령에 갈음하여 부과하는 과징금의 총액은 5천만원을 초과할 수 없다.

1. 삭제

2. 삭제

제27조(과징금의 부과 및 납부) ①금융위원회는 법 제46조제1항 또는 제2항에 따라 과징금을 부과하려는 때에는 그 위반행위의 종별과 해당 과징금의 금액 등을 명시하여 납부할 것을 서면으로 통지하여야 한다.

②제1항에 따라 통지를 받은 자는 20일 이내에 과징금을 금융위원회가 정하여 고시하는 수납기관에 납부하여야 한다. 다만, 천재지변이나 그 밖에 부득이한 사유로 그 기간 안에 과징금을 납부할 수 없을 때에는 그 사유가 없어진 날부터 7일 이내에 납부하여야 한다.

③제2항에 따라 과징금을 납부받은 수납기관은 영수증을 납부자에게 교부하고, 지체 없이 수납한 사실을 금융위원회에 통보하여야 한다.

④과징금은 이를 분납할 수 없다.

제28조(체납처분의 위탁) ①금융위원회는 법 제46조제5항에 따라 체납처분에 관한 업무를 국세청장에게 위탁하는 때에는 다음 각 호의 서류를 첨부한 서

면으로 하여야 한다.

1. 금융위원회 의결서
2. 세입징수결의서 및 고지서
3. 납부독촉장

②국세청장은 제1항에 따라 위탁받은 체납처분 업무를 종료한 경우에는 그 업무 종료 일시, 그 밖에 필요한 사항을 종료일부터 30일 이내에 금융위원회에 서면으로 통보하여야 한다.

제28조의2(환급가산금의 이율) 법 제46조의2제3항에서 "대통령령으로 정하는 가산금 이율"이란 은행(「은행법」에 따라 은행업의 인가를 받은 은행을 말한다)의 정기예금 이자율을 고려하여 금융위원회가 정하여 고시하는 이율을 말한다.

제29조(통계조사의 대상과 방법 등) 법 제47조제1항에 따라 한국은행이 실시하는 전자금융업 및 전자금융거래에 관한 통계조사는 다음 각 호의 사항을 대상으로 한다.

1. 전자금융업무를 영위하거나 이를 보조하는 기관 또는 단체나 사업자의 자산·부채 및 자본금, 전자금융거래에 관련된 매출·비용 및 수익에 관한 사항
2. 전자금융거래를 처리하는 정보처리시스템 현황에 관한 사항
3. 전자지급수단의 발행 및 이용과 전자자금이체, 전자지급결제대행 및 전자채권거래 등 전자금융거래의 현황에 관한 사항
4. 그 밖에 전자금융업 및 전자금융거래에 관한 현황파악 또는 통화신용정책의 수행에 필요한 사항

제30조(권한의 위탁) ①금융위원회는 법 제48조에 따라 다음 각 호의 업무를 금융감독원장에게 위탁한다.

1. 법 제21조제2항에 따른 인증방법에 관한 기준의 설정
1의2. 법 제21조제4항에 따른 정보기술부문에 대한 계획의 접수
1의3. 법 제21조의3제1항에 따른 취약점 분석·평가 결과의 접수
1의4. 법 제25조에 따른 약관의 제정 및 변경 보고의 접수, 약관 변경의 권고
2. 법 제28조·제29조·제33조 및 제34조에 따른 등록 및 등록 말소
2의2. 법 제30조제4항에 따른 기준을 초과하는 경우 그 내용에 관한 신고

의 접수

2의3. 법 제33조제2항에 따른 허가·인가를 하기 위한 검토

2의4. 법 제33조의2제2항 및 제45조의2제2항에 따른 본허가·본인가의 요건을 충족할 수 있는지의 확인

2의5. 법 제33조의2제4항 및 제45조의2제4항에 따른 예비허가·예비인가의 조건 이행 여부 확인 및 본허가·본인가의 요건을 충족하는지의 확인

3. 법 제40조에 따른 제휴, 위탁 또는 외부주문에 관한 계약에 대한 시정 또는 보완 지시

4. 법 제42조제1항에 따른 업무 및 경영실적보고서의 제출방법 및 절차의 결정, 보고서의 접수

5. 법 제42조제2항에 따른 경영지도기준의 구체적 산정방법의 설정

②금융감독원장은 제1항에 따라 위탁받은 업무의 처리결과를 금융위원회가 정하여 고시하는 바에 따라 금융위원회에 보고하여야 한다.

제31조(민감정보 및 고유식별정보의 처리) ① 금융위원회(제30조에 따라 금융위원회의 권한을 위탁받은 자를 포함한다)는 다음 각 호의 사무를 수행하기 위하여 불가피한 경우 「개인정보 보호법 시행령」 제18조제2호에 따른 범죄경력자료에 해당하는 정보, 같은 영 제19조제1호, 제2호 또는 제4호에 따른 주민등록번호, 여권번호 또는 외국인등록번호가 포함된 자료를 처리할 수 있다.

1. 법 제25조에 따른 약관의 제정 및 변경에 관한 사무

2. 법 제28조, 제29조, 제33조에 따른 허가와 등록 등에 관한 사무

2의2. 법 제33조의2에 따른 예비허가에 관한 사무

3. 법 제34조에 따른 등록의 말소에 관한 사무

4. 법 제39조제1항부터 제5항까지, 제40조에 따른 감독·검사 또는 자료제출 및 이에 따른 사후 조치 등에 관한 사무

5. 법 제39조제6항 및 제44조에 따른 조치, 청문 등에 관한 사무

6. 법 제41조제2항에 따른 공동검사에 관한 사무

7. 법 제42조에 따른 회계처리 구분 및 건전경영지도에 관한 사무

8. 법 제45조에 따른 인가에 관한 사무

9. 법 제45조의2에 따른 예비인가에 관한 사무

② 금융감독원장 또는 한국소비자원(제1호의 사무만 해당한다)은 다음 각 호의 사무를 수행하기 위하여 불가피한 경우 제1항 각 호 외의 부분에 따른

개인정보가 포함된 자료를 처리할 수 있다.

1. 법 제27조에 따른 분쟁처리 및 분쟁조정에 관한 사무

2. 법 제39조제1항부터 제5항까지, 제40조에 따른 감독·검사 또는 자료제출 및 이에 따른 사후 조치 등에 관한 사무

3. 법 제39조제6항에 따른 조치에 관한 사무

③ 금융회사 또는 전자금융업자는 다음 각 호의 사무를 수행하기 위하여 불가피한 경우 「개인정보 보호법 시행령」 제19조제1호, 제2호 또는 제4호에 따른 주민등록번호, 여권번호 또는 외국인등록번호가 포함된 자료를 처리할 수 있다.

1. 법 제6조제2항에 따른 접근매체의 발급에 관한 사무

2. 법 제28조제2항제2호에 따른 직불전자지급수단의 발행에 관한 사무

3. 법 제28조제2항제3호에 따른 선불전자지급수단의 발행에 관한 사무

제32조(규제의 재검토) ① 금융위원회는 제5조제2항에 따른 금융회사의 범위에 대하여 2016년 1월 1일을 기준으로 3년마다(매 3년이 되는 해의 1월 1일 전까지를 말한다) 그 타당성을 검토하여 개선 등의 조치를 하여야 한다.

② 금융위원회는 다음 각 호의 사항에 대하여 다음 각 호의 기준일을 기준으로 2년마다(매 2년이 되는 해의 기준일과 같은 날 전까지를 말한다) 그 타당성을 검토하여 개선 등의 조치를 하여야 한다.

1. 제11조의3제1항에 따른 정보보호최고책임자 지정대상 금융회사 등의 기준: 2015년 1월 1일

2. 제11조의3제4항에 따른 정보보호최고책임자의 자격요건: 2015년 1월 1일

제33조(과태료의 부과기준) 법 제51조제1항부터 제3항까지의 규정에 따른 과태료의 부과기준은 별표 3과 같다.

부칙 <제28388호, 2017.10.17.>

제1조(시행일) 이 영은 2017년 10월 19일부터 시행한다.

제2조(과징금의 부과기준에 관한 경과조치) 이 영 시행 전의 위반행위에 대하여 과징금의 부과기준을 적용할 때에는 제26조, 별표 1의3 및 별표 2의 개정규정에도 불구하고 종전의 제26조 및 별표 2에 따른다.

전기통신금융사기 피해 방지 및
피해금 환급에 관한 특별법

[시행 2018.3.13.] [법률 제15472호, 2018.3.13., 일부개정]

제1조(목적) 이 법은 전기통신금융사기를 방지하기 위하여 정부의 피해 방지 대책 및 금융회사의 피해 방지 책임 등을 정하고, 전기통신금융사기의 피해자에 대한 피해금 환급을 위하여 사기이용계좌의 채권소멸절차와 피해금환급절차 등을 정함으로써 전기통신금융사기를 예방하고 피해자의 재산상 피해를 신속하게 회복하는 데 이바지하는 것을 목적으로 한다.

제2조(정의) 이 법에서 사용하는 용어의 뜻은 다음과 같다.

1. "금융회사"란 다음 각 목의 어느 하나에 해당하는 기관을 말한다.

   가. 「은행법」에 따른 은행

   나. 「한국산업은행법」에 따른 한국산업은행

   다. 「중소기업은행법」에 따른 중소기업은행

   라. 「한국수출입은행법」에 따른 한국수출입은행

   마. 「자본시장과 금융투자업에 관한 법률」에 따른 투자매매업자 · 투자중개업자 · 집합투자업자 · 신탁업자 · 증권금융회사 · 종합금융회사 및 명의개서대행회사

   바. 「상호저축은행법」에 따른 상호저축은행과 그 중앙회

   사. 「농업협동조합법」에 따른 농업협동조합과 그 중앙회 및 농협은행

   아. 「수산업협동조합법」에 따른 수산업협동조합과 그 중앙회 및 수협은행

   자. 「신용협동조합법」에 따른 신용협동조합과 그 중앙회

   차. 「새마을금고법」에 따른 금고와 그 중앙회

   카. 「보험업법」에 따른 보험회사

   타. 「우체국예금 · 보험에 관한 법률」에 따른 체신관서

   파. 그 밖에 금융업무를 행하는 기관으로서 대통령령으로 정하는 기관

2. "전기통신금융사기"란 「전기통신기본법」 제2조제1호에 따른 전기통신을 이용하여 타인을 기망(欺罔) · 공갈(恐喝)함으로써 재산상의 이익을 취하거나 제3자에게 재산상의 이익을 취하게 하는 다음 각 목의 행위를 말한다. 다만, 재화의 공급 또는 용역의 제공 등을 가장한 행위는 제외하되, 대출의

제공ㆍ알선ㆍ중개를 가장한 행위는 포함한다.

   가. 자금을 송금ㆍ이체하도록 하는 행위

   나. 개인정보를 알아내어 자금을 송금ㆍ이체하는 행위

2의2. "전자금융거래"란 금융회사가 전자적 장치를 통하여 금융상품 및 서비스를 제공하고, 이용자가 금융회사의 종사자와 직접 대면하거나 의사소통을 하지 아니하고 자동화된 방식으로 이를 이용하는 거래를 말한다.

3. "피해자"란 전기통신금융사기로 인하여 재산상의 피해를 입은 자를 말한다.

4. "사기이용계좌"란 피해자의 자금이 송금ㆍ이체된 계좌 및 해당 계좌로부터 자금의 이전에 이용된 계좌를 말한다.

5. "피해금"이란 전기통신금융사기로 인하여 피해자의 계좌에서 사기이용계좌로 송금ㆍ이체된 금전을 말한다.

6. "피해환급금"이란 피해금을 환급하기 위하여 제9조에 따라 소멸된 채권을 기초로 하여 제10조에 따라 산정되어 금융회사가 피해자에게 지급하는 금전을 말한다.

7. "이용자"란 금융회사와 체결한 계약에 따라 전자금융거래를 이용하는 자를 말한다.

제2조의2(전기통신금융사기에 대한 대응 등) ① 금융위원회는 전기통신금융사기의 발생에 대비하고 그 피해를 최소화하기 위하여 다음 각 호의 업무를 수행한다.

1. 전기통신금융사기에 관한 정보의 수집ㆍ전파

2. 전기통신금융사기에 대한 예보ㆍ경보

3. 그 밖에 대통령령으로 정하는 전기통신금융사기 대응조치

② 금융위원회는 전기통신금융사기의 발생을 방지하기 위하여 필요하다고 인정하는 경우에는 연도별 피해환급금 지급액 및 사기이용계좌 발생건수를 고려하여 금융위원회가 정하는 기준에 해당하는 금융회사나 그 임직원에 대하여 다음 각 호의 사항을 권고ㆍ요구 또는 명령하거나 그 개선계획을 제출할 것을 명할 수 있다.

1. 금융회사 및 임직원에 대한 주의ㆍ경고ㆍ견책(譴責) 또는 감봉

2. 금융회사가 전자금융거래 업무를 수행함에 있어 안전성과 신뢰성을 확보하기 위한 전산인력, 전산시설 및 전자적 장치 등의 개선 또는 보완에 관한 사항

③ 금융위원회는 제1항 및 제2항에 따른 업무의 전부 또는 일부를 「금융위원회의 설치 등에 관한 법률」에 따라 설립된 금융감독원의 원장(이하 "금융감독원장"이라 한다)에게 위탁할 수 있다.

제2조의3(국제협력) 정부는 전기통신금융사기 피해 방지를 위하여 다른 국가 또는 국제기구와 상호 협력하여야 한다.

제2조의4(금융회사의 피해 방지 책임 등) ① 금융회사는 전기통신금융사기 피해 방지를 위하여 이용자가 다음 각 호의 어느 하나에 해당하는 행위를 하는 경우에는 대통령령으로 정하는 바에 따라 본인임을 확인하는 조치(이하 "본인확인조치"라 한다)를 하여야 한다. 다만, 법인인 이용자가 본인확인조치를 희망하지 아니하거나 이용자가 국외에 체류하는 등의 사유로 본인확인조치를 하기 어려운 경우로서 대통령령으로 정하는 경우에 해당하면 그러하지 아니하다.
1. 해당 금융회사에 대출을 신청하는 경우
2. 해당 금융회사와 체결한 계약에 따라 가입한 저축성 예금·적금·부금 또는 그 밖에 대통령령으로 정하는 금융상품을 해지하는 경우
② 금융회사는 제1항을 위반하여 본인확인조치를 하지 않음으로써 이용자에게 손해가 발생한 경우에는 그 손해를 배상할 책임을 진다.

제2조의5(이용자계좌에 대한 임시조치) ① 금융회사는 자체점검을 통하여 이용자의 계좌가 전기통신금융사기의 피해를 초래할 수 있는 의심거래계좌(이하 "피해의심거래계좌"라 한다)로 이용되는 것으로 추정할 만한 사정이 있다고 인정되면 해당 이용자 계좌의 전부 또는 일부에 대하여 이체 또는 송금을 지연시키거나 일시 정지하는 조치(이하 "임시조치"라 한다)를 하여야 한다.
② 금융회사는 제1항에 따라 임시조치를 한 경우 지체 없이 해당 이용자에게 임시조치에 관한 사항을 통지하고 본인확인조치를 하여야 한다.
③ 금융회사는 제2항에 따른 본인확인조치 결과 해당 이용자의 계좌가 피해의심거래계좌에 해당하지 아니하는 경우에는 제1항에 따른 임시조치를 해제하여야 한다.

제3조(피해구제의 신청) ① 피해자는 피해금을 송금·이체한 계좌를 관리하는 금융회사 또는 사기이용계좌를 관리하는 금융회사에 대하여 사기이용계좌의 지급정지 등 전기통신금융사기의 피해구제를 신청할 수 있다.

② 제1항에 따라 피해구제의 신청을 받은 금융회사는 다른 금융회사의 사기 이용계좌로 피해금이 송금·이체된 경우 해당 금융회사에 대하여 필요한 정보를 제공하고 지급정지를 요청하여야 한다.

③ 제1항에 따른 피해구제의 신청 및 제2항에 따른 지급정지의 요청에 관한 방법·절차 등에 필요한 사항은 대통령령으로 정한다.

제4조(지급정지) ① 금융회사는 다음 각 호의 어느 하나에 해당하는 경우 거래내역 등의 확인을 통하여 전기통신금융사기의 사기이용계좌로 의심할 만한 사정이 있다고 인정되면 즉시 해당 사기이용계좌의 전부에 대하여 지급정지 조치를 하여야 한다.

1. 제3조제1항에 따른 피해구제 신청 또는 제3조제2항에 따른 지급정지 요청이 있는 경우

2. 수사기관 또는 「금융위원회의 설치 등에 관한 법률」에 따라 설립된 금융감독원(이하 "금융감독원"이라 한다) 등으로부터 사기이용계좌로 의심된다는 정보제공이 있는 경우

3. 제2조의5제2항에 따른 피해의심거래계좌에 대한 본인확인조치 결과 사기이용계좌로 추정되는 경우

4. 그 밖에 대통령령으로 정하는 경우

② 금융회사는 제1항에 따라 지급정지 조치를 한 경우 지체 없이 다음 각 호의 자에게 해당 지급정지 조치에 관한 사항을 통지하여야 한다. 다만, 제1호의 명의인의 소재를 알 수 없는 경우에는 금융회사의 인터넷 홈페이지 등에 지급정지 조치에 관한 사실을 공시하여야 한다.

1. 제1항에 따라 지급정지된 사기이용계좌의 명의인(이하 "명의인"이라 한다)

2. 제3조제1항에 따라 피해구제신청을 한 피해자

3. 피해금을 송금·이체한 계좌를 관리하는 금융회사

4. 금융감독원

5. 수사기관. 다만, 제1항제2호에 따라 정보를 제공한 경우에 한정한다.

③ 금융회사는 제1항제1호 또는 제2호를 위반하여 지급정지를 이행하지 아니함으로써 이용자에게 손해가 발생한 경우에는 그 손해를 배상할 책임을 진다.

④ 제1항 및 제2항에 따른 지급정지의 절차·통지 등에 필요한 사항은 대통령령으로 정한다.

제4조의2(지급정지 이후 압류 금지 등) ① 누구든지 제4조에 따라 지급정지가 된 사기이용계좌의 채권 전부 또는 일부와 관련하여 다음 각 호의 어느 하나에 해당하는 행위를 할 수 없다. 다만, 제8조에 따라 지급정지가 종료된 후에는 그러하지 아니하다.

1. 손해배상 · 부당이득반환청구소송 등의 제기
2. 「민사집행법」에 따른 압류 · 가압류 또는 가처분의 신청
3. 「국세징수법」에 따른 체납절차의 개시
4. 질권(質權)의 설정

② 제1항 본문에도 불구하고 명의인 또는 피해자는 그 상대방에 대하여 채무부존재확인 · 부당이득반환청구 소송 등을 제기할 수 있다.

제5조(채권소멸절차의 개시 공고) ① 금융회사는 제4조에 따라 지급정지 조치를 행한 경우 지체 없이 대통령령으로 정하는 바에 따라 금융감독원에 명의인의 채권이 소멸되는 절차(이하 "채권소멸절차"라 한다)를 개시하기 위한 공고를 요청하여야 한다. 다만, 명의인의 채권 전부 또는 일부가 다음 각 호의 어느 하나에 해당하는 경우에는 그러하지 아니하다.

1. 제4조에 따라 지급정지 조치를 하기 전에 손해배상 · 부당이득반환 등의 청구소송이 제기되어 법원에 계속(係屬) 중인 경우
2. 제4조에 따라 지급정지 조치를 하기 전에 「민사집행법」에 따른 압류 · 가압류 또는 가처분의 명령이 집행된 경우
3. 제4조에 따라 지급정지 조치를 하기 전에 「국세징수법」에 따른 체납절차가 개시된 경우
4. 제4조에 따라 지급정지 조치를 하기 전에 질권이 설정된 경우
5. 지급정지된 후에 제4조의2제2항에 따라 명의인과 피해자 간 채무부존재확인 · 부당이득반환청구 소송 등이 제기되어 법원에 계속 중인 경우

② 금융감독원은 제1항에 따라 채권소멸절차 개시의 공고 요청을 받은 경우 지체 없이 대통령령으로 정하는 바에 따라 다음 각 호의 사항을 공고하여야 한다.

1. 전기통신금융사기와 관련하여 채권소멸절차가 개시되었다는 취지
2. 사기이용계좌와 관련된 금융회사, 점포 및 예금 등의 종별 및 계좌번호
3. 명의인의 성명 또는 명칭

4. 공고 전 피해구제 신청에 따라 채권소멸대상에 해당하는 채권의 금액

5. 제6조에 따른 채권소멸절차 개시 이후의 피해구제 신청의 방법 및 절차

6. 제7조에 따른 명의인의 이의제기 방법 및 절차

7. 제13조의2제1항에 따른 전자금융거래제한대상자로 지정되었다는 취지와 이의제기 방법 및 절차

8. 그 밖에 대통령령으로 정하는 사항

③ 금융감독원은 제2항에 따라 채권소멸절차의 개시에 관한 공고를 한 경우 지체 없이 명의인에게 채권소멸절차의 개시에 관한 사실을 통지하여야 한다. 다만, 명의인의 소재를 알 수 없는 경우에는 제2항에 따른 공고로 명의인에 대한 통지가 이루어진 것으로 본다.

제6조(채권소멸절차 개시 이후의 피해구제) ① 제5조제2항에 따라 채권소멸절차 개시의 공고가 이루어진 사기이용계좌의 피해자로서 채권소멸절차 개시의 공고 전에 피해구제를 신청하지 아니한 자는 금융회사에 대하여 제5조제2항에 따른 공고일부터 2개월 이내에 피해구제의 신청을 할 수 있다.

② 제1항에 따른 피해구제 신청이 있는 경우 금융회사는 해당 거래내역 등을 확인하여 피해자로 인정된다고 판단하는 경우 금융감독원에 해당 피해금에 대한 채권소멸절차의 개시 공고를 요청하여야 한다.

③ 제2항에 따라 공고 요청을 받은 금융감독원은 지체 없이 해당 사항을 공고하여야 한다. 이 경우 채권소멸절차 개시의 공고 요청 및 공고에 관하여는 제5조제1항 및 제2항을 준용한다.

④ 금융회사 및 금융감독원은 채권소멸절차 개시 공고 전에 피해구제의 신청을 하지 아니한 피해자가 제1항에 따라 피해구제의 신청을 할 수 있도록 필요한 정보를 제공하는 등 적극적인 노력을 하여야 한다.

제7조(지급정지 등에 대한 이의제기) ① 명의인은 다음 각 호의 어느 하나에 해당하는 경우에는 제4조제1항에 따른 지급정지 또는 제13조의2제3항에 따른 전자금융거래 제한이 이루어진 날부터 제5조제2항에 따른 공고일을 기준으로 2개월이 경과하기 전까지 금융회사에 지급정지, 전자금융거래 제한 및 채권소멸절차에 대하여 이의를 제기할 수 있다.

1. 해당 계좌가 사기이용계좌가 아니라는 사실을 소명하는 경우

2. 제9조에 따라 소멸될 채권의 전부 또는 일부를 명의인이 재화 또는 용역

의 공급에 대한 대가로 받았거나 그 밖에 정당한 권원에 의하여 취득한 것임을 객관적인 자료로 소명하는 경우. 다만, 해당 계좌가 전기통신금융 사기에 이용된 사실을 사기이용계좌로 이용된 경위, 거래행태, 거래내역 등 의 확인을 통하여 명의인이 알았거나 중대한 과실로 알지 못하였다고 인 정되는 경우에는 그러하지 아니하다.

② 금융회사는 제1항에 따른 이의제기가 제1항 각 호의 어느 하나에 해당 하는 경우 이를 접수하고 즉시 피해구제 신청을 한 피해자 및 금융감독원에 통지하여야 한다.

③ 명의인의 이의제기 방법 및 절차 등에 필요한 사항은 대통령령으로 정한다.

제8조(지급정지 등의 종료) ① 금융회사 및 금융감독원은 다음 각 호의 어느 하나에 해당하는 경우 사기이용계좌의 전부 또는 일부에 대하여 이 법에 따 른 지급정지·채권소멸절차 및 명의인에 대한 전자금융거래 제한을 종료하여 야 한다. 다만, 제1호에 해당하는 경우에는 전자금융거래 제한을 종료하지 아니 한다.

1. 제5조제1항제1호부터 제4호까지의 어느 하나에 해당하는 사유가 발생한 경우

1의2. 제5조제1항제5호에 해당하는 사유가 발생한 경우

2. 제7조제1항에 따른 이의제기가 있는 경우

3. 금융감독원 또는 수사기관이 해당 계좌가 사기이용계좌가 아니라고 인정 하는 경우

4. 피해환급금 지급이 종료된 경우

5. 그 밖에 대통령령으로 정하는 경우

② 금융회사는 제1항에도 불구하고 다음 각 호의 어느 하나에 해당하는 때 에는 지급정지를 해제하지 아니한다.

1. 제5조제1항제1호에 따라 소송이 법원에 계속 중인 경우

1의2. 제5조제1항제5호에 따라 소송이 법원에 계속 중인 경우(해당 사기이 용계좌에 예치된 금액 중 전기통신금융사기 피해금에 한정한다)

2. 제7조제2항에 따라 명의인의 이의제기 사실을 피해자가 통보받은 날부터 2개월이 경과하기 전. 다만, 명의인이 제7조제1항제1호 또는 제2호에 해당 함을 객관적인 자료로 충분히 소명하고 이에 상당한 이유가 있다고 인정 되는 경우에는 지급정지를 해제할 수 있다.

③ 금융회사 또는 금융감독원은 제1항 및 제2항에 따라 지급정지 및 채권소멸절차를 종료한 경우 지체 없이 해당 명의인과 피해구제 신청을 한 피해자 및 관련 금융회사에 통지하여야 한다.

제9조(채권의 소멸) ① 명의인의 채권(제5조제2항 및 제6조제3항에 따른 채권소멸절차 개시 공고가 이루어진 금액에 한한다)은 제5조제2항에 따른 최초의 채권소멸절차 개시의 공고일부터 2개월이 경과하면 소멸한다.

② 금융감독원은 제1항에 따라 명의인의 채권이 소멸된 경우 다음 각 호의 사항을 해당 명의인, 제3조 및 제6조에 따라 피해구제를 신청한 피해자 및 관련 금융회사에게 통지하여야 한다. 다만, 명의인의 소재를 알 수 없는 경우에는 금융감독원 및 해당 금융회사의 인터넷 홈페이지 등에 해당 사실을 공시하여야 한다.

1. 제1항에 따라 해당 명의인의 채권이 소멸되었다는 사실
2. 소멸되는 채권의 금액
3. 그 밖에 대통령령으로 정하는 사항

제10조(피해환급금의 결정·지급) ① 금융감독원은 제9조제1항에 따라 채권이 소멸된 날부터 14일 이내에 피해환급금을 지급받을 자 및 그 금액을 결정하여 그 내역을 제3조제1항 및 제6조제1항에 따라 피해구제를 신청한 피해자 및 금융회사에 통지하여야 하고, 통지를 받은 금융회사는 지체 없이 피해환급금을 피해자에게 지급하여야 한다.

② 제1항의 피해환급금은 총피해금액이 소멸채권 금액을 초과하는 경우 소멸채권 금액에 각 피해자의 피해금액의 총피해금액에 대한 비율을 곱한 금액으로 하며, 그 외의 경우에는 해당 피해금액으로 한다.

③ 금융감독원은 제2항에 따른 피해환급금의 결정을 위하여 금융회사에 필요한 자료의 제출을 요구할 수 있다.

④ 그 밖에 피해환급금의 결정 및 지급 등에 관하여 필요한 사항은 대통령령으로 정한다.

제11조(피해환급금을 지급받을 수 없는 자) 다음 각 호의 어느 하나에 해당하는 자는 피해환급금을 지급받을 수 없다.

1. 해당 전기통신금융사기로 인한 피해금의 전액 배상이 이루어진 경우의 피해자 및 그 승계인

2. 해당 전기통신금융사기 등과 관련하여 부당이득을 취한 자

3. 해당 전기통신금융사기 등에 공범으로 가담하였거나 자신에게 불법원인이 있는 자

4. 그 밖에 대통령령으로 정하는 자

제12조(손해배상청구권과의 관계) 피해자가 이 법에 따라 금융회사로부터 피해 환급금을 지급받은 경우 해당 전기통신금융사기로 발생한 손해배상청구권 및 그 밖의 청구권은 환급을 받은 한도에서 소멸된다.

제13조(소멸채권 환급 청구) ① 제9조에 따라 채권이 소멸된 명의인이 다음 각 호의 요건을 모두 갖춘 경우에는 금융감독원에 소멸된 채권의 환급을 청구할 수 있다.

1. 제7조제1항제1호 또는 제2호에 해당하는 경우

2. 제7조제1항에 따른 이의제기를 하지 못한 정당한 사유가 있는 경우

② 금융감독원은 제1항에 따른 환급금 지급을 위하여 대통령령으로 정하는 바에 따라 보험 또는 공제에 가입하여야 한다.

제13조의2(사기이용계좌의 명의인에 대한 전자금융거래 제한) ① 금융감독원은 제4조제2항에 따라 지급정지 조치에 관한 사항을 통지받은 경우 해당 명의 인을 전자금융거래가 제한되는 자(이하 이 조에서 "전자금융거래제한대상자" 라 한다)로 지정하여야 한다.

② 금융감독원은 제1항에 따라 명의인을 전자금융거래제한대상자로 지정한 경우 지체 없이 금융회사 및 명의인에게 이를 통지하여야 한다. 다만, 명의 인의 소재를 알 수 없는 경우에는 제5조제2항에 따른 공고로 명의인에 대한 통지가 이루어진 것으로 본다.

③ 금융회사는 제2항에 따라 통지받은 전자금융거래제한대상자의 전자금융 거래를 처리하여서는 아니 된다.

④ 금융감독원은 제1항에 따라 전자금융거래제한대상자로 지정된 자가 제8 조제1항에 따라 전자금융거래의 제한이 해제된 때에는 전자금융거래제한대 상자의 지정을 취소하고 이를 금융회사 및 명의인에게 통보하여야 한다.

제13조의3(전기통신금융사기에 이용된 전화번호의 이용중지 등) ① 검찰총장, 경찰청장 또는 금융감독원장은 전기통신금융사기에 이용된 전화번호를 확인 한 때에는 과학기술정보통신부장관에게 해당 전화번호에 대한 전기통신역무

제공의 중지를 요청할 수 있다.

② 제1항에 따른 요청으로 전기통신역무 제공이 중지된 이용자는 전기통신역무 제공의 중지를 요청한 기관에 이의신청을 할 수 있다.

③ 제2항에 따른 이의신청의 절차 등에 필요한 사항은 대통령령으로 정한다.

제14조(수수료) 금융감독원장은 피해환급금을 지급받은 피해자에 대하여 대통령령으로 정하는 바에 따라 수수료를 받을 수 있다.

제14조의2(포상금의 지급) ① 금융위원회는 전기통신금융사기의 사기이용계좌로 의심할 만한 사정을 수사기관 또는 금융감독원 등에 신고한 자에게 금융감독원장으로 하여금 금융감독원의 예산의 범위에서 포상금을 지급하게 할 수 있다.

② 제1항에 따른 포상금 지급대상자의 범위, 포상금 지급의 기준 및 절차 등에 필요한 사항은 금융위원회가 정하여 고시한다.

제15조(계좌자료 제공 등에 대한 특례) ① 금융회사 및 금융감독원은 제3조제2항, 제4조제2항, 제5조제1항·제2항, 제6조제2항부터 제4항까지, 제7조제2항, 제8조제3항, 제9조제2항, 제10조제3항 및 제13조의2제2항·제3항, 제16조에 따라 필요한 자료를 「금융실명거래 및 비밀보장에 관한 법률」 제4조에도 불구하고 요청·제공하거나 공고할 수 있다.

② 금융감독원장은 제5조제3항, 제9조제2항, 제10조제1항, 제13조의2제2항에 따른 통지를 위하여 행정안전부장관에게 「주민등록법」에 따른 주민등록자료 제공을 요청할 수 있다. 이 경우 행정안전부장관은 특별한 사유가 없으면 이에 따라야 한다.

제15조의2(벌칙) ① 전기통신금융사기를 목적으로 다음 각 호의 어느 하나에 해당하는 행위를 한 자는 10년 이하의 징역 또는 1억원 이하의 벌금에 처한다.

1. 타인으로 하여금 컴퓨터 등 정보처리장치에 정보 또는 명령을 입력하게 하는 행위

2. 취득한 타인의 정보를 이용하여 컴퓨터 등 정보처리장치에 정보 또는 명령을 입력하는 행위

② 제1항의 미수범은 처벌한다.

③ 상습적으로 제1항의 죄를 범한 자는 그 죄에 대하여 정하는 형의 2분의 1까지 가중한다.

제16조(벌칙) 다음 각 호의 어느 하나에 해당하는 자는 3년 이하의 징역 또는 3천만원 이하의 벌금에 처한다.

1. 거짓으로 제3조제1항에 따른 피해구제를 신청한 자
2. 거짓으로 제3조제2항에 따른 지급정지를 요청한 자
3. 거짓으로 제6조제1항에 따른 피해구제를 신청한 자
4. 거짓으로 제7조제1항에 따른 이의제기를 한 자

제17조(양벌규정) 법인의 대표자나 법인 또는 개인의 대리인, 사용인, 그 밖의 종업원이 그 법인 또는 개인의 업무에 관하여 제15조의2 및 제16조의 위반행위를 하면 그 행위자를 벌하는 외에 그 법인 또는 개인에게도 해당 조문의 벌금형을 과(科)한다. 다만, 법인 또는 개인이 그 위반행위를 방지하기 위하여 해당 업무에 관하여 상당한 주의와 감독을 게을리하지 아니한 경우에는 그러하지 아니하다.

제18조(과태료) ① 다음 각 호의 어느 하나에 해당하는 자에게는 1천만원 이하의 과태료를 부과한다.

1. 제2조의2제2항에 따른 개선계획을 제출·이행하지 아니한 금융회사
2. 제2조의4제1항을 위반하여 본인확인조치를 하지 아니한 금융회사
3. 제4조제1항제1호 또는 제2호를 위반하여 지급정지 등의 조치를 취하지 아니한 금융회사
4. 제5조제1항 또는 제6조제2항을 위반하여 채권소멸절차의 개시에 관한 공고 요청을 하지 아니한 금융회사
5. 제8조제1항을 위반하여 지급정지 및 채권소멸절차를 종료하지 아니한 금융회사
6. 제10조제1항을 위반하여 피해환급금을 피해자에게 지급하지 아니한 금융회사
7. 제13조의2제3항을 위반하여 전자금융거래를 처리한 금융회사

② 다음 각 호의 어느 하나에 해당하는 자에게는 500만원 이하의 과태료를 부과한다.

1. 제3조제2항을 위반하여 지급정지 요청을 하지 아니한 금융회사
2. 제4조제2항 각 호 외의 부분 본문을 위반하여 해당 지급정지 조치에 관한 사항을 통지하지 아니한 금융회사

3. 제7조제2항을 위반하여 명의인의 이의제기를 피해자에게 통지하지 아니한 금융회사

③ 제1항 및 제2항에 따른 과태료는 대통령령으로 정하는 바에 따라 금융위원회가 부과·징수한다.

부칙 <제15472호, 2018.3.13.>
제1조(시행일) 이 법은 공포한 날부터 시행한다.
제2조(이의제기에 관한 적용례) 제7조제1항 및 제2항의 개정규정은 이 법 시행 당시 지급정지된 사기이용계좌부터 적용한다.

전기통신금융사기 피해 방지 및
피해금 환급에 관한 특별법 시행령

[시행 2017.7.26.] [대통령령 제28218호, 2017.7.26., 타법개정]

제1조(목적) 이 영은 「전기통신금융사기 피해 방지 및 피해금 환급에 관한 특별법」에서 위임된 사항과 그 시행에 필요한 사항을 규정함을 목적으로 한다.

제2조(금융회사의 범위) 「전기통신금융사기 피해 방지 및 피해금 환급에 관한 특별법」(이하 "법"이라 한다) 제2조제1호파목에서 "대통령령으로 정하는 기관"이란 다음 각 호의 기관을 말한다.

1. 「농업협동조합법」에 따른 축산업협동조합
2. 「산림조합법」에 따른 산림조합과 그 중앙회

제2조의2(전기통신금융사기 관련 금융위원회의 업무) 법 제2조의2제1항제3호에서 "대통령령으로 정하는 전기통신금융사기 대응조치"란 다음 각 호의 조치를 말한다.

1. 전기통신금융사기 피해의 방지 및 최소화를 위한 대응방안 수립·추진
2. 전기통신금융사기의 관계 부처 및 관계 기관과의 정보공유 등 협력체계 구축

제2조의3(금융회사의 본인확인조치 방법 등) ① 법 제2조의4제1항 각 호 외의 부분 본문에 따른 본인확인조치(이하 "본인확인조치"라 한다)는 다음 각 호의 어느 하나에 해당하는 방법으로 한다.

1. 금융회사에 등록된 이용자의 전화(휴대전화를 포함한다)를 이용하는 방법
2. 이용자와 대면(對面)하여 확인하는 방법
3. 그 밖에 제1호와 같은 수준 이상의 본인확인조치 방법이라고 금융위원회가 인정하여 고시하는 방법

② 금융회사는 제1항에 따른 방법으로 본인확인조치를 할 때에는 전기통신금융사기 피해 방지를 위하여 본인확인조치를 한다는 취지와 법 제2조의4제1항 각 호에 따른 신청·해지의 금융거래 내용을 이용자에게 알려야 한다.

③ 법 제2조의4제1항 각 호 외의 부분 단서에서 "대통령령으로 정하는 경우"란 다음 각 호의 어느 하나에 해당하는 경우를 말한다.

1. 법인인 이용자가 본인확인조치를 희망하지 아니하는 경우
2. 금융회사가 이용자의 동의를 받아 출국 정보를 조회하거나 이용자로부터 출입국 사실증명서를 제출받아 이용자가 국외에 거주하거나 체류하는 것으로 확인된 경우
3. 천재지변 또는 이에 준하는 사유 등으로 본인확인조치가 사실상 불가능한 경우

④ 법 제2조의4제1항제2호에서 "대통령령으로 정하는 금융상품"이란 다음 각 호의 금융상품을 말한다.

1. 저축성 보험·공제(생존 시 지급되는 보험금·공제금의 합계액이 이미 납입한 보험료·공제료를 초과하는 보험·공제를 말한다)
2. 그 밖에 금융상품별 전기통신금융사기 피해 건수 및 피해금액 등을 고려하여 금융위원회가 정하여 고시하는 금융상품

제3조(피해구제의 신청) ① 법 제3조제1항에 따라 피해구제를 신청하려는 피해자는 별지 제1호서식의 피해구제신청서에 피해자의 신분증 사본을 첨부하여 해당 금융회사에 제출하여야 한다. 다만, 긴급하거나 부득이한 사유가 있는 경우에는 전화 또는 구술로 신청할 수 있다.

② 제1항 단서에 따라 피해구제의 신청을 받은 금융회사는 피해자의 성명·생년월일·연락처·주소, 피해내역 및 신청사유 등을 확인하여야 한다. 이 경우 피해구제를 신청한 피해자는 그 신청한 날부터 3영업일 이내에 제1항 본문에 따른 신청서류를 해당 금융회사에 제출하여야 한다.

③ 제2항 후단에 따른 기간이 경과한 후 금융회사가 추가로 피해자에 대하여 14일의 기간을 정하여 해당 기간 내에 서류 제출을 통지하였으나 피해자가 그 기간 내에 제1항 본문에 따른 신청서류를 제출하지 아니한 경우에는 제1항 단서에 따른 신청이 없었던 것으로 본다. 이 경우 금융회사가 전단의 통지를 할 때에는 피해자가 14일의 기간 내에 제1항 본문에 따른 신청서류를 제출하지 아니하는 경우에는 제1항 단서에 따른 신청이 없었던 것으로 본다는 사실을 알려야 한다.

④ 제1항에 따라 피해구제의 신청을 받은 금융회사는 필요하다고 인정하는 경우에는 피해자에게 수사기관의 피해신고확인서 등 관련 자료의 제출을 요청할 수 있다.

제4조(지급정지의 요청) ① 법 제3조제2항에 따라 지급정지를 요청하려는 금융
회사는 별지 제2호서식의 지급정지요청서에 제3조제1항 본문에 따른 피해자
의 신청서류 사본을 첨부하여 사기이용계좌를 관리하는 금융회사에 제출하
여야 한다.

② 제1항에 불구하고 지급정지를 요청하는 금융회사는 긴급하거나 부득이한
사유가 있는 경우에는 금융회사 간 전기통신시스템에 따라 지급정지를 요청
할 수 있다. 이 경우 지급정지를 요청한 금융회사는 그 요청한 날부터 3영
업일 이내에 제1항에 따른 요청서류를 해당 금융회사에 제출하여야 한다.

③ 제1항 또는 제2항 전단에 따라 지급정지의 요청을 받은 금융회사는 필요
하다고 인정하는 경우에는 피해구제 또는 지급정지에 필요한 관련 서류의
제출을 해당 금융회사에 요청할 수 있다.

제5조(지급정지의 절차 및 통지) ① 금융회사가 법 제4조제1항에 따라 사기이
용계좌에 대하여 지급정지 조치를 하는 경우에는 해당 계좌의 전산 원장(元
帳)에 그 사실을 기재하여야 한다.

② 법 제4조제2항에 따른 통지 및 공시사항은 다음 각 호와 같다. 이 경우
공시는 14일 이상 하여야 한다.

1. 지급정지의 일시, 사유 및 금액 등에 관한 사항
2. 지급정지와 관련된 점포, 예금종별 및 계좌번호 등 지급정지 된 사기이용
   계좌에 관한 사항
3. 지급정지를 요청한 금융회사에 관한 사항

③ 삭제

제6조(채권소멸절차의 개시 공고) ① 금융회사가 법 제5조제1항 본문에 따른
채권소멸절차(이하 "채권소멸절차"라 한다)의 개시공고를 요청하는 경우에는
별지 제3호서식의 채권소멸절차 개시공고요청서에 다음 각 호의 서류를 첨부
하여 「금융위원회의 설치 등에 관한 법률」에 따라 설립된 금융감독원(이하 "
금융감독원"이라 한다)에 제출하여야 한다.

1. 제3조제1항 본문에 따른 피해구제 신청서류의 사본
2. 제4조제1항에 따른 지급정지 요청서류의 사본
3. 제5조제2항에 따른 통지 또는 공시 관련 서류의 사본

② 금융감독원은 제1항에 따른 공고요청을 받은 경우에는 법 제5조제2항에

따라 금융감독원의 인터넷 홈페이지에 2개월간 채권소멸절차의 개시를 공고하여야 한다.

제7조(지급정지 등에 대한 이의제기) 사기이용계좌의 명의인이 법 제7조제1항에 따라 이의를 제기하는 경우에는 별지 제4호서식의 이의제기신청서에 다음 각 호의 서류를 첨부하여 사기이용계좌를 관리하는 금융회사에 제출하여야 한다.

1. 사기이용계좌가 아니라는 사실을 증명하는 자료
2. 사기이용계좌 명의인의 신분증 사본

제8조(지급정지 등의 종료) ① 법 제8조제1항제5호에서 "대통령령으로 정하는 경우"란 다음 각 호의 어느 하나에 해당하는 경우를 말한다.

1. 피해구제를 신청한 모든 피해자가 그 신청을 취소하는 경우
2. 사기이용계좌의 명의인이 해당 사기이용계좌와 관련하여 다음 각 목의 사실이 없음을 수사기관이 확인하는 경우. 다만, 해당 사기이용계좌에 예치된 금액 중 전기통신금융사기 피해금액으로 추정되는 금액은 법 제8조제1항에 따른 지급정지 등의 종료대상에서 제외한다.
   가. 법 제15조의2제1항 각 호에 해당하는 행위를 한 사실
   나.「전자금융거래법」제6조제3항을 위반한 사실

② 제1항제1호에 따라 피해구제의 신청을 취소하려는 피해자는 별지 제5호서식의 피해구제 취소신청서에 신분증 사본을 첨부하여 피해구제를 신청한 금융회사에 제출하여야 한다.

③ 제2항에 따라 피해구제의 취소요청을 받은 금융회사는 지체 없이 지급정지 또는 전자금융거래 제한의 조치를 한 금융회사 및 금융감독원에 그 요청사실을 알려야 한다.

④ 금융회사는 제1항 각 호에 해당하여 지급정지를 종료하는 경우 지체 없이 금융감독원에 종료사실을 통지하여야 한다.

제9조(피해환급금의 지급 등) ① 금융회사가 법 제10조제1항에 따라 피해환급금을 지급하는 경우에는 피해자가 지정하는 금융회사의 계좌로 입금하여야 한다.

② 제1항에 따라 피해환급금을 지급한 금융회사는 그 지급한 날부터 3일 이내에 해당 지급 사실을 금융감독원에 알려야 한다.

제10조(환급금 지급을 위한 보험 등의 가입) 금융감독원이 법 제13조제2항에 따라 보험 또는 공제에 가입하는 경우에는 소멸된 채권금액 이상의 보상한도를 보장하는 보험 또는 공제에 가입하여야 한다.

제10조의2(이의신청의 절차 등) ① 법 제13조의3제1항에 따른 요청으로 전기통신역무 제공이 중지된 이용자가 같은 조 제2항에 따라 이의신청을 하려면 전기통신역무 제공이 중지된 날부터 30일 이내에 다음 각 호의 사항을 적은 문서를 같은 조 제1항에 따른 전기통신역무 제공의 중지를 요청한 기관(이하 이 조에서 "제공중지요청기관"이라 한다)에 제출하여야 한다.

1. 이의신청인의 명칭 또는 성명, 주소 및 연락처
2. 이의신청의 사유
3. 전기통신역무 제공이 중지된 날

② 제공중지요청기관은 제1항에 따라 이의신청을 받은 날부터 15일 이내에 해당 이의신청에 대하여 결정을 하고 그 결과를 이의신청인에게 문서로 통지하여야 한다. 다만, 부득이한 사유로 15일 이내에 결정을 할 수 없을 때에는 15일의 범위에서 그 기간을 연장할 수 있으며, 연장사유와 연장기간을 이의신청인에게 통지하여야 한다.

③ 제공중지요청기관은 제1항에 따라 제출된 문서에 흠결이 있거나 추가적인 사실 확인이 필요한 경우 보완을 요청할 수 있다. 이 경우 그 보완에 걸린 기간은 제2항 본문의 기간에 산입(算入)하지 아니한다.

④ 제공중지요청기관은 법 제13조의3제2항에 따른 이의신청이 이유가 있다고 인정할 때에는 지체 없이 과학기술정보통신부장관에게 해당 전기통신역무 제공의 중지를 해제하도록 요청하여야 한다.

제11조(수수료) ① 법 제14조에 따른 수수료는 법 제5조제3항, 제9조제2항, 제10조제1항 및 제13조의2제2항에 따른 통지에 사용된 실비의 범위에서 부과한다. 다만, 피해환급금의 규모 및 피해자의 부담능력 등을 고려하여 필요하다고 인정하는 경우에는 부과하지 아니할 수 있다.

② 제1항에 따른 수수료는 현금, 전자화폐 및 전자결제 등의 방법으로 납부할 수 있다.

제11조의2(민감정보 및 고유식별정보의 처리) ①금융감독원은 다음 각 호의 사무를 수행하기 위하여 불가피한 경우 「개인정보 보호법 시행령」 제18조제2호

에 따른 범죄경력자료에 해당하는 정보, 같은 영 제19조제1호, 제2호 또는 제4호에 따른 주민등록번호, 여권번호 또는 외국인등록번호가 포함된 자료를 처리할 수 있다.

1. 법 제5조 및 제9조에 따른 채권소멸절차의 개시 공고 및 채권의 소멸 등에 관한 사무
2. 법 제6조에 따른 채권소멸절차 개시 공고 등에 관한 사무
3. 법 제7조 및 제8조에 따른 지급정지, 전자금융거래 제한 및 채권소멸절차에 대한 이의제기와 종료에 관한 사무
4. 법 제10조에 따른 피해환급금의 결정 · 지급에 관한 사무
5. 법 제11조에 따른 피해환급금을 지급받을 수 없는 자에 관한 사무
6. 법 제13조에 따른 소멸채권 환급 청구에 관한 사무
7. 법 제13조의2에 따른 사기이용계좌의 명의인에 대한 전자금융거래 제한에 관한 사무
8. 법 제14조의2에 따른 포상금의 지급에 관한 사무

② 금융회사는 법 제2조의4에 따른 본인확인조치에 관한 사무를 수행하기 위하여 불가피한 경우 「개인정보 보호법 시행령」 제19조제1호, 제2호 또는 제4호에 따른 주민등록번호, 여권번호 또는 외국인등록번호가 포함된 자료를 처리할 수 있다.

제12조(과태료의 부과기준) 법 제18조제1항 및 제2항에 따른 과태료의 부과기준은 별표와 같다.

부칙 <제28218호, 2017.7.26.>
제1조(시행일) 이 영은 공포한 날부터 시행한다.
제2조 생략
제3조(다른 법령의 개정) 생략

◨ 편 저   이창범 ◨

□경희대 법정대학 법률학과 졸업
□서울지방경찰청 근무
□광주지방검찰청 사건과 근무

□저서 : 수사서류작성 실례집
□저서 : 진정서·탄원서·내용증명·고소장 사례실무
□저서 : 수사해법과 형벌사례 연구
□저서 : 바뀐형벌법
□저서 : 수사 형사 서류작성실무

알기쉬운
보이스피싱 예방과 대처법   정가 18,000원

2018年 9月 5日 1판 인쇄
2018年 9月 10日 1판 발행
편   저 : 이 창 범
발 행 인 : 김 현 호
발 행 처 : 법문 북스
공 급 처 : 법률미디어

서울 구로구 경인로 54길4 (우편번호 : 08278)
TEL : 2636-2911-2, FAX : 2636-3012
등록 : 1979년 8월 27일 제5-22호
Home : www.lawb.co.kr

▮ ISBN 978-89-5755-688-9 (13360)
▮ 이 도서의 국립중앙도서관 출판예정도서목록(CIP)은 서지정보유통지원시스템 홈페이지
 (http://seoji.nl.go.kr)와 국가자료종합목록시스템(http://www.nl.go.kr/kolisnet)
 에서 이용하실 수 있습니다. (CIP제어번호 : CIP2018027184)
▮ 파본은 교환해 드립니다.